スーパーエッセンス
心理学

石田 潤・谷口 篤 編著

川上正浩・松浦 均
森上幸夫・岩原昭彦 著

北大路書房

はしがき

　心理学ではすでに，数えきれないほど多くの概説書が出版されている。それらのなかにはもちろん，心理学の世界への確かな道案内をしてくれる優れた書物もたくさんある。
　しかしながら，心理学のこれまでの概説書の多くは，読者に「心理学とはどのような学問か」を伝えることを主眼としている。そして，それらの書物では，「心理学にはどのような研究分野があり，そこでどのような問題がどのように研究されているか」といった，心理学という学問の全体像を描くことに重きが置かれている。そのため，心の仕組みや働きに関する心理学の諸々の研究成果は，どちらかといえば，心理学の全体像を描くための要素として扱われ，それら1つひとつが心の仕組みや心の働きに関する重要な知識であることが，一般読者に伝わりにくくなっているように思われる。
　そこで本書ではあえて，心理学の全体像を描くことにはこだわらず，普通の概説書とは異なった叙述の仕方をとることによって，読者に心理学の研究成果を，心の仕組みや働きに関する知識として伝わりやすくすることを試みた。いわば本書は，「心理学とはどのような学問か」よりもむしろ「心理学で何がわかったか」を伝えることを主眼にして，心理学の研究から得られた心の仕組みや働きに関する諸知識を，一般読者に明瞭に提示することを試みたものである。
　そして，このような趣旨に基づき，本書の内容・構成には次のような特徴をもたせた。

(1) 心の仕組みや心の働きに関する知識を濃縮したエッセンスを短文で示し，手っ取り早く知識の要旨がつかめるようにした。そしてそのエッセンス文の内容を中心にして関連する知識の説明を展開した。
(2) 各項ごとに一応の完結性をもたせ，どの項からでも自由に読めるようにした。内容の関連する項があれば文章中や文章の外に表示した。
(3) 取りあげる事柄の選定に当たってはなるべく，専門家の視点ではなく一般読者の視点に立ち，一般読者が興味・関心をもちそうな事柄を精選した。ただし，通俗的な心理学本とは一線を画し，取りあげる事柄は学問的知識として認められていることのみに限定した。
(4) 入門書のレベルには必ずしもこだわらず，専門性の高いものであっても，知って

おくと有益であろうと思われる事柄は，平易に述べられるものである限り積極的に取りあげるようにした。

　以上のような特徴をもたせることで，心の仕組みや働きに関する心理学の諸知識を精選して詰め込んだ，密度の濃い本になったのではないかと思う。その点については，読者の方々の評価を待つしだいである。
　なお，本書の趣旨を理解し，出版を快諾してくださった北大路書房の小森公明社長，関一明編集部長，および本書の制作に全力を注いでくださった編集部の薄木敏之氏に心より感謝の意を表したい。

2004 年 4 月　編著者

Contents

1章　見る，聞く

Super Essence

1-01　知覚過程は解釈過程である。　1

1-02　右側の情報は左脳に，左側の情報は右脳に入る。　2

1-03　網膜像は二次元情報しかもっていない。　3

1-04　三次元の視覚情報は，さまざまな手掛かりによって構成されたものである。　3

1-05　両眼視差は網膜像から立体映像を構成する重要な手掛かりである。　5

1-06　図と地の分化とは知覚対象の輪郭が定まることである。　6

1-07　認識は上からと下からの情報処理の「はさみうち」でなされる。　7

1-08　動いていないのに動きが見えることがある。　8

1-09　人の目は高性能であるがゆえにエラーを起こすことがある。　9

1-10　網膜像が変化しても知覚される像は比較的安定している。　11

1-11　人はまとまりがつくようにものを見る。　12

1-12　まとまりが生じる要因として，近接，類同，閉合，よい連続，経験などがある。　12

1-13　聴きたいものを無意識に選んで聴くことができる。　13

1-14　同じものが同じように見えるとは限らない。　14

1-15　いつでも誰でも同じものが見えるわけではない。　15

1-16　情報は環境そのものの中に存在している。　16

2章　学ぶ，身につく

Super Essence

2-01	学習とは経験によって何かが変わることである。	17
2-02	古典的条件づけでは，「こうなったらこうなる」というルールが学習される。	17
2-03	オペラント条件づけでは，「こうすればこうなる」というルールが学習される。	18
2-04	最初から完璧を求めなくてよい。	19
2-05	恐怖も学習される。	20
2-06	無力感も学習される。	21
2-07	先の学習が後の学習に影響することがある。	22
2-08	人のようすを見るだけでも学習が起きる。	22
2-09	自ら発見することも学習となる。	23
2-10	自分の知識と関連づけることで学習は有意味なものになる。	24
2-11	技能学習を効果的にするには間のおき方も重要である。	25
2-12	表面に現われなくても学習が進行していることがある。	26
2-13	技能の習得には，認知，連合，自律の3段階がある。	27
2-14	学習は共同体との関わりの中で起こる。	28

3章　意欲を出す

Super Essence

3-01	行動や心は欲求によって動かされる。	29
3-02	動機には，人の中から出てくるものと，人の外から引き出すものがある。	30
3-03	欲求には生理的欲求と社会的欲求とがある。	31
3-04	基本的な欲求の多くは内的均衡の維持(ホメオスタシス)を助けるものである。	31
3-05	報酬は動機づけを高めるが，やること自体の楽しみも動機づけを高める。	32
3-06	動機づけは高すぎても，低すぎても良い成果が得られない。	33

Contents

	3-07	あることを成し遂げたいという意欲を達成動機という。　34
	3-08	無気力は学習によって身についてしまう。　35
	3-09	行動の結果がどんな原因によるかを考えると，その後の行動は変わってくる。　36
	3-10	自分の能力を適度に高く評価することが動機づけを高める。　36
	3-11	自己実現の欲求は人間の欲求の中で最も高い位置にある。　37

4章　　覚える，思い出す，知っている

Super Essence	4-01	記憶は「記銘」「保持」「想起」という3つの段階からなり，想起には「再生」や「再認」がある。　39
	4-02	人の記憶はコンピューターの情報処理過程に似ている。　40
	4-03	記憶には短期的なものと長期的なものとがある。　40
	4-04	短期記憶はリハーサルによって長期記憶になる。　41
	4-05	短期記憶内の情報は，そのまま放置しておくと，短時間で忘れてしまう。　42
	4-06	短期記憶の容量には一定の限界がある。　42
	4-07	短期記憶内の情報は，音韻的な性質をもっている。　43
	4-08	短期記憶は，情報を保持するだけでなくその情報を用いた認知活動を行なう。　43
	4-09	長期記憶には手続き的記憶と宣言的記憶とがある。　44
	4-10	深い処理を行なった事柄は記憶に残りやすい。　45
	4-11	自分のもっている知識構造と緊密なつながりができた事柄は記憶に残りやすい。　46
	4-12	関連する事柄はまとめた方が記憶しやすい。　47
	4-13	自分で生成した事柄は記憶に残りやすい。　47
	4-14	イメージを利用することで記憶の保持を高めることができる。　48
	4-15	思い出すための手掛りがあると思い出しやすい。　49
	4-16	覚えたときの状況と思い出すときの状況が似ていると思い出しやすい。　49
	4-17	出来事を思い出すときには断片的な記憶や知識・情報が再構成さ

v

		れている。　50
	4-18	人間の記憶には意識的なものだけでなく，無意識的なものもある。　51
	4-19	知識は概念のネットワークからなっている。　52
	4-20	ある概念が活性化すると，意味的に関連する他の概念にも活性化が及ぶ。　54
	4-21	スキーマという知識の枠組みが認知に大きな影響を与えている。　55
	4-22	イメージは心の中の映像である。　55
	4-23	自分の認知機能について知ることが上手に記憶したり思考したりする秘訣である。　57

5章　読む，話す，わかる

Super Essence

	5-01	ことばを発することも行動の一種である。　59
	5-02	人間は言語を習得するための生得的な能力をもっている。　59
	5-03	人は誰も，言語の文法に関する高度な知識をもっている。　60
	5-04	文を理解する際には，文構造をすばやく把握するための便法が使用されている。　61
	5-05	文には，すでに知っている情報と，その文で初めて知る情報とが含まれている。　62
	5-06	発話には対人的な行為としての機能が含まれている。　63
	5-07	よい会話は基本的な原則に従っている。　64
	5-08	文章を理解するためには，スキーマが使われる。　65
	5-09	文章を理解するときには，すでにもっている知識を使う。　65
	5-10	文章を読むときの視点と，思い出すときの視点の両方が，文章の思い出す内容に関係する。　67
	5-11	物語の理解には物語に共通した構造に関する知識が使われる。　68
	5-12	文章や場面を理解するために，日常生活の一定のパターンの知識が使われることもある。　70
	5-13	文章を読むとき，われわれは自然に要約を頭の中に作っている。　71

5-14	読んでわかりにくいときには，すでにもっている知識の中から，よく似たものと対比させると理解しやすくなる。　72
5-15	すでにもっている知識に影響を受けすぎて，書いてなかったものまで書いてあったと記憶してしまうこともある。　73

6章　考える，解ける

Super Essence

6-01	問題解決は，何が問題となっているかを見きわめることから始まる。　75
6-02	問題解決の手段には，「試行錯誤」「アルゴリズム」「ヒューリスティクス」などがある。　77
6-03	「手段─目標分析」は，有効なヒューリスティクスの1つである。　78
6-04	類推で問題が解けることもある。　78
6-05	「思い込み」から脱することで問題が解けることがある。　79
6-06	発想を変えてみることで問題が解けることがある。　80
6-07	過去の経験が，思考を妨げる「構え」を形成することがある。　80
6-08	考えるのを一時的に中断すると，問題が解けることがある。　81
6-09	人間の推理は必ずしも論理的ではない。　83
6-10	人はもっともらしさに頼って確率を判断している。　83
6-11	確率を判断する際に，サンプルサイズのことを無視しがちである。　84
6-12	人は前提条件を考慮せずに判断してしまうことが多い。　85
6-13	人は典型的な事例に頼って確からしさを判断する。　86
6-14	よく知っている事例に影響されて，生起確率を過大に見積もってしまうことがある。　86
6-15	自分の信念と合致している結論は妥当であるとみなしてしまいやすい。　87
6-16	人は仮説を裏付ける証拠ばかり探そうとする。　88
6-17	具体的な事柄であれば，論理的に推理しやすくなる。　89

7章　育っていく

Super Essence

7-01	発達には一定の順序と段階がある。	91
7-02	発達は一定の方向性をもっており，未分化一分化一統合へと移行していく。	91
7-03	ヒトとして生まれても，適切な生育環境が与えられないと人間らしく成長できない。	93
7-04	発達における初期経験は決定的なものではない。	94
7-05	発達には遺伝と環境の両方が深く関係している。	95
7-06	学習が成立するためには，成熟による準備状態（レディネス）が整うことが大切である。	96
7-07	乳児期から人間は人間の顔を特に好んで見る。	97
7-08	幼児，児童，大人では，思考のしかたが質的に違っている。	98
7-09	幼児期の思考は自己中心的である。	100
7-10	幼児期には，非生物にも心があると考えている。	101
7-11	フロイトは人間の性的な発達段階を5つに分けている。	102
7-12	乳児は特定の人との密接な関係を求めようとする。	102
7-13	子どもは集団の中で，社会性を育てていく。	103
7-14	子どもは，ことばを喃語，一語文，二語文と発達させていく。	104
7-15	心理的離乳の時期には，親や大人たちに対する強い不信感や反発心が生じやすい。	105
7-16	青年は大人と子どもの両方の特徴をあわせもつ境界人としての性質をもっている。	105
7-17	青年期における性的欲求の発達は男女で異なる志向性をもっている。	106
7-18	青年期は環境要因と衝動性により自我が揺れ動き，心の危機に陥りやすい。	107
7-19	若者文化はどの時代においても青年期に特有の特徴を示している。	108
7-20	自我同一性の形成は青年期の重要課題である。	109
7-21	自我同一性が拡散するとき，さまざまな不適応状態に陥る。	109
7-22	自我同一性を形成するための猶予期間が与えられることがある。	110

7-23	老年期の初期には自我の再統合が起きる。	110
7-24	老年期になっても，必ずしも衰えない能力がある。	111

8章　自分を生きる

Super Essence

8-01	一人ひとりの人間の全体像を「パーソナリティ（人格）」とよぶ。	113
8-02	パーソナリティはいくつかのタイプに分けることができる。	113
8-03	パーソナリティのタイプを，外向型と内向型に分けることがある。	114
8-04	パーソナリティのタイプを，分裂気質・循環気質・粘着気質に分けることがある。	115
8-05	パーソナリティはいくつもの特性からなっている。	116
8-06	個々人のパーソナリティの特徴を検査を使って調べることができる。	117
8-07	心の深層には意識されていない領域がある。	118
8-08	性の欲動は人間の根源的な欲動の1つである。	119
8-09	乳幼児にも性の欲動は存在する。	119
8-10	異性の親に対する性愛的な思慕の情を抱く時期がある。	120
8-11	人間の心は，欲動の渦巻く「エス」，エスと外界とを仲介する「自我」，自我の働きを一定の規範に従わせる「超自我」の3つの部分からなっている。	120
8-12	自我は，エスからの要求と外界の制約と超自我のもたらす規範との間を調整するためさまざまな手段を用いる。	121
8-13	無意識は意識を補う関係にある。	122
8-14	無意識の中には自分の劣悪な部分が潜んでいる。	122
8-15	人の心には仮面としての部分がある。	123
8-16	男性の心の中には女性的な部分が潜んでおり，女性の心の中には男性的な部分が潜んでいる。	123
8-17	心の働きには人類に共通する根源的形式がある。	123
8-18	無意識の中に潜む部分をも統合していくことによって，本来の全体性をもった自分らしい自分になっていく。	124

8-19	劣等感は人生を方向づける。　125
8-20	自由に伴う孤独感・無力感・不安感に耐えられないとき，人間はみずから自由を放棄してしまう。　125
8-21	人は誰も，「親としての私」「大人としての私」「子どもとしての私」をもっている。　126
8-22	自分でそう思い込んでいる自分の姿と，ありのままの自分の姿とのズレが大きいと，不適応状態に陥る。　127
8-23	ありのままの自分を受け入れることによって，不適応状態から解放され，より自分らしい自分へと変容していくことができる。　128

9章　患う，治る

Super Essence

9-01	ストレスとは，有害な刺激とそれに対処する能力不足によって引き起こされる否定的な状態のことである。　129
9-02	ストレッサーに対する対処法（コーピング）には，問題焦点型，情動焦点型，回避・逃避型などがある。　129
9-03	ソーシャル・サポートがストレスを緩和・低減する。　130
9-04	不安には「状態としての不安」と「特性としての不安」とがある。　130
9-05	ストレスや不安は，さまざまな身体症状に形を変えて表われる。　131
9-06	大きなショックを受けると，心の傷として残ることがある。　132
9-07	神経症は不安や悩みの延長線上にある。　132
9-08	過度の不安や抑うつ状態は，神経症の代表的な症状である。　133
9-09	恐怖症では，特定の対象や対人的な場面が恐怖の対象となる。　133
9-10	過度の強迫行為は，神経症の症状の１つである。　134
9-11	摂食障害は，身体的にも危険な心の病気である。　134
9-12	うつ病や統合失調症は，おもに内因による精神疾患である。　135
9-13	うつ病には，身体症状と精神症状とがみられる。　135
9-14	妄想は，統合失調症の代表的な精神症状である。　136
9-15	統合失調症の症状として，感情や意欲の障害，思考の障害がある。　137

9-16	統合失調症の病型は，「妄想型」「破瓜型」「緊張型」の3つがある。 137	
9-17	統合失調症に関する誤解を解き，患者を支援する体制を作る必要がある。 138	
9-18	心の病を訴える患者に対して臨床心理学的な測定と評価（アセスメント）が行なわれる。 139	
9-19	心理臨床・心理療法の目的は，患者が主体的に生きていくことを，臨床家が治療的に関わりながら支援することである。 139	
9-20	精神分析療法では，無意識の層にある愛憎感情や心的外傷を意識化することによって，それらを自分で制御できるようにする。 140	
9-21	カウンセリングは，クライエント（来談者）を無条件に受容し，共感的に理解する姿勢を保つことが基本である。 141	
9-22	遊戯療法は，子どもが遊びの中で表出する象徴的な意味を，治療者が理解しながら進められる。 142	
9-23	芸術療法は，芸術的な表現を通して，内面的な心理状態の解放を目指す治療法である。 142	
9-24	家族療法は，家族や夫婦を一組のシステムととらえ，家族全体の治療的な変化を導き出していく治療法である。 143	
9-25	行動療法は，症状のとらえ方や治療に対する考え方が，学習理論に基づいている。 144	
9-26	乳幼児期の臨床的問題として，言語の障害，精神遅滞，自閉症などがある。 145	
9-27	児童期の臨床的問題として，情緒障害，学習障害などがある。 146	
9-28	思春期の臨床的課題の1つは，思春期危機を乗り越えることである。 146	
9-29	青年期の臨床的課題の1つは，自我同一性を形成することである。 147	
9-30	成人の臨床的問題として，うつ病，心身症などがある。 147	

10章　他者と生きる

Super Essence

10-01	自分について考えるとき，主体的な自己と客体的な自己とよばれる2つの側面がある。 149
10-02	人は，現実の自己像や理想の自己像といった自分自身に関するイメージをもっている。 149

10-03	自己意識には，私的な側面と公的な側面とがある。	150
10-04	理想自己と現実自己のギャップが人を努力に向かわせる。	151
10-05	人は，自分の外に現われた行動から，自分の内面的な状態を知ることができる。	151
10-06	自分の能力はどれほどのものなのかは，他者との比較によって知る。	152
10-07	人は他者からの評価を気にしており，また自己評価を守り高めようとする。	152
10-08	人は，成功した場合はその原因が自分にあり，失敗した場合は原因が自分以外にあると考えようとするが，他人が同じように見てくれるとは限らない。	153
10-09	失敗が予想されるときは，あらかじめ失敗の原因を他者に話しておく。	154
10-10	不特定多数の集団の中では，自分らしさや自己統制が失われることがある。	154
10-11	他者を見るとき，暗黙のうちにどのような人物なのか推測判断しているが，その際に認知的な歪みが生じる。	155
10-12	人物を形容詞で表わす際，印象を大きく左右するものとそうでないものがある。	155
10-13	他者がどのような人間かを推測判断する際，「社会的望ましさ」「個人的親しみやすさ」「力本性」の3つの次元が存在する。	157
10-14	人は，他者に対して，自らが望む印象をもってもらうようにふるまう。	157
10-15	自分のふるまいが，その場にふさわしいかどうか意識できる人とそうでない人がいる。	158
10-16	自分のことを特定の相手にだけ開示することは，特別な意味をもっている。	158
10-17	態度の中身は，認知的なもの，感情的なもの，行動的なものに分けることができ，それらは互いに整合するように構成される。	159
10-18	人は，説得を受けると，抵抗するものである。	160
10-19	説得場面では，説得する人や説得内容の信憑性が問題になる。	160
10-20	要請を相手に承諾させるためのテクニックがある。	161
10-21	他者に魅力を感じる要因は，容姿や性格などのような相手側の要因だけではない。	162
10-22	同じ人に何度も会うと，その人を好きになる。	162
10-23	対人的コミュニケーションは，言語的なものだけではない。	163

	10-24	相手と親密になると直接的なコミュニケーションはむしろ減少する。　164
	10-25	他者がいると，援助の行動をすべき場面であっても行動を起こさない場合がある。　165
	10-26	援助行動には，緊急事態での援助，日常的な援助，寄付行為，ボランティア活動などがあり，それぞれに特徴がある。　166

11章　集う，つながる，関わりあう

Super Essence

11-01	集団が成立するためにはいくつもの心理的条件が必要である。　169
11-02	集団への加入条件が厳しいほど，その集団への魅力が増す。　170
11-03	集団の各メンバーの能力の合計と集団全体の能力とは一致しない。　170
11-04	集団の暗黙のルール（規範）はコミュニケーションを行なう中で決まっていく。　171
11-05	集団で一度決まった規範はメンバーが単独で行動する時にも影響する。　172
11-06	多数者の意見が一致していると，その意見に個人が従うことがある。　172
11-07	個人や少数者が一貫した意見を示すと，その意見に多数者が従うことがある。　173
11-08	優秀なメンバーが所属する集団ほどまちがった意思決定を行なうことがある。　174
11-09	まちがった意思決定を行なう集団にはさまざまな特徴がある。　174
11-10	集団で議論した結果，各メンバーの当初の意見よりも極端な結論になることがある。　175
11-11	集団におけるリーダーの機能は，課題遂行と関係維持である。　176
11-12	自らが所属する集団を「内集団」，そうでないものを「外集団」とよび，人はふつう内集団のメンバーをひいきする。　177
11-13	ある人が失敗したり罪を犯したりした場合，外集団のメンバーよりも内集団のメンバーから激しい非難や攻撃を受けることがある。　177

11-14	流行とは，ある一定の期間，人々が同様の行動を採用することである。	178
11-15	流行の特徴，流行を採用する動機にはさまざまなものがある。	178
11-16	流行はものごとが，①革新者，②初期採用者，③前期多数者，④後期多数者，⑤遅滞者の順にとり入れられることで普及する。	179
11-17	ものごとが初期採用者の段階まで普及すると，世間が「流行している」と認識する。	179
11-18	流言は，内容の重要性と曖昧さによりひろまる程度が決まる。	180
11-19	流言は，ひろまるうちに「よりおもしろい話」に変えられることがある。	181
11-20	大衆はマスメディアが「多くの人が好んでいる」と報じた方に傾くことがある。	182
11-21	多数派の意見が少数派の意見をおさえて圧倒的に優勢になり，世論が形成されることがある。	182

引用文献	185
人名索引	195
事項索引	198

【編集部注記】

ここ数年において，「被験者」（subject）という呼称は，実験を行なう者と実験をされる者とが対等でない等の誤解を招くことから，「実験参加者」（participant）へと変更する流れになってきているが，執筆当時の表記のままとしている。文中に出現する「被験者」は「実験参加者」と読み替えていただきたい。

1章 見る，聞く

1 – 01

知覚過程は解釈過程である。

　視覚(見ること)，聴覚(聞くこと)，嗅覚(においを嗅ぐこと)，味覚(舌で味わうこと)，触覚（さわって感じること）を総称して知覚とよぶ。よってわれわれは日々の生活の中でたゆみなく何かを知覚していることになるが，そのことを取り立てて意識しているわけではない。そしてこうした知覚の過程は，外部から入ってきた情報を受け入れるだけの受動的な過程であると思われがちである。つまり，われわれに猫が見えるのはそこに猫が存在しているからにすぎず，われわれに「蛍の光」が聞こえるのは，そこに「蛍の光」のメロディーが流れているからにすぎないと考えがちである。

　しかしじつは，われわれは見えている何かを猫だと「解釈」し，聞こえてくる何かを「蛍の光」だと「解釈」しているのである。

　さまざまなキャラクターグッズを売り出している某社の最も人気の高いキャラクターとして猫をイラスト化したものがあるが，その猫のイラストと実際にわれわれがふだん知覚している猫とに共通点はほとんどない。しかしながらわれわれは，その簡略化されたイラストを解釈し，猫であることを知覚する。

　またたとえば子どもが覚えたての鍵盤ハーモニカで「蛍の光」を演奏している。ところどころまちがった音が入るかもしれないし，いくつかの音はとばされるかもしれない。リズムも一定していないかもしれない。それでもわれわれは，それが「蛍の光」であることを知覚する。

　つまり知覚の過程は，必ずしも，外界に存在する刺激情報をそのまま写し取っているといったような受動的な過程ではなく，自分が頭の中にもっているイメージや知識といったものと時々刻々と入力されてくる情報とをマッチングさせ，これを頭の中で再構成し，解釈するという能動的な過程なのである。

1 - 02

右側の情報は左脳に，左側の情報は右脳に入る。

　われわれの処理すべき情報の多くは目，すなわち視覚を通して与えられる。目から入力される視覚情報は大脳に送られるが，大脳は，真上から見ると左右の2つの部分に分かれている（図1-1参照）。それぞれは大脳半球とよばれるように，半球型をしている。そして右半球と左半球との2つの半球が合わさるように，脳梁という部分でつながっている。この2つの半球は，役割を分担し，協力しながら，人間の情報処理活動を進めている。基本的に右半球は左半身を，左半球は右半身を担当している。

　おもしろいのは視覚情報の処理の分担である。これまでの話からすれば，右半球が左目から入ってくる情報を，左半球が右目から入ってくる情報を担当してもよさそうなものだが，実際にはそうはなっていない。右目，左目を問わず，右半球には左視野に見えている情報が，左半球には右視野に見えている情報が入力されるようにできているのだ。ここで重要なのは，それぞれの大脳半球にそれぞれの視野の情報が，「まず」入力されるという点である。上述のように2つの大脳半球は脳梁でつながっており，それぞれの半球に入力された情報は脳梁を介して相互に伝達される。したがって通常はどちらかの半球だけに情報が入力されるということは起こらない。ただ，ここでさらに興味深いのは，右半球と左半球では機能的な役割分担もなされているという点である。

　入力される情報の種類と右半球，左半球といった左右の違いとの間には関連があり，空間的，直観的な情報の処理は，右半球が得意であり，言語的，論理的な情報の処理は，左半球が得意であるといわれている。もちろんこれは，どちらが相対的に得意かという話であり，どちらかでしか処理ができないというわけでもない。したがって非言語材料の処理は右半球優位であり，言語材料の処理は左半球優位である，といった言い方をする。こうした機能的な役割分担を**大脳半球機能差**とよんでいる。

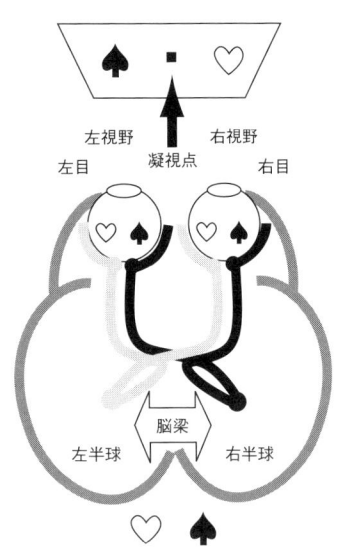

図1-1 視覚情報処理（Teyler, 1975を参考に作成）

1章　見る，聞く

1 - 03

網膜像は二次元情報しかもっていない。

　目に入ってきた光は，眼球の背面にある網膜に対する刺激となる。網膜は目の中にあるスクリーンだと思えばよいので，映写機の光が映画館のスクリーンに映像を映し出すようすを思い浮かべるとわかりやすいかもしれない。われわれの脳が，映画館の観客のように，この映像を解釈するわけである。ここで注意して欲しいのは，網膜自体が二次元的なものであり，そこには本来三次元的な情報は存在していないことである。それでもわれわれの視覚システムは，三次元世界である外界の情報を驚くほどリアルに伝えてくれるのである。

　われわれが主観的に体感しているのは，あたかも三次元世界の情報がダイレクトにわれわれに伝わってくる，という感覚である。ある意味ではこれは無意識的な推測の産物といってよい。たとえば今目の前に友人のA君が立っているとしよう。A君と自分との距離はいったいどれくらいあるのであろうか。網膜像においては，網膜の特定の位置にA君の像が投映されているだけである。それが近いのか遠いのかは，本来直接的な情報として網膜には投映されていない。けれどもわれわれは，さまざまな手掛かりから，自分とA君との距離を苦もなく推測し，さらにはそこに推測が入っていることにすら気づくことができない。

　それでは，そうした推測にはどのような手掛かりが利用されているのだろうか。この問いに対する答えを考えるには，実際に二次元的な情報しかもち得ない「絵画」が，われわれにいかにして三次元的な世界としてとらえられるのか，あるいは絵画がどのように描かれることによって三次元的な世界を構成しているのかといったことを考えてみることが助けになるだろう。

1 - 04

三次元の視覚情報は，さまざまな手掛かりによって構成されたものである。

　われわれの網膜像は二次元的な情報しかもっていない（1 - 03）。ところが現実にわれわれが生きている世界は三次元世界であるから，われわれは利用可能な二次元的な情報からなんとかして三次元的な世界を構成する必要がある。そのために，われ

われは網膜像がもっているさまざまな手掛かりを利用している。

　たとえば今，目の前で木村君や中居君が踊っているとしよう。そして踊っている木村君の腕が中居君の顔を隠している時，その「重なり」によって，われわれは木村君が中居君よりも手前に，つまり自分に近い位置にいることを知るだろう。このような「重なり」も手掛かりの1つである。

　大気遠近法とよばれる手掛かりもある。遠くの景色は近くの景色に比べてぼんやりと青っぽく見える。これは遠くにある対象物と近くにある対象物とでは，自分（の目）との間にある空気の量，厚みが違うからである。細かいチリやホコリが含まれた空気の中を長い距離にわたって進む光は，途中で散乱してしまうことも多く，このため遠くにある対象物ほど，ぼんやりと青っぽく見えてしまう。

　線遠近法とよばれる手掛かりは，絵画でもおなじみのものである。遠くにあるものは小さく見え，近くにあるものは大きく見える。そして，遠くに伸びていく平行な線が，一点に向かって収れんすることにより奥行き感が感じられる。たとえば向こうに続いていく線路を眺める時，幅が狭く見える方が自分から遠い方だとわかる。風景画などではこのような手掛かりを利用して遠近感が表現される（図1-2参照）。

　また，**きめの勾配**とよばれる手掛かりもある。同じようなパターンが並んでいる時，自分から遠ざかるにつれて，その間隔がしだいに狭くなっていく。つまり近くのものほどきめが粗く，遠くのものほどきめが細かくなる（図1-2参照）。

　われわれ自身が移動している場合には，**運動視差**（motion parallax）とよばれる手掛かりもある。電車に乗った時，動いている電車の窓から外を眺めてみよう。この時，ある対象，たとえば特定の建物に注意を向けると，その建物は止まって見えるだろう。そして，建物よりも遠くにある対象物，たとえば向こうの山並みなどは，電車の進行方向と同じ方向に移動して見える。一方，建物よりも近くにある対象，たとえば線路脇に立っている電信柱は，電車の進行方向とは反対の方向に移動して見える。そしてその移動速度は，建物に近いものほどゆっくりであり，自分（電車）に近いものほど速いことにも気づくだろう。電車に乗っていなくても，日常われわれは自分自身が歩いたり走ったりして，何らかの移動をしていることが多い。こうした移動にともなう網膜像の動きからも，われわれは対象物との距離を推測することができるのである。

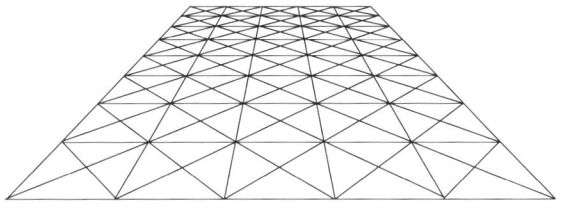

図1-2　線遠近法ときめの勾配（Gibson, 1950 を参考に作成）

1章 見る，聞く

1 – 05

両眼視差は網膜像から立体映像を構成する重要な手掛かりである。

　顔の真ん前に指を一本立てて片目で見てみよう。このとき，右目で見た場合と左目で見た場合とで，見え方がズレていることに気づくだろう。これは，右目と左目の位置が異なっているためである。同じものを見ても，異なった位置から見れば見え方が違ってくるのと同様に，異なった位置にある右目と左目とでは，網膜に写る映像に若干のズレが生じるのである。この右目と左目の網膜像のズレを**両眼視差**（binocular parallax）とよぶ。そして，ここで重要なことは，われわれがふだん周囲の情景を見るとき，このような視差のある右目の網膜像と左目の網膜像とを融合させて1つの映像にして見ていることである。じつはこのことによって，われわれはリアルな立体映像を見ることができているのである。つまり，われわれの視覚像におけるリアルな立体感は，視差のある右目の網膜像と左目の網膜像とを頭の中で1つに融合させることによってもたらされたものなのである。

　では，網膜像における視差は立体映像を構成する際にどのような手掛かりを与えているのだろうか。重要な手掛かりとなるのは，目から対象までの距離とズレの大きさとの関係である。目の前の一本指を見る場合に比べ，遠くにある建物を見る場合は右目で見る場合と左目で見る場合とのズレの程度は小さくなるだろう。つまり，目からの距離が近ければそれだけ右目と左目の網膜像上のズレは大きくなり，目からの距離が遠ければそれだけ網膜像上のズレは小さくなるのである。そこで，右目の網膜像と左目の網膜像とを1つに融合させるときに，この手掛かりを利用し，視差が大きい部分が近くに，視差が小さい部分が遠くになるように立体映像を構成しているのである。

　視覚における以上のような働きを応用すれば，本物の立体的な対象を見なくても，立体感のある視覚像を見ることが可能である。すなわち，右目と左目とにズレのある網膜像ができるようにし，それを本人が1つに融合させるようにすれば，立体感のある視覚像が得られるわけである。特殊なメガネを使って見る3D映画や，見方を工夫することで立体像が見えるステレオグラム（図1-4参照）などは，この原理を応用したものである。

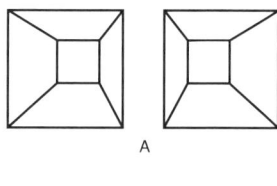

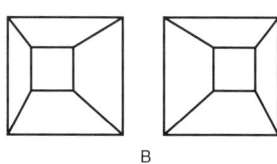

図1-3　立体像が見える図

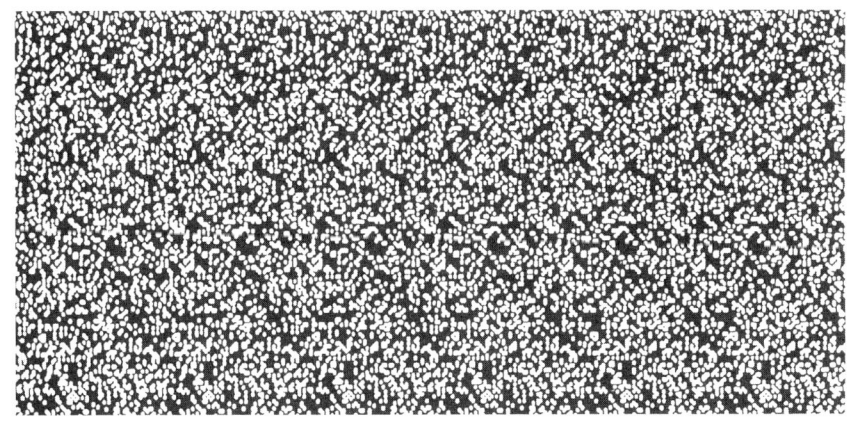

図1-4　ランダムドットステレオグラム（道田，1995）

1 − 06

図と地の分化とは知覚対象の輪郭が定まることである。

　木の幹にとまっているセミを見つけることはなかなかむずかしい。またバードウォッチングを趣味にしている人にとっては、枝葉の間に瞬時にとらえられる小鳥も、そうした趣味をもたない人には見つけることが困難であるかもしれない。このように木の幹にいるセミや枝葉の間にいる小鳥が見つけにくいのは、それらが背景にまぎれてしまうからである。背景にまぎれるとは、どこが背景との境目であるのかがわかりにくくなっているということだ。われわれは何かの対象に注目した時、それ以外のものは「背景」として知覚する。つまり背景の中に存在する何かが、きちんと輪郭をもった「対象」として知覚される時、注目されるべき対象が「見つかった」ことになる。

　心理学では、われわれが注目して知覚する対象を図（figure）とよび、それ以外の背景となる部分を地（ground）とよぶ（Rubin, 1921）。そして、背景の中からある対象が切り出されることを図と地の分化とよんでいる。先ほどのセミの例でいえば、木の幹とセミとの境目、つまりセミの輪郭を知覚することが、セミを見つけるということであり、これが図と地の分化にあたる。

　この図と地の分化がうまくいかないと、対象をうまく認識できないことがある。図1-5で、何が書かれているのかがわかりにくいのは、この図が、不適切な図と地の分化がなされやすい図であるからだ。

図1-5 何が書いてある？

図1-6 ルビンの杯
(Rubin, 1921)

　また，図地反転図形とよばれる興味深い図形もある。有名な「ルビンの杯」とよばれる図形（図1-6参照）では，向かい合った横顔（図の白い部分）が図として見えたり，1個の杯（図の黒い部分）が図として見えたりする。どちらかが図として見えている時には，他方は地としてしか感じられない。

1 - 07

認識は上からと下からの情報処理の「はさみうち」でなされる。

　ロールシャッハ・テストというパーソナリティ検査がある（→8-06）。これは左右対称のインクのしみが描かれたカードを呈示し，それが何に見えるか，そこに何が見えるかの報告を求める検査である。ここで使われるインクのしみは，何か具体的なものを表わしたものではない。けれどもわれわれはそこに何か具体的な対象を見いだすことができる。われわれがこうした刺激から何かを見いだす過程，その刺激が何であるかを知覚する過程を**パターン認識**（pattern recognition）とよぶが，このような過程においては，上からと下からの情報処理の「はさみうち」が起こっている。
　現在処理している刺激が何であるのか，の判断には，当然その刺激がどのような性質やいかなる特徴をもっているのかということが大きく関与する。このように入力される刺激情報の性質や特徴を分析して，それが何であるのかを知ろうとする処理は，**ボトムアップ**（bottom-up）処理あるいは**データ駆動型**（data-driven）処理とよばれる。
　一方**トップダウン**（top-down）処理あるいは**概念駆動型**（concept-driven）処理とよばれる処理過程（Norman & Bobrow, 1976）は，結論の側から迎えに行く処理とでもいえばよいだろうか。刺激が入力され，処理される際に，すでにわれわれの頭の中には状況的な文脈による期待や知覚の構えがつくられており，その期待や構えにあった情報を選択して処理する傾向がある。「幽霊の正体みたり，枯れ尾花」などと

いわれたりするが，怖い怖いと思ってまわりを見ていると単なる枯れたススキの穂さえ幽霊に見えてしまう，といったことが起きるのは，トップダウン的な処理が優勢になりすぎたためであると考えることができる。

通常はボトムアップ型の処理とトップダウン型の処理とがバランスよく実行され，両方からのはさみうちで認識の過程を効率化している。　　　　　　　　（→5‐09）

1‐08

動いていないのに動きが見えることがある。

ニュースなどを知らせる電光掲示板の電球そのものは動いているわけではない。けれどもわれわれにはあたかもその上を，光の文字が「流れて」いるように見える。こうした動きは，基本的には電球のオン・オフによって知覚されるものである。つまり電光掲示板を構成する1個1個の電球が点いたり消えたりすることにより，光で構成される文字が移動するように感じられるのだ。このように，動いていない画像があたかも動いているかのように見える知覚現象を**仮現運動**（apparent movement）とよぶ（Wertheimer, 1912）。連続性をもった複数の絵や写真を短い時間で次々に提示することにより，絵や写真が動いているように見えるアニメや映画なども，この仮現運動を応用したものである。

また，「雲の間から月が顔を出した」などという表現にみられるように，われわれは動きを相対的にとらえてしまう場合も多い。この例では，本当に動いているのは雲であるはずなのに，あたかも月の方が動いているかのようにとらえている。これは月に比べて雲の方が，背景としてとらえられやすいためであると考えられる。図と地の関係（→1‐06）で言えば，月が図に，雲が地になるために，こうした知覚がなされる。このように，空間的な枠組みになっている周囲のものが移動するために，静止している対象物があたかも動いているかのように見える知覚現象を**誘導運動**（induced movement）とよぶ。電車に乗っていて，隣の電車が動き出すと，自分の乗っている電車が反対方向に動くように感じられることも，この誘導運動である。

また，真っ暗闇にした部屋の中で静止した光（光点）を見つめていると，その光点が不規則に動き出すことがある。これは光点の周囲に適当な視覚的枠組みがないことによる運動の知覚であり，**自動運動**（autokinetic effect）とよばれる（Charpentier, 1886）。

以上のような「見え」としての運動は，すべて，周囲の状況との相対的な関係によっ

て生じていると考えられる。仮現運動は時間的な意味での周囲の状況，すなわち直前の状況と，現在の状況との違いを，運動という形で解釈した結果であるし，誘導運動は，空間的な意味での周囲の状況との関係を，「どちらが動くべきか」「どちらが動かざるべきか」についての誤った推論に基づいて補完した結果である。さらに自動運動については，こうした周囲の状況との相対的な比較の困難さが生んだものである。このようにわれわれの知覚は，空間的時間的な周囲の枠組みの中で処理や解釈を行なっているのである。

1-09

人の目は高性能であるがゆえにエラーを起こすことがある。

「百聞は一見にしかず」ということばからもうかがえるように，われわれは自分の視覚情報処理に大きな信頼をおいている。しかしながら，実際にはわれわれの視覚情報処理は必ずしも常に信頼できるようなものではないし，時には明らかな誤りをおかしてしまうこともある。われわれの視覚が対象のありさまを正確に写し取れないで，誤った見え方をしてしまうことを**錯視**とよぶが，この錯視が特殊な図形によって引き起こされたものが**幾何学的錯視**とよばれるものである。幾何学的錯視を引き起こす図形にはさまざまなものがある（図1-7参照）。

［エビングハウス錯視］の図形では，左右それぞれの図の真ん中に描かれているハート形は，左右で同じ大きさである。しかし，大きなハート形に囲まれている方は，小さなハート形に囲まれている方に比べて，小さく見える。

［ポンゾ錯視］の図形では，上下に並んだ2つのハート形は同じ大きさであるが，左右の線分が狭まっている方のハート形の方がやや大きく見える。

［ミュラー＝リヤー錯視］の図形では，矢羽根のついた2つの線分の長さは同じであるが，矢羽根が外向きの線分（下側の線分）の方が，矢羽根が内向きの線分（上側の線分）よりも長く見える。

［ザンダー錯視］の図形では，左右に連なった大小2つの平行四辺形の対角線の長さは同じであるが，大きい方の平行四辺形の対角線の方が，小さい方の平行四辺形の対角線よりも長く見える。

［ヴント錯視］と［ヘリング錯視］の図形では，いずれの図形においても水平の線は平行であるが，ヴント錯視では真ん中が狭まって，ヘリング錯視では真ん中が広がって見える。

［フレイザー錯視］の図形は，渦巻きを描いているように見えるが，じつは細工を施した同心円が描かれており，線をたどっても同じ線に戻ることになり，中心に向かっていくことはない。

　この他にもさまざまな幾何学的錯視があるが，こうした錯視が起こる原因は必ずしも単一ではなく，また一貫しているわけでもない。しかしながらこうした知覚における誤りが生起することの背景には，通常の知覚過程においてもわれわれが用いている情報処理のメカニズムが関係していることはまちがいない。たとえばポンゾ錯視は，両サイドに加えられた2本の線分が，遠近法的な知覚（→1-04）を発動させ，その結果として上の図形の方が「遠くにある」と解釈されることによって生起する錯視であるといわれている。またエビングハウス錯視については，周囲の図形との相対的な大

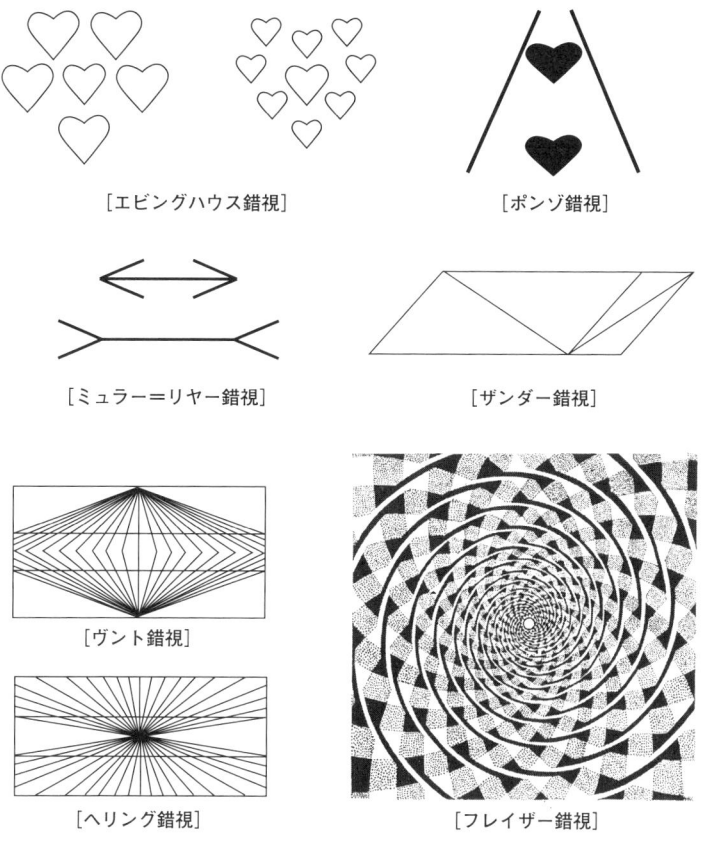

図1-7　錯視図形

きさの比較が，中央の図形の大きさの知覚に影響を及ぼしている。基本的に知覚は，不十分な情報から現実世界についての情報を構成する過程であり，さまざまな手掛かりを積極的に効果的に利用することが必要不可欠な処理過程である。そしてこうした処理を自動的に行なえるよう，われわれの知覚過程は調整されているため，錯視図形のような特殊な状況では，結果的に誤った知覚がなされてしまうのである。言ってみれば錯視は，われわれの知覚情報処理過程が通常は必要とされる処理を，それと意識させずに遂行しているために起こってしまうエラーなのである。

1-10
網膜像が変化しても知覚される像は比較的安定している。

人と対象物との距離によって，人間の網膜像の大きさは変化する。たとえば今，自分の前に友人のA君が立っている。A君との距離が1メートルである場合と，A君との距離が2メートルである場合を比較すると，後者の場合のA君の網膜像の大きさは前者の場合の半分になっているはずである。けれども後者の場合に，A君の大きさは網膜像の大きさ通り，前者の場合の半分の大きさに見えるわけではない。つまりわれわれは網膜像の大きさの変化の通りに，対象の大きさが違って見えるわけではなく，対象の大きさは網膜像の大きさが変化してもある程度安定した大きさに見えるのである。こうした現象は**大きさの恒常性**とよばれている。

同じように，**色の恒常性**とよばれている現象もある。照明の下か，日光の下かで，ものの色光の波長はかなり大きく変化している。にもかかわらずものの色は，われわれにはある程度同じように見えるのである。これは，われわれが刺激として入力されてくる光をそのまま受け入れているのではなく，「本来これはこういう色だ」という記憶に基づいて，「判断」しているために起こっている現象である。

知覚の恒常性は，対象のありさまを正確に知覚していないという点では，一種の錯誤であるともいえるが，恒常性があるために，われわれは周囲の世界が安定して見えるのである。

1 - 11

人はまとまりがつくようにものを見る。

われわれは時として,輪郭線で囲まれていない部分でも,それを図として知覚することがある。このとき,実際には描かれていないこの輪郭を,**主観的輪郭**(subjective contour)とよぶ。カニッツァ(Kanizsa, 1979)は,このようなパターンをたくさん考案している。

[主観的輪郭](図1-8参照)の図では,図の中央に描かれているハート形を見つけることができるはずである。実際にはこの図に描かれているのは,イチョウ形,一部が欠けた長方形が2つ,そして円の一部が欠けたもの,の4つの部品である。しかしながら,この図をそうした形でとらえる人はあまりいない。どうしても,ハート形が円や長方形を部分的に覆い隠しているように見えてしまう。そして実際には何も描かれていない部分までハート形の輪郭の一部分に見えてしまう。さらには,背景の白さに比べて,ハート形の方がより明るく,あるいはより白く感じられる。

このハート形は実際にそこにあるのではなく,視覚の働きによって「見えて」いるのである。もしハート形が見えなければ,この図は意味不明な図形の集まりとしか見えないだろう。ハート形が見えることによって,この図が意味をもったまとまりのあるものになるのである。知覚の働きはこのように,ないものをあるように見てまでも,まとまりをつけようとするのである。

図1-8 [主観的輪郭]

1 - 12

まとまりが生じる要因として,近接,類同,閉合,よい連続,経験などがある。

ウェルトハイマー(Wertheimer, 1923)は,刺激のまとまりがどのように起こるのか,つまり**知覚的群化**(perceptual grouping)がどのように生じるのかについて検討を行なった。その結果,①近いものどうしがまとまって知覚される**近接の要因**,②似通ったものどうしがまとまって知覚される**類同の要因**,③相互に閉じ合ったものど

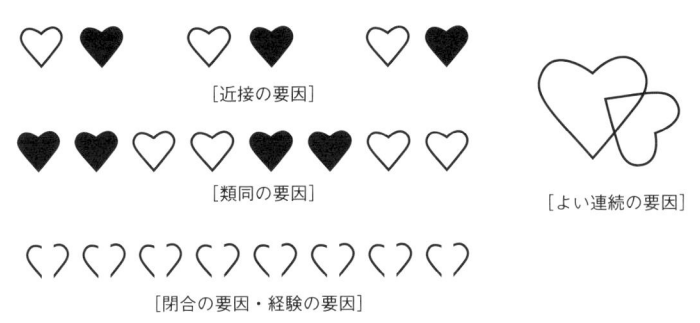

図 1-9　群化の要因

うしがまとまって知覚される**閉合の要因**，④なめらかな連続をもつものがまとまって知覚される**よい連続の要因**，⑤慣れ親しんでいるものがまとまって知覚される**経験の要因**などが報告されている。このような法則性は簡潔性の法則あるいは**プレグナンツの法則**（prëgnanz law）とよばれている。

たとえば図 1-9 の［近接の要因］においては，近くにある白と黒の 2 つのハート形がまとまって見える。また［類同の要因］においては，白いハート形どうし，黒いハート形どうしがまとまって知覚される。［閉合の要因・経験の要因］においては，真ん中が途切れたハート形が知覚される。これは閉合の要因の効果であると同時に，それまでの図でハート形を見てきたことにより，ハートを見慣れていることも影響しているだろう。同様に［よい連続の要因］で角度が異なる 2 つのハートが重なり合っているように見えるのは，それがもっともなめらかな線の連続であること（よい連続の要因），そうしたまとまりがもっとも簡潔に「閉じた」まとまりであること（閉合の要因），ハート形という形そのものを見慣れていること（経験の要因），などの複数の要因が働いているためであると考えられる。このように，われわれの知覚過程は，刺激の状態はもちろん，それを知覚するわれわれの側の経験によっても大きく左右される。このようなことからも，知覚過程が単なる受動的な過程ではなく，われわれ自身が能動的に関与する過程であることがわかるだろう。

　1 － 13

聴きたいものを無意識に選んで聴くことができる。

大勢の人が口々に会話を交わしているパーティ会場は，とてもざわざわしている。

けれどもそうした環境の中でも，われわれは，特定の誰かと会話を交わすことが可能である。このことは，われわれが，ほかの人たちが交わしている会話を無視して，自分が会話を交わしている相手に注意を向けることにより，選択的に相手の発言を聞き取ることができることを意味している。まわりから聞こえてくるさまざまな音声をあたかもフィルターに通すかのように，選り分けて聞いているのである。このように周囲に存在するさまざまな音の中から，特定の音に注意を向けて選択的にそれを聞くことができる現象を**カクテルパーティ効果**とよんでいる。

しかもわれわれは注意を向けていない会話を，まったく聞いていないわけではない。自分が誰かと会話しながらでも，隣のグループの会話の中に，自分の名前が出てきたりすると，これに気づくことができる。つまり意識を向けていない会話に対しても，これを完全にシャットアウトしている（できている）わけではなく，もしそこに自分にとって関心のある情報が提示された場合には，それに対応できる程度の処理は行なっているのだ。つまりわれわれの知覚フィルターは，ある程度の処理は自動的に実行しながら，そうした処理自体が本来なすべき処理（意識を向けている会話の処理）の邪魔にならないような，きわめて高性能なものであるということができる。

1 - 14

同じものが同じように見えるとは限らない。

明るさの対比の図形（図 1 - 10 参照）において，リングの左半分に比べて，右半分がほんの少し濃いグレーで描かれているように見えるだろう。実際はこのリングの色は左右で同じである。周囲の色の明るさが異なることにより，同一の色でも異なった明るさの色として知覚されるのだ。

ある刺激の知覚過程が，空間的あるいは時間的に連続する刺激によって影響を受け，その連続する刺激と反対方向に知覚像が変化することを**対比**（contrast）とよぶ。明るさの対比が働くと，黒い背景と接した部分のグレーはより白っぽく，白い背景と接した部分のグレーはより黒っぽく知覚される。対比に限らず，われわれの知覚は周囲の状況や知覚する際の文脈に依存してなされることも多い。これはトップダウン型の処理（→1 - 07）の1つである。

また，たとえば「顔」という文脈の中に埋め込まれた図形は，その配置に基づいた解釈がなされる。二つの顔の図（図1-11参照）で，左の顔の「鼻」と，右の顔の「目」とは，まったく同じ図形であるが，それぞれの配置場所に基づいて，鼻であるとも目で

1章　見る，聞く

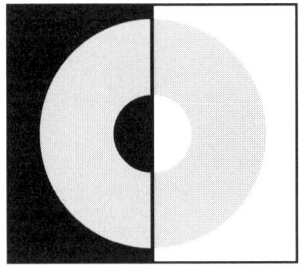
図1-10　明るさの対比

図1-11　二つの顔

あるとも（人によっては右の顔から「一目惚れした顔」という記号を読みとるかもしれない）解釈されるのである。

1 - 15

いつでも誰でも同じものが見えるわけではない。

　知覚する際の文脈は必ずしも刺激のみによって構成されるわけではない。個人のもっている知識や，個人のおかれた状況そのものが文脈として機能することがある。
　某ファーストフード店の看板マークを知っている人は，車で道路を走りながら，そのファーストフード店を看板によって見つけることができる。特定の色と形をしたマークについての知識が，そのマークを見ただけでわれわれにそこがファーストフード店であることを教えてくれるわけである。しかし，そのマークについての知識をもっていない人は，ファーストフード店の前を通り過ぎても，見落としてしまうだろう。これは個人のもっている知識によって，そこがファーストフード店に見えるかそうでないかが異なるということを示している。
　個人が置かれた状況の違いも重要となることがある。おなかが減った状態でドライブしている場合には，ファーストフード店の看板は目につきやすい。ところが，ガソリンがなくなってきたことを気にしながらドライブしている場合には，ガソリンスタンドの看板は目につきやすくなっているだろうが，途中にファーストフード店の看板があったことは見落としてしまうかもしれない。
　以上のように，刺激の環境が同じであっても，個人の知識や置かれた状況により，知覚されるものは異なることがあるのである。

1 - 16

情報は環境そのものの中に存在している。

　これまでテニスをしたこともみたこともない子どもの目の前にテニスのラケットを置いてみたとしよう。子どもはこのラケットとどのように関わるだろうか。子どもはラケットをつかんでみるかもしれない。そしてこの時、子どもはおそらくラケットの柄の部分を握ることだろう。さらに子どもはそのラケットを振り回すかもしれない。この時、その振り回し方は、テニスの本式のストロークとは異なっているかもしれないが、なんとなくテニスのストロークに近いものになるのではないだろうか。

　以上のことは、ある意味では奇妙なことである。なぜならテニスを知らない子どもにとって、ラケットは本来どこを握ろうと、どのように使おうとかまわない対象物である。しかしながらたいていの子どもは、ラケットの球を打つ部分を握ろうとはしないだろうし、ラケットを槍のように投げてみようとはしないだろう。テニスを知らない子どもでも、なぜかラケットの柄の部分を握り、テニスのストロークに似た振り回し方をしてしまうのである。このような現象を、ギブソン（Gibson, 1979）は、**アフォーダンス**（affordance）という概念で説明しようとしている。

　アフォーダンスとは、afford（できる、可能とする）という語をもとにギブソンが作り出したことばである。ギブソンの考えによれば、外界の対象物に対してわれわれがどう関わるか、ということに関する情報は、人間の頭の中にあるわけではなく、人間をとりまく環境そのものの中に存在している。そして、外界に存在するこの情報がアフォーダンスである。先の例でいえば、テニスラケットの柄の部分は、ラケットのそれ以外の部分よりも、握る動作に対するアフォーダンスをもっているのである。同じように椅子は「座る」ことをアフォードしているし、ドアのノブは「つかむ」ことをアフォードしている。このようにギブソンは、人間や動物が、知覚によって手に入れた何らかの情報を脳の中で処理することによって環境を認識するだけでなく、環境そのものが情報をもっており、人間や動物がこれを直接的に「ピックアップ」することによって環境への関わり方が決定されていると考えている。こうした考え方は、建築や道具のデザインの指向性、そのアプローチにも影響を及ぼす問題であるだろう。

2章 学ぶ，身につく

2 - 01

学習とは経験によって何かが変わることである。

日常用語としての学習は，「お勉強」ということばと近いニュアンスをもっている。お勉強ももちろん学習の中に含まれるが，心理学において「学習 (learning)」ということばは，もう少し広い意味で使用されている。心理学における**学習**とは，「経験による，行動の変容または認知の変容」のことである。何らかの経験をすることによって，行動（外的な活動）または認知（内的な過程）が変わることを学習とよんでいるわけである。したがって，「成熟」によって行動や認知が変わることは，学習とはよばれない。それは「経験による」ものではないからである。また，たとえばお酒を飲むことによって「性格が変わる」人がいるかもしれないが，これは一時的なものなので，学習とはよばれない。もっとも，お酒を飲んだために，大きな失敗を経験してしまい，そのことでお酒をやめたりする，というような行動の変容は学習にあたるだろう。

また，心理学における学習は，その行動や認知の変容が望ましい変容である場合も望ましくない変容である場合も含まれる。日常用語としての学習は，「お勉強」ということばがそうであるように，望ましい方向への変容を意味することが多い。けれども心理学においては，望ましくない方向への行動や認知の変容も学習とよぶのである。

2 - 02

古典的条件づけでは，「こうなったらこうなる」というルールが学習される。

古典的条件づけ (classical conditioning) に関しては，パブロフ (Pavlov, I. P.) の実験がよく知られている。パブロフはもともと犬の唾液腺の研究をしていた生理学者

である。パブロフが条件づけの現象に注目したのは，パブロフが実験対象にしていた犬が，餌係の人の足音を聞いただけで，まだ餌を与えられたわけでもないのに唾液を流しだしたことに気づいたからだといわれている。

　こうした現象に興味をもったパブロフは，空腹の犬に餌を与える時，その直前にベルの音を聞かせるようにした。これを何回もくり返して行なうことにより，やがて犬はベルの音を聞いただけで唾液を流すようになったのである。

　もちろん，もともとパブロフの犬は，ベルの音を聞いただけで唾液を流していたわけではない。犬にとって唾液の分泌をうながしているのはあくまでも餌という刺激であった。つまり犬にとっての餌は，唾液分泌を無条件にうながす刺激であり，犬が餌を与えられて唾液を流すという営みは，餌という**無条件刺激**（US：unconditioned stimulus）が，唾液分泌という**無条件反応**（UR：unconditioned response）を引き起こすという営みであったわけだ。これに対して，もともとベルの音は，餌とも唾液の分泌とも何ら関係のない刺激である。けれどもベルの音が鳴った後に餌が出てくるという経験を何度もするうちに，ベルの音と餌の間に結びつきができる。そしてベルの音→餌→唾液の分泌，という一連のルートができあがり，さらにはベルの音から唾液分泌への，直通のバイパスが形成されるのである。この時，ベルの音は**条件刺激**（CS：conditioned stimulus）とよばれ，その条件刺激によって引き起こされるようになった唾液分泌は**条件反応**（CR：conditioned response）とよばれる。このように，外界から与えられる刺激と生体の既存の刺激→反応との間に新たな結びつきができあがることを，古典的条件づけとよんでいる。

　では古典的条件づけにおいては，何が学習されるのであろうか。ここでは学習されるのはある種の「ルール」であると考えてみたい。つまりパブロフの犬は，「ベルが鳴ったら」→「餌がもらえる」というルールを学習したことになる。言ってみれば「こうなったらこうなる」というルールを学習しているのだ。

> **2－03**
>
> オペラント条件づけでは，「こうすればこうなる」というルールが学習される。

　オペラント条件づけ（operant conditioning）は，動物が特定の反応行動をとった時に，餌などの報酬を与えると，その反応行動の生起頻度が高くなる現象である。スキナー（Skinner, 1938）は，スキナーボックスとよばれる実験装置を使ってオペラ

ント条件づけの実験を行なった。このスキナーボックスは内側にレバーが取りつけられており，そのレバーをネズミが押すと餌が与えられるようになっていた。スキナーボックス内に入れられたネズミは，動きまわっているうちに偶然にレバーを押す。するとネズミは餌を与えられる。餌を食べたネズミはまた動きまわり，そのうちまたレバーを押す。するとまた餌が与えられる。こうした経験を何度もしているうちに，ネズミはレバー押しを頻繁に行なうようになっていく。初めは偶然にやったようなレバー押し反応が，意図をもって行なっているかのような反応に変容していくのである。つまり，ネズミは，レバー押しに対して餌が与えられるという経験をすることによって，レバーを押すことを学習するのである。このとき，レバー押しに対して餌を与えることはレバー押しという反応の生起をうながしていると考えられ，餌などの報酬によって特定の反応行動の生起をうながすことを**強化**（reinforcement）とよんでいる。

オペラント条件づけでネズミに学習されるのはどのようなルールだろうか。スキナーボックス内で学習すると考えられるルールは，「レバーを押したら」→「餌がもらえる」というルールだろう。古典的条件づけ（→2-02）の場合との違いは自らの反応行動がこのルールに関わっていることである。つまり自分が「こうすれば」，結果として「こうなる」というルールが体得されるのがオペラント条件づけである。

2-04 Super Essence

最初から完璧を求めなくてよい。

行動を変容させるという観点から学習をとらえた時，どのようなやり方で行動の変容をコントロールしていくことができるだろうか。水族館でみられるイルカのショーなども，「芸」という行動をいかにしてイルカに学習させるかがポイントとなる。もちろん，訓練されていないイルカが複雑な芸（行動）をいきなり始めることはまずない。そこでこの芸を，それを構成するステップに分割し，徐々に習得させていくことが必要となる。

たとえば，ジャンプし，空中の輪をくぐるという芸をイルカに仕込むためには，とりあえずイルカが輪の近くにいないことには始まらない。そこでまずイルカが輪の近くに来た場合に餌を与えるといったやり方をとれば，イルカは輪の近くで泳ぐことを学習するだろう。この学習が成立した後で，今度はイルカが輪の近くでジャンプした場合にのみ餌を与えるようにすれば，イルカは輪の近くでジャンプすることを学習する。このように，最終的な目標である一連の複雑な行動を

細かいステップに分けて，このステップを踏みながら段階的にオペラント条件づけ（→2-03）を行なっていくやり方を**シェイピング**（shaping）とよんでいる。こうしたシェイピングのやり方は最初から完璧を求めるのではなく，実行できる範囲から徐々に目標に近づいていくという考え方につながるものといえるだろう。

また，このシェイピングの手法を人間の学習指導の方法に応用したのが，スキナー（Skinner, 1968）の提唱した**プログラム学習**（programmed learning）である。プログラム学習とは，その名の通り，所定のプログラムに従って学習を導いていく指導法であるが，プログラム学習でスキナーが重視したのは，**スモール・ステップ，積極的反応，即時フィードバック，自己ペース**である。つまり，プログラムを構成するにあたっては，学習させる内容をなるべく細かいステップに分割する。そしてプログラムを進めていく際には，学習者に積極的な反応（解答の創出など）を求め，学習者が反応したらただちにそれに対するフィードバック（解答の正誤など）を与えながら，個々の学習者のペースに合わせて学習を導いていくのである。

2-05

恐怖も学習される。

動物を対象とした研究から注目され始めた古典的条件づけ（→2-02）であるが，古典的条件づけが生じるのは動物に限られるわけではない。ワトソン（Watson, J. B.）は，子どもを使った条件づけの実験を行なっている（Watson & Rayner, 1920）。子どもはアルバート坊やとよばれていた。アルバート坊やはウサギが好きだった。ところがワトソンはアルバート坊やが白ネズミを見ている時に大きな音を鳴らして坊やを恐がらせた。これが何回か反復されると，坊やはネズミを恐がるようになった。つまり条件づけが成立したわけである。そして可愛そうなことに坊やは白ネズミだけではなく，好きだったウサギも恐がるようになった。アルバート坊やの恐怖の対象が，白いもの，毛のあるものに拡大し，白いひげや白いシーツまでも恐がるようになってしまったのである。

この実験結果において重要なのは，人間においても古典的条件づけが生じるということと，恐怖のような感情面に関わるものさえも学習されるということである。このように人間の活動に関するさまざまなものが，学習によって身につくのだ。

2 − 06

> 無力感も学習される。

　セリグマン（Seligman, M. E. P.）は，以下のような実験を行なった（Seligman & Maier, 1967）。2通りの条件下で犬に電気ショックを与える。どちらの条件下でも犬は身体がネットのようなもので固定されており，身動きは制限されている。一方の条件の犬は，自分でスイッチを押すことで電気ショックを止めることができる。もう一方の条件の犬は，何をしても電気ショックは止められず，必ず一定時間の電気ショックを受け続ける。このような実験をくり返すと，自分で電気ショックを止められる犬は，スイッチを押すことを学習する。一方，電気ショックを受け続ける犬はしだいに身動きをしなくなっていく。こちらの犬は，「自分がどうしようと電気ショックを止めることはできない」ということを学習してしまうのである。すなわち，対処が不可能な事態，状況を経験することによって，「どうせ何をやってもだめなんだ」「自分がどうしようと，この状況を変えることはできないんだ」ということが学習されてしまうのだ。これを**学習性無力感**（learned helplessness）とよぶ。

　セリグマンのこの実験には続きがある。今度は犬たちはネットを外され，犬が飛び越えられる程度の壁で2つに仕切られた部屋に入れられる。犬のいる部屋の床から，また電気ショックが与えられるが，壁の向こうの部屋に行けば，電気ショックから逃れることができる。電気ショックは部屋に設置されたランプの点灯で予告されるので，うまくやれば電気ショックから逃れることを学習することができる。

　この状況で，先ほどスイッチを押すことで電気ショックを避けられていた犬は，ランプが点灯すると，隣の部屋に移動して，電気ショックを逃れることを容易に学習する。ところが先ほど電気ショックから逃れることができないという経験をした犬は，今回の課題では電気ショックから逃れる方法が存在するにもかかわらず，あいかわらず電気ショックを受け続ける。このように自分のあるいは自分の行動の無力さを学習してしまうと，本来ならできるはずの課題すらできないものとなってしまうのだ。

　セリグマンの実験はいろいろな意味で示唆的である。たとえば教育の場面で考えれば，学習者を学習性無力感に陥らせないようにすることがいかに大切であるかを教えてくれる。また自分が学習性無力感に陥ってしまっている時には，セリグマンの実験から，立ち直るヒントが得られるかもしれない。大切なのは「やれば，なんとかなる」という外界統制可能感をもつことなのである。

（→3‐08）

> **2-07**
>
> 先の学習が後の学習に影響することがある。

　先に何かを学習しておくことが，後で行なう学習に影響を及ぼすことがある。この場合，影響として考えられるものには，促進的なものと抑制的なものの両方がある。たとえば，卓球をやっていたことがテニスの練習をするのに際して，よい影響を及ぼすこともあるだろう。あるいは卓球をやっていたことによって身についたスマッシュの癖が抜けずに，テニスの習得が妨げられるかもしれない。

　その影響がプラスのものであってもマイナスのものであっても，心理学ではこれを学習の**転移**（transfer）とよぶ。そして，その転移がプラスの方向に働くものであるならば，それは**正の転移**（positive transfer）とよばれ，マイナスの方向に働くものであるならば，それは**負の転移**（negative transfer）とよばれる。また，身体の一方の側（たとえば右手や右足）を使って行なわれた練習が，その反対側（たとえば左手や左足）での作業に影響する場合を**両側性転移**（bilateral transfer）という（Underwood, 1949）。

　もちろんこうした転移は必ず生じるというものではなく，2つの学習課題がどの程度類似しているのか，先行する方の学習が，質的，量的にどの程度なされていたのか，2つの学習はどの程度の間隔でなされたのか，それぞれの学習がどのような文脈でなされたのか，といったさまざまな要因によって，どのように転移が生起するのかが変わってくる。

> **2-08**
>
> 人のようすを見るだけでも学習が起きる。

　すべての学習が，自分自身の直接的な経験を必要とするわけではない。「見よう見まね」ということばもあるように，他人の行動を観察することによって成立する学習もある。バンデューラ（Bandura, 1965）は，自分自身が必ずしも実行したり報酬や賞罰を受けたりしなくても，観察のみによっても学習が成立することを主張している。

　バンデューラが行なった実験では，子どもたちが，自分自身罰を受けたり誉められたりしなくても，モデルとなる他者の行動やその結果を観察することで，本人の行動が変化することが示されている（図2-1参照）。

2章 学ぶ，身につく

　この実験では子どもたちは，モデルである子どもが人形に対して攻撃的な行動をとっているフィルムを見せられる。そのフィルムには3つの種類があって，1つは攻撃的な行動をとっているモデルが後で叱られるところまでが映っているフィルムである。また2つ目のフィルムでは逆に，攻撃的な行動をとったモデルが誉められてジュースやキャンディをもらっている。そして3つ目のフィルムでは，攻撃的な行動をとったモデルは別に叱られもしなければ誉められもしない。これら3つのフィルムのいずれかを見せられた結果，モデルが誉められるフィルムを見た子どもたち（モデル賞賛群）は，同じ人形が置いてあるプレイルームで遊ばせた際に，人形に対する攻撃行動が多くなった（ただしモデルが誉められも叱られもしないフィルムを見た子どもたち（統制群）とはほとんど変わらない）。またモデルが叱られるのを見た子どもたち（モデル叱責群）は他の子どもたちに比べて攻撃行動は少なかった。ここでは，誉められたり叱られたりしているのはあくまでもフィルムに映っているモデルであって，子どもたち自身ではない。このように，自分自身ではなく，他者（モデル）が誉められたり報酬を与えられたりするのを見ることによって学習が成立することを**観察学習**とよぶ。

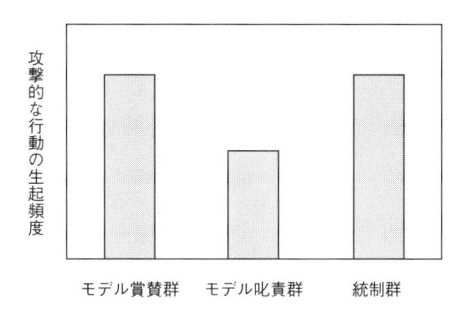

図 2-1　バンデューラの実験結果
（Bandura, 1965 を一部改変）

2 − 09

自ら発見することも学習となる。

　発見学習（discovery learning）は，ブルーナー（Bruner, 1960; 1961）らによって提唱された学習方法である。発見学習では，教師が正解としての結論を与えるのではなく，児童生徒自身が自ら探求し，主体的に課題に対する解答，結論を見いだしていくことを狙う。ここでいう発見とは，以前には気づいていなかった関係性や類似性，規則性を児童生徒自身が見いだすことである。結論を教えるのでなく，結論にいたる過程を児童生徒にたどらせることだといってもよい。こうして発見された解答，結論は知識として定着しやすいと考えられている。そしてここでは，児童生徒自身が発見した解答，結論を知識として身につけることももちろん重要であるが，こうした知識

の発見につながる問題解決能力や，学習場面での考え方や態度を身につけることも，発見学習の目的に含まれている。さらには，自分で「発見」ができたという感覚は，自信にもつながる。

　日本でも，発見学習の考え方を採り入れた授業法として，**仮説実験授業**が提唱されている。板倉（1966）の提唱する仮説実験授業では，「次のような実験を行なったら結果はどうなるか」という問題が出され，児童生徒は選択肢の中から解答を予想する。教師は児童生徒の回答の分布を集計し，この後，児童生徒たちは，「なぜその選択肢を選んだのか」に関しての意見交換を行なう。これが一通り終了すると，いよいよ実験である。実際に実験の結果がどのようになるのかを確認し，児童生徒の仮説が検証される。

　このように述べてくると，いいことずくめのように思える発見学習だが，いくつかの問題点も指摘されている。たとえば教師が効率的に知識，技能を教え込む方式に比べて，学習そのものに時間がかかりすぎることや，児童生徒の側の知的好奇心や仮説設定，仮説検証の能力に大きく依存してしまっているという点などである。

Super Essence 2－10

自分の知識と関連づけることで学習は有意味なものになる。

　学習は本人にとって有意味なものであることが重要である。その点からいえば，教師が児童生徒に学習すべき内容を一方的に与え，児童生徒がそれを受容していくという「受容学習」よりも，児童生徒が自ら探求し，答えを見いだしていく「発見学習」（→2-09）の方が，本人にとって有意味な知識が得られやすいかもしれない。しかし，仮にそうだとしても，何もかも発見学習で学習していこうとすると時間がいくらあっても足りないだろう。限られた時間の中で一定量の知識を習得するには，ある程度の効率性も必要であり，その面では受容学習を活かしていくことも重要である。

　オーズベル（Ausubel, 1963; 1968）が提唱した**有意味受容学習**は，受容学習を学習者にとって有意味な学習にするための方法である。「有意味学習」は，知識を丸暗記する機械的学習とは対照的な関係にある。有意味学習か機械的学習かの違いは，学習者本人が学習内容をうまく意味づけることができたかどうかであり，それは学習内容をすでにもっている知識に有機的に関連づけることができたかどうかによる。そこで，オーズベルは，知識を新たに学習する際にその知識を有意味なものにするための補助的な知識を用いることを提案した。この補助的な知識は，学習しようとする知識

を有機的に整理したり，すでにもっている知識に関連づけたりすることを助けるものであり，オーガナイザとよばれている。オーズベルが提案した主要なオーガナイザとして，学習する知識の枠組みや概要を示す**説明オーガナイザ**と，すでにもっている知識と新たに学習する知識との類似点や相違点を示す**比較オーガナイザ**とがある。いずれのオーガナイザも通常は，学習しようとする知識よりも先に与えられる方が効果的であり，そのようなオーガナイザを**先行オーガナイザ**とよんでいる。

　授業の初めに教師が行なう導入的な説明は，工夫しだいで先行オーガナイザとしての機能を果たし得るものであり，有意味受容学習の考え方や方法はごくふつうの授業の中にも容易に採り入れることができるものといえる。　　　　　　　　　(→5‐14)

2‐11

技能学習を効果的にするには間のおき方も重要である。

　技能の学習などにおいて，一定量の練習をまとめて休みなく行なう場合を**集中学習**，適当な休みを入れて小刻みに行なう場合を**分散学習**とよぶ。常識的には集中学習の方が効果的に思えるかもしれないが，その成果を実験的に比較してみると，どちらかといえば分散学習の方が効果的であるようだ。しかしもちろん，どの程度分散させるか，つまりどれだけ練習してどれだけ休むのがもっとも効率的であるのかについては，課題の性質による。長く休むことが必ずしもよいわけではないし，一度に行なう練習の時間が短すぎるのも問題だろう。また当然ではあるが，練習そのものに費やす時間が同じであれば，休んでいる時間が多ければそれだけ，全体の所要時間は長くなってしまう。こうしたことを考慮した上で，最適な練習プランを，言い換えれば最適な分散の仕方を策定することが重要である。

　またこれと関連する要因として，**全習**か**分習**かの問題がある。つまり学習するべき技能を最初から1つのまとまりとして練習する（全習法）か，あるいはその技能を部分に分けて部分ごとに練習する（分習法）かという選択である。これも一概にどちらがよいとはいえないが，「まとめて練習できるものならまとめてやった方がよい」ということはいえそうである（Briggs & Brogden, 1954）。習得しようとする技能が複雑過ぎたりするために，分割して分習せざるを得ない場合はともかくとして，分割のし過ぎは学習の効率を下げるようである。

Super Essence 2 − 12

表面に現われなくても学習が進行していることがある。

　学習の成立には，何らかの報酬が必要だという考え方がある（→2 - 03）。トールマン（Tolman, 1932）は，これに対して，報酬が与えられない場合にも，学習が生じることを示した。迷路を脱出する道順を学習する迷路学習において，報酬である餌を与えられないネズミは，試行を重ねても迷路を脱出する時間の短縮があまり認められず，学習はほとんど進行していないように見えた。ところが途中からこのネズミに報酬としての餌を与えるようにすると，最初の試行から餌を与えられていたネズミの水準にすぐに追いつき，迷路をすばやく脱出するようになったのである。

　つまり報酬が与えられない試行においても，内的な学習は着実に進行していたらしい。このような，成果が表面に現われないで進行している学習をトールマンは**潜在学習**（latent learning）とよんだ。そして途中から報酬が導入されることにより，それまでは表面に現われてこなかった潜在学習の成果が，急激に表面化し，最初から餌（報酬）を与えられていたネズミと同程度の成績を示すようになったわけである。ここでのポイントの1つは，学習というもののとらえ方であり，トールマンは学習を環境に対する認知の仕方が変化することであるとしている。つまりたとえ報酬は与えられていなくても，環境についての認知は変容しうるのであり，必ずしも外からは観察できないが，この認知の変容が以降の行動を規定するものになるのである。

　技能学習の際に生じる**プラトー**（plateau：高原現象）も，潜在的な学習の進行という意味では，これに近いのかもしれない。技能の学習では，直線的に習得が進行するのではなく，ある程度学習が進んだところで，その進行がストップする局面があることが知られている。これは才能のあるなしにかかわらず，学習者の誰もが多かれ少なかれ体験することである。このプラトーの時期から先に進むには学習の構えの転換や，より高次の内容への気づきが必要だといわれるが，これを学習に対する認知の変化だととらえるならば，このプラトーの時期は，こうした変化を起こすのに必要なさまざまな情報を，学習の中で身につける時期だといえるのではないだろうか。

　いずれにせよ，学習の進行や成果は必ずしも目に見える形で現われるとは限らない。目に見える成果が得られないからといってクサらず，自分の目標に向かってたゆまぬ努力をしていきたいものである。

Super Essence 2-13

技能の習得には，認知，連合，自律の3段階がある。

　技能（skill）とは，スポーツのプレーにおける諸技術や楽器の演奏テクニック，自動車の運転技術など，通常は練習を通して獲得される行動様式を指す。こうした技能の学習には3つのステップがあるといわれている。

　技能の習得にはまず，「何をするのか，どのようにするのか」といった課題についての知識が必要である。こうした知識を身につける段階を**認知の段階**とよぶ。たとえば，自動車の運転は，ハンドル操作によって進行方向を制御し，おもにアクセル，ブレーキペダルの操作によってスピードをコントロールするのだ，といった知識を身につける段階がこれにあたる。

　次に来るのは**連合の段階**である。練習の初期においては，学習者の動きはぎこちないし，その精度も十分ではないだろう。自動車の運転でいえば，ハンドルの操作とアクセル，ブレーキの操作の両方に注意を払うことがむずかしかったり，これらの操作に一所懸命になるあまり，周囲への注意がおろそかになったりする。この段階で特に重要とされるのは，**結果のフィードバック**，あるいは**結果の知識**（knowledge of result）である。これは自分の行なった動作が，目標としている動作とどのように違っているのか，あるいはどの程度一致しているのかといったことについてのフィードバックである。自動車の運転の場合は，脱輪する，エンストするなどのネガティブなフィードバック，うまくカーブが曲がれたといったポジティブなフィードバックがその場その場ではっきりとした形で与えられる。こうしたフィードバックのおかげで，われわれはだんだんと技能を身につけていくことができる。

　最後の**自律の段階**では，技能が一連の動作としてスムーズに実行されるようになる。この段階では，動作を意図的にコントロールしなくてもよくなる。自動車の例で言えば，乗り馴れてしまった人は，いちいち，「このカーブを曲がるにはどのくらいハンドルを切ればよいのか？」といったことなど考えてはいないだろう。身体が自動的にそれを制御できるようになっているのである。こうした状態を**自動化**（automatization）とよぶ。また技能のタイプによっては，こうした状態にいたることを**熟達化**（expertise）とよぶ。

> **Super Essence**
>
> 2 - 14
>
> 学習は共同体との関わりの中で起こる。

　学校教育の中で行なわれている児童生徒の学習活動は，ふだんの生活から切り離された，学校という特別な環境の中で展開される。そしてそこで教えられる事柄の多くは，ふだんの生活とは直接的な関係をもたない概念的，抽象的な知識である。このような中で行なわれている学習は，じつは学習のきわめて特殊な形態であり，本来の学習の姿からは隔たったものである，という考え方がある。

　レイヴとウェンガー（Lave & Wenger, 1991）は，学習そのものを，本来社会的な行為であると見なし，それを「実践の共同体」への参加の過程であると定義した。つまり，学校教育といった形態以前から伝統技能の伝達にみられるような学習の形態を**正統的周辺参加**とよび，このような形態の学習こそが真の学習であると考えた。また，こうした考え方そのものを**状況論的学習論**とよぶ。

　正統的周辺参加においては，学習者はその領域，分野の熟達者が行なう実際のプロジェクトの活動に実践的に関わっていく。ここでいうプロジェクトとは，もちろん何かを制作したりするようなことも含むが，共同体として生活していくことそのものが一種のプロジェクトであると見なすこともできる。そうして熟達者の活動を直接観察しながら，プロジェクトの中でできることから活動に従事する。もちろん最初は，従事するといっても，正統的かつ周辺的な参加しかできない。けれども学習が進行し，自らが熟達していくにつれて，しだいに関わりを深め，複雑で中心的な活動に従事するようになっていく。この過程においてこそ，本来的な学習があるのだとレイヴとウェンガーは考えたのである。

3章 意欲を出す

3 – 01

行動や心は欲求によって動かされる。

　私たちは，毎日朝起きてから夜寝るまでたくさんの欲求や動機に基づいて行動している。たとえばのどが渇けば何かを飲んだり，空腹を感じて何かを食べたり，好きな音楽が聞こえてくれば，それをもっと聴きたいと耳を傾けたりする。このようなある行動に向かわせる内的な要因を**欲求**とよぶ。また，その行動に向かいたいと思う気持ちの動き，何かをやりたいという心の動きを動機とよんでいる。欲求はわれわれの内部の何かが不足したり，過剰になったりすることで，その過不足な状態を解消しようとして生じてくる。そして，その欲求を満足させる目標に向かってわれわれは考えたり，行動したりしているのである。このように，われわれの行動や心の動きは欲求によって生じてくると考えられるのである。

　このような，人の欲求を刺激して一定の目標に向かって人を方向づけることを**動機づけ**という。この動機づけには以下の3つの機能がある。

①行動の始発機能：「さあ，目標に向けてがんばろう」とか，「変だな調べてみよう」という気持ちを起こさせ，行動を起こさせる機能。

②行動の強化機能：「あと少しでできる，だから最後までやろう」とか「もっと詳しく知りたくなった」という気持ちを起こさせ，行動を持続させる機能。

③行動の評価機能：「やった，できた」とか，「これでよいかな，まだ足りないかな」と考えさせ，行動が目標に到達したかどうか，目標としていることにふさわしいものであるかどうかを評価する機能。

3-02

> Super Essence
>
> 動機には，人の中から出てくるものと，人の外から引き出すものがある。

われわれの行動は欲求によって突き動かされるのであるが，この欲求には，たとえばお腹がすいたというようなわれわれの内部から出てくるものと，おいしそうなお菓子があるので食べてみたいというようなわれわれの外部から欲求を引き出すものに分けられる。この内部からわれわれの欲求を突き動かすものを**動因**(drive)とよぶ。一方，われわれの外部から欲求を引き出す働きをするものを**誘因**（incentive）とよぶ。この2つを総称して**動機**とよんでいる（図3-1参照）。

生物は生命を維持するために，さまざまな生理的欲求をもつ。たとえばお腹がすけば食べたいと思い，息が苦しくなれば深呼吸する。このような生理的欲求状態に対する心理的結果として動因が生じる。この動因には，生得的に備わっているものと，生後獲得されるものがある。このように動因が生物の内部状態であるのに対し，誘因は環境に存在する外的刺激の条件である。食べ物や飲み物，好きなこと，嫌いなことなど，さまざまな刺激がわれわれのまわりにはある。これらの事象に対して，接近行動や回避行動を引き起こす刺激を誘因刺激という。

たとえば「渇き」動因をもった生物は「水」という誘因刺激を探索し，水を飲むまでその活動を継続し続けるであろう。このように，動因や誘因に従って，われわれはさまざまな欲求をもつ。そして行動し，それらを得たり，そこに到達すること（目標達成）で，満足を得るということをくり返していくのである。

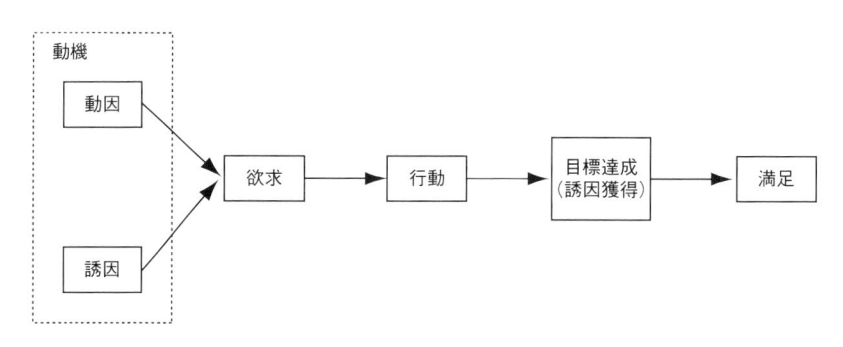

図3-1 動因，誘因から満足までの流れ

3 – 03

欲求には生理的欲求と社会的欲求とがある。

　われわれの行動の原動力となっている欲求は，通常，一次的欲求（生理的欲求）と二次的欲求（社会的欲求）に分けられる。一次的欲求は生物が生きていくために欠かすことのできない欲求で，摂食，飲水，排泄，睡眠，呼吸などを求めるものである。これらの欲求は生理的欲求ともよばれ，生得的なものである。われわれはさまざまな環境の変化の中で，身体内部を一定の状態に維持しようとしている。たとえば汗をかいて体内の水分が不足してくると，水を飲みたい欲求が出てくる。激しく運動して，体内の酸素の消費が増えれば，体内に酸素をよりたくさん取り込みたいと，大きく，数多くの呼吸をするのである。

　二次的欲求は，他者との社会的な関係に関する欲求である。そこで，二次的欲求は社会的欲求ともよばれる。われわれは社会のなかで生活し，常に他者との関わりをもっている。そこで，他者との社会的関係を維持しようとする欲求が社会生活の中で形成されてくるのである。このように二次的欲求は，発達の過程のなかで獲得され，形成されてきた欲求である。この二次的欲求の代表的なものとしては以下のようなものがある。

①親和欲求：他者に接近し，友情や交友関係を維持したいという欲求。
②独立欲求：他人に干渉されたくない，自分の意見を主張し，自分の意志で行動したいという欲求。
③愛情欲求：他人を愛したい，愛されたいという欲求。
④達成欲求：障害や困難を克服して高い目標に到達したいという欲求。
⑤所属欲求：人がひとりで生きていくのは困難であるので，他者との何らかの社会的関係を求めて，さまざまな集団に所属したいという欲求。

3 – 04

基本的な欲求の多くは内的均衡の維持（ホメオスタシス）を助けるものである。

　生命体は生命を維持するために，身体内部の状態を安定的な状態に保とうとする。そのため，身体の平衡が一時的に失われたとき，われわれはさまざまな身体反応や，

行動をする。キャノン（Cannon, 1932）は，空腹に関する生理学的なデータをもとにこの傾向を実証し，これを**ホメオスタシス**（homeostasis）とよんだ。たとえば，運動して体温が上がると体温を下げようとして汗をかいたり，血液中の血糖値が下がると空腹を感じ食物を食べようとしたりする。このように生命体は身体内部の状態を一定に保とうとするのである。

ハル（Hull, 1943）は，ホメオスタティックな不均衡が生じると，それを解消しようとして動因，欲求が生じ，その動因をもとにした行動によって動因や欲求が低減されることがその行動を強化するための最も大きな要因である，とした**動因低減説**（drive reduction theory）を提唱している。この動因低減説は，行動理論や学習理論の基礎となった。しかしながら，動因低減説では，嫌なことを避けようとする回避行動や回避学習を説明できない。また，性行動や母性行動など，生理学的な不均衡が前提とされない行動もある。これらの行動は，異性に魅力を感じるとか，子どもが可愛いと思ったりするようなわれわれの心が求める行動であり，認知的な要因によって左右されるものである。このような認知的な動因に基づく行動は，ホメオスタティックな要因によっては説明できない。

Super Essence 3-05

報酬は動機づけを高めるが，やること自体の楽しみも動機づけを高める。

欲求に訴えて，人に意欲を出させ，行動へと駆り立てることを動機づけというが，それには2種類ある。1つは，欲求を満足させる対象（誘因）を人の外側に用意するものであり，これを**外発的動機づけ**（extrinsic motivation）とよぶ。一方，興味や関心をもたせたり，人格的な満足感を求めるときのように，個人の内部に欲求を満足させる目標をつくり出させる場合を**内発的動機づけ**（intrinsic motivation）とよぶ。

外発的動機づけは，人を外から行動へと駆り立てるものであり，ほうびや罰をちらつかせたり，人と人との競争に訴えたり，おどしたりすることによって人に行動への意欲を出させようとするものであり，これによって人を目標達成に行動させることは比較的容易である。しかし，その効果は目標が達成されれば終わってしまい，長続きするものではない。一方，内発的動機づけは，知的好奇心や興味をいだいたり，自分の有能感を高めることに価値を見いだしたりしたときに生起するものである。したがって，内発的動機づけが起きるかどうかはその人まかせになってしまう。つまり，

内発的動機づけを引き起こすことはけっして容易ではないし，動機づけの成果がすぐに現われてこない。しかし，いったん内発的動機づけが高まれば，行動することそのものが楽しみとなり，これは強力に，かつ持続的に人を行動へと駆り立てていくことができる。

もっとも，内発的動機づけは個人の中で自然発生的に生まれて来るものではない。バーライン（Berlyne, 1965）はわれわれの，信念，態度，知識，思考などの認知構造に新しく入ってきた情報をうまく取り込めない状態，あるいは既存の認知構造との間に矛盾が生じている状態を「概念的葛藤」とよんでいる。そして，適度な大きさの概念的葛藤がある場合に，内発的動機づけの1つとなる知的好奇心が引き出されるとしている。つまり，内発的動機づけは，外から適切な認知的ギャップが与えられると高まるのである。

3-06

動機づけは高すぎても，低すぎても良い成果が得られない。

意欲がないとき，われわれはなかなか行動を起こすことができない。一方意欲が高すぎても失敗を恐れるあまり行動を起こすことができなかったり，失敗したりする不安から行動力が低下することがある。たとえばスポーツの試合などで，あなたは勝ちたいという意欲が強すぎてかえって緊張しすぎて本来の力を出せなかったということはなかっただろうか。試験が近づけば近づくほど勉強しなくてはいけないという気持ちは強くなってくるのに，つい他の事をやりたくなってしまったことはないだろうか。これは**ヤーキーズ・ダッドソンの法則**として知られる現象である。

ヤーキーズとダッドソン（Yerkes & Dodson, 1908）は，ネズミを使った実験から，覚醒レベルと課題の遂行との間には逆U字型の関係があることを見いだした。彼らはネズミに明暗を区別させる実験を行なった。その際，ネズミが正しい反応をしたら餌で強化し，まちがった反応をしたら電気ショックを与えた。この電気ショックを徐々に強くしていくと，ある水準までは正しい反応が増加していったのであるが，電気ショックが強くなりすぎると，かえって正しい反応が減少してしまったのである。さらに課題の難易度と電気ショックの関係についてみてみると，課題が容易な場合は，電気ショックの増大につれて成績は良くなったが，課題が中程度よりもむずかしくなると，電気ショックがある程度強くなるとかえって成績が下がることが明らかになった。

その後，このような現象は動物だけでなく，人間においても，情動的ストレスと知覚や記憶の課題遂行との間に同様の関係が成立すると考えられるようになった（Loftus, 1979）。この法則は，ストレスの増加によって注意の幅がせまくなり，一部の特徴にだけ注意が向かう，「動機づけによる集中化」（Easterbrook, 1959）によって生じると説明されている。

> **Super Essence 3-07**
> あることを成し遂げたいという意欲を達成動機という。

われわれは他者から何か課題を与えられたとき，あるいは自分で何かしようと思ったとき，できるだけ上手にやり遂げようと思ったり，できるだけ速く確実にやり遂げようと思ったりすることがある。このような動機を**達成動機**（achievement motivation）という。マレー（Murray, 1938）は，達成動機に関わる欲求の内容として，むずかしいことをやり遂げ，自然・人間・思想を支配・操作・組織すること，またこれらをできるだけ早く，自力で行なうこと，困難を克服し高い水準に自分が到達すること，自己に打ち克つこと，他者と競争して勝つこと，才能をうまく使って自尊心を高めること，をあげている。

達成動機の高い人は，適度の困難さの課題を好み，現実的な目標設定を行ない，自分の遂行結果を知りたがる特徴がある。

アトキンソン（Atkinson, 1964）は，達成行動を，達成目標に到達したい気持ちと，達成の失敗を避けたい気持ちとの合成により発生するとしている。この理論に基づいた研究では，達成動機の高い人はとりわけ中程度の困難さの課題を好むことが示されている。ワイナー（Weiner, 1985）は**原因帰属**（→3-09）の観点から成功と失敗の帰属が，次の課題への成功・失敗の期待，感情を決定することで，達成行動に影響するとし，失敗の原因帰属を能力不足ではなく努力不足に変えることにより達成動機が高まるとしている。また，達成動機を資本主義経済の発展と関連づけた議論では，マクレランド（McClelland, 1961）は，自立を重視するプロテスタント社会では，達成動機が高い人間が形成され，その結果，資本主義経済が発展したと主張している。

3章 意欲を出す

3-08

無気力は学習によって身についてしまう。

しばしば，学校では落ちこぼれということばが聞かれる。これはただ単に成績が低く，学校の勉強についていけないだけでなく，学習への意欲のなさも問題にされる。では，人が意欲を喪失し，無気力になってしまうのはなぜだろうか。その1つの説明として，セリグマンとマイヤー（Seligman & Maier, 1967）の行なった研究はたいへんに示唆に富んでいる。彼らは犬に電気ショックを与え，それから逃れさせる**回避学習**を行なった。この学習課題は予告信号の後にすぐにとなりの部屋に逃げれば電気ショックから逃れられるというものである。ところで，この学習を行なう前に何をしても電気ショックから逃れることのできない状態に長く置かれた群（ヨークト群）の犬と，ヨークト群と同じ回数の電気ショックを受けているが足でスイッチを押すと電気ショックを終わらせることができる統制可能群の犬の2群の犬が準備された。第3の犬の群は，学習前の電気ショック訓練をまったく行なっていない統制群である。予告信号の後にとなりの部屋に逃げれば電気ショックから逃れられる実験で，図3-2に示したように，ヨークト群の犬のみが，予告信号があっても，電気ショックから逃れることをあきらめたかのようにふるまい，隣の部屋に逃げようとしようとしなかったのである。

セリグマンらは，このように犬が無気力になってしまうのは電気ショックから逃れることはできないということを学習してしまったためであると考え，そのような状態を**学習性無力感**（learned helplessness）と名付けた。この学習性無力感という現象はその後人間を対象とした研究でも見いだされている。つまり，自分の行動の失敗や成功の経験が自分の行動の結果と無関係であるということが学習されてしまうと，意欲がどんどん減退していってしまうのである。　　　　（→2-06）

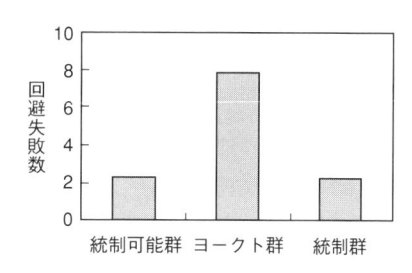

図3-2 回避学習課題での10試行中の平均失敗回数（Seligman & Maier, 1967）

> **3 – 09**
>
> 行動の結果がどんな原因によるかを考えると、その後の行動は変わってくる。

われわれはしばしば出来事の原因について考える。たとえば試験の成績が悪かったとき、その原因は「たまたま今回は問題がむずかしかった」とか、「山がはずれた」とか、「勉強不足であった」とかいうように、その原因をいろいろ推察し、反省したり、あきらめたりする。このような成功や失敗の原因をどう考えるかということは、成功・失敗の**原因帰属**といい、この帰属のさせ方がその後の行動への動機づけに影響を及ぼすのである（→3-07）。

ワイナー（Weiner, 1979）は成功・失敗の原因帰属について、①原因が自己の内部か、外部か、②原因の統制は可能かどうか、③その原因は安定したものであるのか、不安定な偶然によるものなのか、の3つの次元によって人は判断しているという考え方を示した（表3-1参照）。この考え方によれば、たとえば「試験の成績が悪かったのは、自分の能力が低かったからだ」と能力に帰属させてしまうと、内的で安定的に統制不可能な原因であるので、「もうがんばってもむだだ」と考えてしまって、動機づけは低下する。反対に、「今回の試験では自分のがんばりが足りなかった」と一時的な努力に帰属させるならば、「がんばれば今度は良い成績を取れるかもしれない、今度はがんばろう」と考えて動機づけは高まり、学習意欲を高めることが可能となる。

表 3-1　ワイナーの原因帰属理論における成功・失敗の原因（Weinner, 1979）

	内的		外的	
	安定	不安定	安定	不安定
統制不可能	能力	気分	課題の困難度	運
統制可能	不断の努力	一時的な努力	教師の偏見	他者からの非日常的な援助

> **3 – 10**
>
> 自分の能力を適度に高く評価することが動機づけを高める。

内発的動機づけ（→3-05）としてのコンピテンス動機づけを提案したホワイト

```
   ┌─────┐        ┌─────┐        ┌─────┐
   │  人  │───────→│ 行 動 │───────→│ 結 果 │
   └─────┘        └─────┘        └─────┘
            ┌──────┐         ┌──────┐
            │ 効力期待│         │ 結果期待│
            └──────┘         └──────┘
```

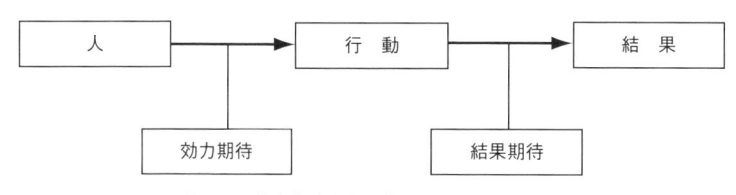

図 3-3 効力期待と結果期待 (Bandura, 1977)

(White, 1959) によると，内発的動機づけは，環境に効果を生み出したり，変化をもたらしたりできるという**自己効力感**（self-efficacy）を追求することにより生じるとされる。つまり，われわれは自分の行為を主体的に行なっていて，自分の行為を自分で確かにコントロールできており，それらの行為は他者から求められたものに確実に対応しているという確信感，すなわち自己効力感をもつことで，内発的な動機づけが高まるのである。バンデューラ（Bandura, 1977）によると，行動とその結果についてわれわれは**結果期待**と，**効力期待**の2つの判断をしているという（図3-3参照）。結果期待とは，行動の結果成功するかどうかに関する予測であり，効力期待とは，自分がそれについて成功するための行動を上手くこなすことができるという予測である。

自己効力感をもてるようにするために必要なものとしてバンデューラ（Bandura, 1986; 1994）は，次の4つをあげている。①成功経験：成功経験は個人的な効力感の確固とした信念をつくりあげ，効力感が確立されていない場合の失敗経験は，効力感を低める。②社会的なモデリング：自分と共通するものをもっている他者が持続的な努力で成功しているのを見ることで，自分もきっとできるに違いないという確信感をもてるようになる。③社会的な説得による影響：いま自分がある程度，自己効力感をもっていることを，他者から認められたり，励まされたりすれば，より努力をするようになり，それが成功の機会を高める。④生理的な欲求に基づく行動を統制すること：生理的な過剰反応を減らしたり，自分の生理的な状態の解釈のしかたを変えたりすることで自己効力感を強める。

> **Super Essence**
> **3 - 11**
>
> 自己実現の欲求は人間の欲求の中で最も高い位置にある。

われわれはしばしば，自分をもっと高めたいと思ったり，自分をもっと自分の理想に近づけたいと思ったりする。このような意欲をマズロー（Maslow, 1954）は**自己**

実現 (self-actualization) の欲求とよんでいる。彼は、精神的に健康な人間はこのような成長欲求によって自己実現へと向かうとしている。われわれの欲求は図3-4に示したように、階層化されている。このピラミッド型の図に示されたように、われわれの欲求は、最も低次の飢えや渇きや睡眠といった生命維持に必要な生理的欲求から始まり、これが満たされると安全と安定の欲求が現われ、これがまた満たされると第三の階層の欲求へと進んでいく。たとえば、とてものどが渇いた状況にわれわれが置かれれば、たとえ目の前にある水が濁っていて、安全の保証がないものであっても、それを飲んでしまうであろう。こういう事が起きるのは安全欲求よりも、生理的欲求が優先されるからである。マズローは、第一層から第四層までを欠乏欲求と名づけ、下位の欲求がある程度満足されると、上位の欲求が発生してくると考えた。これらの4つの欲求がすべてある程度満たされるともっとも上位の欲求である自己実現の欲求が現われてくるというのである。自己実現欲求は自分らしく生きたい、自分のもつ可能性をもっと切り開いていきたい、自分が成長したいという欲求であり、より創造的な生活をしたいという欲求でもある。彼によると、自己実現している人の特徴として、表3-2に示したように行動や思考において、自分のもっている価値観、道徳性などの倫理基準に従い、自分や他人に寛大になるという。もちろん、この欲求を完全に達成できる人というのはけっして多くない。むしろ、こうした自己実現を志向しようとしているかどうかが重要なのである。

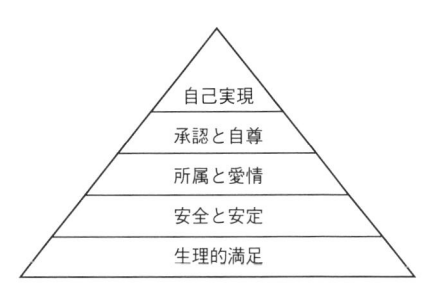

図3-4　マズローの欲求の階層 (Maslow,1954)

表3-2　自己実現している人の特徴 (Maslow, 1954)

1) 現実を的確に捉え、不確かさに耐えることができる。
2) 自分や他人をあるがままに受け入れる。
3) 考えや行動が自然で自由である。
4) 自己中心的であるよりは問題中心的である。
5) ユーモアがある。
6) 非常に創造的である。
7) 無理に型を破ろうとしているわけではないが文化的になることに逆らう。
8) 人類の幸福に関心をもつ。
9) 人生における根本的な諸経験について深い理解をもつことができる。
10) 多くの人とではなく、少数の人と深い満足的な人間関係を形成する。
11) 人生を客観的な見地からみることができる。

4章 覚える，思い出す，知っている

> **Super Essence**
> 4－01
>
> 記憶は「記銘」「保持」「想起」という3つの段階からなり，想起には「再生」や「再認」がある。

　人の記憶は，情報を「覚える（記銘）」，「覚えておく（保持）」，「思い出す（想起）」という3段階からなっている。ビデオで映像を記録するプロセスにたとえれば，ビデオカメラで情景を写し取ることが記銘，写した映像をテープやディスクに保存しておくことが保持，映像をデッキなどで再生することが想起に相当する。また，忘れる（忘却）という現象は，3つの段階のどこかで情報の処理が失敗した場合に生じる。

　情報がうまく記憶されているかどうかは，さまざまな方法で調べることができる。記憶の研究で特によく用いられている基本的な方法は，再生法と再認法である。**再生**（recall）法は，覚えている事柄をそのまま本人に表出させる方法である。たとえば，単語のリストを覚えさせたあとで，リストにあった単語で覚えているものを口頭で報告させたり紙に書かせたりする方法である。一方，**再認**（recognition）法は，覚えているはずの事柄を提示して，覚えている事柄と合致しているかどうかを判断させる方法である。たとえば，単語のリストを覚えさせたあとで，そのリストに含まれていた単語と含まれていなかった単語とを混ぜ合わせたリストを提示し，覚えたリストに含まれていた単語はどれだったかを答えさせるという方法である。学んだはずの知識が正しく記憶されているかどうかを問うテスト問題で，答えを自分で書かせる問題は記憶した知識の再生を求めるものであり，正しい答えを選択肢のなかから選ばせる問題は記憶した知識の再認を求めるものといえる。また，人の顔を見てその人の名前を正しく言うのは再生であり，誰かがその人の名前を言うのを聞いてそれが正しい名前であるとわかることは再認である。したがって，再生も再認もそれぞれ，ごく日常的に行なわれている想起の形態の1つであるといえる。

Super Essence

4 - 02

人の記憶はコンピュータの情報処理過程に似ている。

　心理学には，人間の知的営みについて研究する認知心理学という分野がある。そこでは，人の記憶をコンピュータで情報を処理し記録していく過程に類似するものとして考えている。具体的には，外界から入力された情報に保存のための処理を施す過程を**符号化**（encoding），符号化された情報を保存しておく過程を**貯蔵**（storage），貯蔵されている情報を必要に応じて取り出す過程を**検索**（retrieval）という。たとえば，パソコンで作成した文書ファイルに名前をつけて保存する過程が符号化に相当する。名前をつけたファイルをハードディスクなどに保存する場合には，そのファイルを適当な場所に整理して保存することができるように，フォルダーを作成して関連する情報をまとめて保存することが多い。この過程が人の記憶では貯蔵に相当する。人の記憶でも関連する情報がまとめられるようにして，各種の情報は貯蔵されている。また，保存したファイルを必要なときに探し出すことが，人の記憶では検索に相当する。ファイルをどこに保存したかわからなくなってしまった場合に，検索機能を使ってハードディスクからファイルを探し出す過程を想像するとわかりやすい。ここで述べた符号化・貯蔵・検索という概念は，先に述べた記銘・保持・想起という概念にそれぞれ対応するものである。これらの名称の違いは，人の記憶を情報処理的な観点からとらえるか，精神的な活動という観点からとらえるかによる。

Super Essence

4 - 03

記憶には短期的なものと長期的なものとがある。

　外界から得た情報は，まず感覚記憶の状態になる。**感覚記憶**（sensory memory）は視覚像や聴覚像などをほぼそのままの姿で保持することができるが，ごく短時間（視覚的なものは$1/4$秒程度，聴覚的なものは数秒程度）で減衰してしまう。次に，感覚記憶の情報の一部が短期記憶の状態になる。**短期記憶**（short-term memory）の状態にある情報は，ただちに使用可能な状態にあり，意識的な心的活動の材料になる。しかし，短期記憶状態にしておける情報の量には一定の制限（→4 - 06）があり，また短期記憶状態の情報は，使用したり意識の中で復唱したりして処理を続けていなければ，20秒もたたないうちに消失してしまう（→4 - 05）。

4章 覚える，思い出す，知っている

短期記憶となった情報の一部は，長期記憶になる。**長期記憶**（long-term memory）には量の制限も持続時間の限界もなく，いわば無限の量の情報を，永続的に保持していくことが可能である。長期記憶となった情報の大部分はふだんは意識の対象となっていないが，使用する必要が生じた場合には，必要な情報が長期記憶の状態から短期記憶の状態に呼び戻されて使用される。

4 - 04

短期記憶はリハーサルによって長期記憶になる。

感覚記憶，短期記憶，長期記憶という記憶の3状態（→4 - 03）を，人間の情報処理過程における一連の貯蔵形態として説明したのが，アトキンソンとシフリン（Atkinson & Shiffrin, 1968）の多重貯蔵モデルである。このモデルでは，外界から得た情報はまず，感覚登録器に入力され，次にその一部が短期貯蔵庫に転送される。そして，短期貯蔵庫に入っている情報の一部がさらに長期貯蔵庫へ転送されるのである。

ここで，短期貯蔵庫から長期貯蔵庫への転送に関わるのが，**リハーサル**（rehearsal）とよばれる処理活動である。リハーサルは情報を記憶するための心的な活動であるが，クレイクら（Craik & Lockhart, 1972; Craik & Watkins, 1973）によれば，リハーサルには維持リハーサルと精緻化リハーサルとがある。**維持リハーサル**は，覚えておこうとする情報を声に出して復唱したり心の中でくり返したりする処理活動で，情報を短期貯蔵庫の中に留めておく効果はあるものの，長期貯蔵庫に転送する効果は少ない。

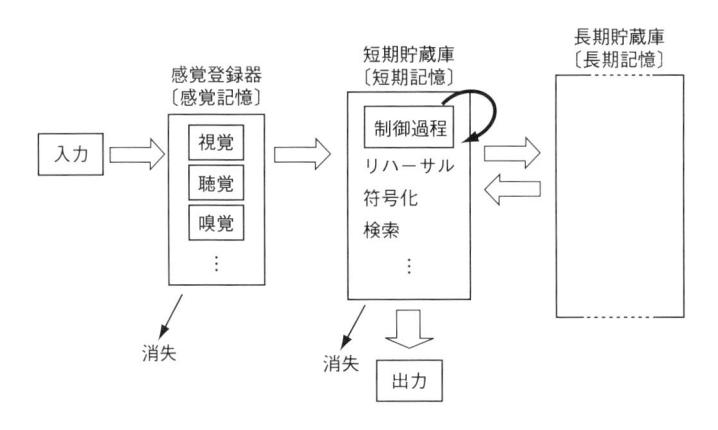

図4-1 記憶の多重貯蔵モデル（Atkinson & Shiffrin, 1968 を改変）

これに対し，**精緻化リハーサル**は，覚えておこうとする情報の意味づけをしたりイメージを思い浮かべたりする処理活動で，長期貯蔵庫へ転送する効果が大きい。たとえば，電話帳で調べた電話番号を，電話をかけるまでの間，頭の中で反復しておくことが維持リハーサルであり，その電話番号を今後も利用するために，語呂合わせをして覚えようとすることが精緻化リハーサルである。

4 - 05

短期記憶内の情報は，そのまま放置しておくと，短時間で忘れてしまう。

短期記憶内に保持している情報は，そのまま放置しておくと，短時間のうちに忘却してしまう。このことを実験的に明らかにしたのは，ブラウン（Brown, 1958）やピーターソンとピーターソン（Peterson & Peterson, 1959）である。ピーターソンとピーターソンは，被験者に3文字の無意味な文字列（たとえばＪＱＢ）を提示したすぐ後に，単純な計算課題（3桁の数値から3ずつ連続的に減算する課題。たとえば，567から始めて564, 561, 558, ‥‥というように減算していく。）を一定時間行なわせ，そのあと計算課題の前に提示した文字列を思い出させた。計算課題を行なわせる時間の長さをいろいろ変えてみたところ，計算課題を15秒行なわせると，提示した文字列を思い出せる比率は10%程度にまで低下した。すなわち，計算課題の前には短期記憶に保持されていたはずの文字列が，計算課題の間15秒程度放置されてしまうと，大部分は忘れられてしまうのである。

4 - 06

短期記憶の容量には一定の限界がある。

1秒間に1つずつ提示される数字の列を聞いて，何桁までの数字を復唱できるかを調べる方法を直接記憶範囲法といい，知能検査でも用いられている。**直接記憶範囲**とは一度に記憶して正しく再生できる情報の量のことで，これが短期記憶の容量に相当する。ミラー（Miller, 1956）は，「不思議な数7±2」という論文の中で，人間の短期記憶の容量がおよそ7であることを示した。また，ミラーは短期記憶の容量を表わす単位として，**チャンク**という概念を用いた。チャンクとは記憶する際の最小単位と

してのかたまりを意味しており，7チャンクが必ずしも7文字とか7桁とか7語を意味しているのではない。たとえば，645794119216001868という数字列を1字ずつ覚えようとすると，18字もあるため，一度に記憶することはむずかしいが，日本史上の重要な年号を知っている人ならば，645, 794, 1192, 1600, 1868, という5つのチャンクにまとめられるので，一度に記憶することができる。

4 – 07

短期記憶内の情報は，音韻的な性質をもっている。

短期記憶内の情報はどのような性質をもっているのだろうか。短期記憶にある情報が音韻的な性質をもっていることを示したのが，ウィッケルグレン（Wickelgren, 1965）の実験である。ウィッケルグレンは，4つの文字と数字からなる文字列（例：4NF9G27P）を被験者に音声で提示し，そのあとすぐに，その文字列を正しく思い出すことを求めた。この実験のねらいは，被験者が文字列の中のある文字（たとえば，P）を思い出すことができない場合に，どのような文字や数字を代わりに用いるのかを調べることにあった。つまり，短期記憶にある情報が音韻的に処理されやすいとすれば，被験者はPの代わりに，Pと発音が似ている他の文字や数字を誤って報告するはずである。そして，この実験の結果は予想どおりのものとなった。すなわち，被験者が"P"という文字列の最後の文字が思い出せない場合には，B・C・D・3などをPの代わりに使用することが示された。代用されたものには共通して，"ee"という音韻が含まれていたのである。

うわのそらで人の話（授業など）を聞いていて，音韻的に似ていながらもまちがったことを覚えてしまうことがあるのは，短期記憶の段階で音韻的にまちがっていたことが，修正されないでそのまま長期記憶に移行したためかもしれない。

4 – 08

短期記憶は，情報を保持するだけでなくその情報を用いた認知活動を行なう。

わたしたちは，文や文章を理解するとき，処理した単語や語句を一時的に保持しながら，その単語や語句の間の文法的関係や意味的関係を把握することによって，文や

文章の内容を理解している。さらに，人と会話をするときには，相手の話の内容を理解し保持しながら，それと同時に，相手の話の内容に関する自分の発言の内容を考えている。このように，情報を一時的に保持しながら，保持している情報を用いて認知的な処理活動を行なうのもまた，短期記憶の働きと考えられる。すなわち短期記憶は，情報を単に保持しているだけの静的な場ではなく，保持している情報を用いながら認知活動を展開している動的な場なのである。短期記憶のこのような動的な側面を表わすため，近年では短期記憶のことを**作動記憶**（working memory）とよぶことが多い。

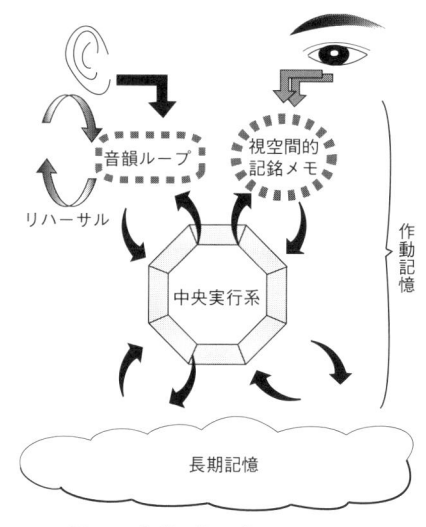

図 4-2 作動記憶モデル（三宅，1995）

バッデリー（Baddely, 1986）によれば作動記憶は，音韻的な情報の処理を担当する音韻ループ，視空間的な情報の処理を担当する視空間的記銘メモ，そしてこれら2つのサブシステムを制御するとともに長期記憶とのやりとりも行なう中央実行系から構成されている。作動記憶は，文や文章の理解や会話の処理のほかに，短期記憶にある情報を用いた計算，推論，判断，問題解決等の思考活動も担っており，その意味で作動記憶は，種々の認知活動の展開されるまさにその現場となっているといえよう。

4 - 09

長期記憶には手続き的記憶と宣言的記憶とがある。

前向性健忘患者（新しいことを記憶する能力を失った脳損傷患者）は，新しく体験した出来事を覚えることはできなくても，テニスのストロークなどの技能ならば新たに獲得できることが知られている。このことは何を意味しているのであろうか。それは，前向性健忘症患者の脳の損傷が，出来事の記憶を司る領域に限定されており，技能の記憶を司る領域には損傷が認められないことを意味している。そしてこのことは，人には少なくとも2種類の長期記憶が存在しうることを示している。

具体的には長期記憶は，手続き的記憶と宣言的記憶とに分けることができる。**手続き的記憶**（procedural memory）は「やり方の記憶」で，テニスのストロークなどの，何かを行なう手順に関する情報が貯蔵されている。また，**宣言的記憶**（declarative memory）は意識的に想起することが可能な「事象や事柄についての記憶」で，「朝食にパンを食べた」ことや「日本の首都は東京である」などの，ことばによって記述できる出来事や一般的知識および専門的知識に関する情報が貯蔵されている（Squire, 1987）。出来事に関する記憶は**エピソード記憶**（episodic memory），知識に関する記憶は**意味記憶**（semantic memory）とよばれている（Tulving, 1985）。

4 - 10

深い処理を行なった事柄は記憶に残りやすい。

記銘するときにどのような処理を行なったかが，後にどの程度思い出すことができるか，あるいはどのような内容を思い出すかを決定する。たとえば，ある文章の内容を覚えなくてはならないのに，書かれている内容の意味をよく理解することができなかったために，多くを覚えられなかったという経験はないだろうか。**処理水準**（levels of processing）という考え方によれば，記銘時に意味が処理された場合には，意味が処理されなかった場合より記憶成績が良くなる（Craik & Lockhart, 1972）。クレイクとタルヴィング（Craik & Tulving, 1975）は，被験者に60個の単語を1語ずつ提示し，各単語に対する処理の水準を方向づける質問（表4-1参照）を与え，「はい」か「いいえ」で回答するように求めた。そして各単語を一通り提示し終えた後，提示した単語を記憶しているかどうかを調べるテスト（事前に予告はしていなかった）を実施したところ，意味的な水準の質問を受けた単語の記憶成績が最も高く，形態的な水準の質問を受けた単語の記憶成績が最も低かった。このことより，覚えるべき項目を意味的な水準で処理した深い処理の方が，項目を知覚的な水準で処理した浅い処理の場合

表4-1　処理水準の異なる質問（Craik & Tulving, 1975）

処理の水準	質　　問	回　答	
		はい	いいえ
形　態	大文字で印刷されているか	TABLE	table
音　韻	weightと韻が同じか	crate	market
意　味	「彼は街で〜に会った」という文の空欄に挿入できるか？	friend	cloud

よりも記憶に残りやすいといえる。

> **Super Essence** 4-11
>
> 自分のもっている知識構造と緊密なつながりができた事柄は記憶に残りやすい。

　記憶しようとする事柄に情報を付加することによって，記憶に残りやすくする処理方略を**精緻化**（elaboration）とよぶ。たとえば，いくつもの単語からなるリストを記憶する際に，単語と単語を結びつけるような文をつくったり，それぞれの単語から連想するものを思い浮かべたりする方略である。ここで重要なことは，記憶しようとする項目と自分のもっている知識内容との緊密なつながりをつくることである。

　精緻化の効果に関する重要な証拠を示したのは，クレイクとタルヴィング（Craik & Tulving, 1975）である。彼らは，処理水準の考え方を検証する実験を行ない，処理水準効果を示す実験結果を得た（→4-10）。ところが，彼らの実験ではさらに，同一の処理水準内で「はい」と回答した単語と「いいえ」と回答した単語の記憶成績が異なるという結果も得られた。すなわち，同じように意味的な水準で処理された単語でも，「はい」と回答した単語の方が「いいえ」と回答した単語よりも記憶成績が良かったのである。このような結果は，処理の深さという観点だけでは説明できなかった。そこで彼らは，処理水準を補足する説明概念として精緻化を提案した。つまり，「はい」と回答した単語の場合は課題の文に含まれた情報が付加され，自分のもっている知識内容とのつながりができたため，記憶に残りやすかったと考えたのである。

　また，ステインら（Stein et al., 1978）は，記銘語が含まれる文の理解のしやすさを評定させた後に，記銘語の箇所を空欄にして文を再び提示し，記銘語を思い出させた。その際，記銘語（tall：背の高い）を含む文として，次の3通りの文があった。①背の高い男がクラッカーを買った（基本文），②背の高い男が戸棚の上の方にあるクラッカーを買った（適合文），③背の高い男が安売りのクラッカーを買った（不適合文）。その結果，適合文で提示された記銘語の記憶成績が最も良く，不適合文で提示された記銘語の記憶成績が最も悪かった。適合文では，記銘語（背の高い）は文の内容と密接な関連性をもっているが，不適合文では記銘語と文の内容との関連性は低い。したがって，この実験結果も，付加される情報と記銘語とのつながりが強い方が記憶に残りやすいことを示していると考えられる。

　以上のような実験結果から，ものごとを記憶する際には，その事柄を意味的に処理

するだけでなく、その事柄と自分のもっている知識内容との緊密なつながりをつくることが重要であると考えられるのである。

Super Essence 4 - 12

関連する事柄はまとめた方が記憶しやすい。

　多くの事柄を覚える場合には、関連する項目をまとめて覚える方が、別々に覚えるよりも記憶しやすい。このように、関連のある事柄をよく整理された形にまとめて覚える方略を**体制化**（organization）という。バウスフィールド（Bousfield, 1953）は、60個の単語からなるリストを被験者に提示し記憶させたが、このリストに含まれる単語はそれぞれ、動物、植物、職業、人名のいずれかのカテゴリーに属するものだった。すると、単語の提示順序を同じカテゴリーの単語ごとにまとめた場合だけでなく、カテゴリーとは無関係のランダムな順序（例：馬、ジョージ、教師、羊、医者、シルビア、…）で提示した場合でも、カテゴリーごとにまとめて思い出す（例：馬、羊、ジョージ、シルビア、教師、医者、…）傾向があり、多く思い出せた被験者ほどその傾向が強かった。このような関連する事柄がまとめて思い出される現象は**群化**とよばれている。また、タルヴィング（Tulving, 1962）はお互いに無関係な16個の単語リストを被験者に何度も順序を変えて提示し、1回提示するごとに思い出される単語をすべて報告させた。すると回数を重ねるごとに思い出される単語の数が増加することに加え、単語を思い出す順序が一定になっていくことが明らかになった。これは被験者がもともと関連のなかった単語を自分なりに関連づけて記憶している結果だと考え、**主観的体制化**とよんだ。

Super Essence 4 - 13

自分で生成した事柄は記憶に残りやすい。

　覚える事柄自体は同じであっても、自分の外から与えられたものを覚えるよりも、自分の内から生成したものを覚える方が記憶に残りやすい。この現象は**生成効果**（generation effect）とよばれている。スラメッカとグラフ（Slamecka & Graf, 1978）は、刺激語と反応語の対（たとえば、slow － fast）を被験者に提示しそれを単に読み上げさせる条件（読み上げ条件）と、刺激語と反応語の頭文字（たとえば、slow － f）

を被験者に提示し，一定の生成ルール（たとえば，反意語の生成）に従って反応語（fast）を生成させるという条件（生成条件）とを設定した。生成ルールには，反意語の生成以外にも，連想語，同カテゴリー語，同意語，押韻語などの生成があったが，いずれのルールの場合も，読み上げ条件の反応語と同じ語が生成されるように仕組まれていた。そうして，読み上げ条件または生成条件のもとで，被験者にいくつもの反応語を覚えさせたのちに，反応語となっていた語の含まれた単語リストを提示し，各反応語を記憶しているかどうかの再認テストを行なった。その結果，読み上げ条件よりも生成条件の方が再認成績が良かったのである。

4-14

イメージを利用することで記憶の保持を高めることができる。

イメージを利用することが，記憶するうえで効果的であることが知られている。バウアーとウィンゼン（Bower & Winzenz, 1970）は，被験者に60個の刺激語と反応語の対を提示し，4通りの条件（反復条件，文読み条件，文生成条件，イメージ条件）で記憶させた。このとき，反復条件では提示された刺激語と反応語の対を心の中でくり返す課題が，文読み条件では刺激語と反応語を用いて作成された文を読み上げる課題が，文生成条件では刺激語と反応語を用いて被験者が自ら文を作成し読み上げる課題が，イメージ条件では刺激語と反応語を合成して視覚的なイメージを形成する課題がそれぞれ与えられた。そして，各条件課題のもとで記憶させた後，被験者に刺激語を提示して，各刺激語に対する反応語を思い出させた。その結果，最も多くの反応語を思い出すことができたのは，イメージ条件であった。そしてこのイメージ条件の成績は，文生成条件と同等（再認の場合）かまたは文生成条件よりも高かった（再生の場合）のである。

一般に，符号化には言語的符号化とイメージ的符号化の2つの種類があるといわれている（**二重符号化説**：Pavio, 1971）。上述の実験における文生成は，言語的符号化による精織化（→4-11）のなかでも特に有効性の高いものと考えられるが，実験結果によれば，イメージ的符号化による精激化は，記憶保持を高める上で，文生成と同等かまたはそれをしのぐ効果をもっていると考えられる。

4 – 15

思い出すための手掛かりがあると思い出しやすい。

　長い間忘れていた記憶がふとしたきっかけでよみがえったり，覚えているはずのことが思い出せないときに適切なヒントを与えられると思い出せたりすることがある。これらは思い出すための手掛かりの効果によるものと考えられる。タルヴィングとパールストン（Tulving & Pearlstone, 1966）は，動物，野菜，職業などのカテゴリーに属する単語リスト（例：牛，キャベツ，法律家，ネズミ…）を被験者に覚えさせた後に，それらの単語を再生させた。半数の被験者は1回目には手掛かりなしで再生し，2回目にはカテゴリー名を手掛かりとして再生した。残りの半数の被験者は2回とも手掛かりなしで再生した。その結果，再生時にカテゴリー名を手掛かりとして与えられた場合の方が，カテゴリー名を与えられなかった場合よりも，多くの単語を再生することができた。また，手掛かりが与えられると，手掛かりがないときには再生できなかった単語を再生できることがあった。このように，思い出すための有効な手掛かりがあることによって，思い出せなかったことが思い出しやすくなるのである。

　ところで，長期記憶に保持できる情報量は無限大であり，一度貯蔵された情報は永続的に保持されると考えられている。では，なぜ覚えたはずのことを思い出せないような事態が生じるのだろうか。その答えにも検索時の手掛かりが関係している。つまり，覚えた情報は長期記憶の中に貯蔵されているのだが，情報を検索するための適切な手掛かりが見つからないために思い出すことができないのである。このような事態は，精緻化（→4‐11）や体制化（→4‐12）などの処理方略によって検索時に働く手掛かりを豊富にすることで，ある程度は防ぐことができる。

4 – 16

覚えたときの状況と思い出すときの状況が似ていると思い出しやすい。

　手掛かりが検索時に有効に働くかどうかは，情報をどのように符号化したかに依存している。**符号化特定性原理**によれば，手掛かりが検索時に有効に働くためには，情報を符号化する際に，覚えるべき情報にその手掛かりが付加されている必要がある。このことに関連して，タルヴィング（Tulving, 1983）は，記銘時の符号化と検索時の手掛かりが一致していると思い出しやすくなることを示している。彼は，まず初めに

記銘語（LIGHT）と記銘語からの弱い連想語（head）を対提示（head - LIGHT）した。次に，記銘語（LIGHT）に対する強い連想語（dark）から連想される語を4語あげさせた。その後，被験者があげた連想語（例：LIGHT, HORSE, BLACK, ROOM）を見せ，その中に先に提示した語があるかどうかを判断させたところ24％しか正答できなかった。最後に，初めに提示した記銘語からの弱い連想語（head）を手掛かりとして提示し，記銘語（LIGHT）を思い出させると，正答率は63％であった。この実験は，符号化時と検索時の手掛かりが一致している方が，そうでない場合（たとえ強い連想語が手掛かりとして与えられている場合でも）よりも記憶の検索に有利になることを示している。

また，ゴッデンとバッデリー（Godden & Baddeley, 1975）は，記銘時の環境と想起時の環境が一致していると思い出しやすくなることを示している。彼らは，ダイバーに単語のリストを海中かまたは陸上で覚えさせた。すると，海中で覚えた場合は海中で思い出した方が，陸上で覚えた場合は陸上で思い出した方が記憶成績は良かった。記銘時の状況と想起時の状況が一致しているほど記憶成績が良くなる現象は，環境的な状況に限ったことではない。たとえば，楽しい気分で覚えたことは楽しい気分のときの方が思い出しやすいことや，酒に酔った状態で覚えたことは酒に酔った状態のときの方が思い出しやすいことを示す実験結果も報告されている。これらの現象は**状態依存学習**として知られている。

> Super Essence 4 - 17
>
> 出来事を思い出すときには断片的な記憶や知識・情報が再構成されている。

バートレット（Bartlett, 1932）は，被験者に外国の物語を読ませた後に，物語の内容をくり返し語らせた。すると，自分の知識に適合しない情報を再生する場合には，省略（理解しがたい出来事を無視する）と合理化（自分の文化に適合するように内容を置き換える）という2種類のエラーが生じることが明らかになった。また，物語を読んだ後に新しい情報が与えられると，その情報が物語を再生する場合に紛れ込むことがある。このようなことは，物語の再生が，思い出した記憶の断片をスキーマ（→ 4 - 21）に合致するように**再構成**（reconstruction）することによって成り立っていることを示唆している。

記憶の再構成は物語の再生場面だけでなく，私たちが日常生活で体験した出来事

を思い出すような場面でもみられる。たとえば,「先週の日曜日に友達と映画を見に行ったとき,映画館で財布をなくしてしまった」という出来事を思い出す場合,その出来事が1つのまとまった記憶として思い出されるのではなく,「先週の日曜日」という時期に関する記憶,「映画を見に行く」という一般的な行動に関する知識,「財布をなくした」という出来事に特殊な記憶が,思い出す際に再構成される(Conway, 1996)。つまり,出来事の記憶は,体験された出来事がそのまま1つのまとまった記憶として保持されたり想起されたりするのではなく,時期に関する記憶,一般的な行動に関する知識や情報,出来事に特殊な記憶が別々に保持され,想起する際にそれらの部分的な記憶・知識・情報が再び1つのまとまった出来事となるように再構成されるのである。それゆえに,出来事を思い出す場合にはエラー(例:「デ・ジャ・ビュ」や「偽りの記憶」)が生じやすいのである。

4 − 18

人間の記憶には意識的なものだけでなく,無意識的なものもある。

　記憶障害を示す脳損傷患者について調べた研究から,人間の記憶の特徴,特に記憶の貯蔵に関する興味深い証拠が得られている。H.M. という患者は,重篤なてんかんの症状を軽減するために脳外科手術を受けた。手術後,H.M. は新しく体験する出来事をまったく覚えられなくなってしまった(前向性健忘症)。しかし,H.M. の知能や短期記憶は正常であったために,会話をしたり本を読んだりすることはできた。H.M. は毎日接している医師の顔も自分が少し前に話したこともまったく覚えられない状態であったにも関わらず,パズルゲームや鏡に写った図形を描写する課題の成績はどんどん上達した(H.M. はこれらの課題を行なったこと自体はまったく覚えていない)。新しいことを覚えられないはずなのに,なぜ H.M. はこれらの課題をうまくこなせるようになったのだろうか。人の長期記憶に貯蔵されている情報は,「いつ」「どこで」という出来事に関する「エピソード記憶」,知識に関する「意味記憶」,何かを行なう手順に関する「手続き的記憶」に区分されると考えられる(→4-09)。つまり,H.M. が手術によって切除された部位はエピソード記憶を司る領域であり,運動技能などの手続き的記憶を司る領域は無傷のままだったために,出来事を覚えることはできなくても手順を覚えることはできたのだ。そして,学習したこと自体が意識的に想起されなくても,課題を行なう技能の向上がもたらされたことは注目に値する。このことは,人間の記憶には,自分の過去経験を「思い出す」という想起意識をともなう**顕**

在記憶(explicit memory)と,そのような想起意識をともなわない潜在記憶(implicit memory)とが存在することを意味している。

> **Super Essence 4 - 19**
>
> 知識は概念のネットワークからなっている。

　知識が心の中でどのように構造化されているのかという問題は,意味記憶(→4-09)の研究における中心的なテーマであった。そして,多くの研究から,人間の知識は関連のある概念どうしがネットワークをなす形で構造化されていることが明らかにされた。

　コリンズとキリアン(Collins & Quillian, 1969)が提唱した**階層的ネットワークモデル**では,①各概念(たとえば,「動物」「鳥」など)がノード(結節点)として表現されること,②ノードには各概念の属性(たとえば,「皮膚がある」「翼がある」など)がリンクで結合されていること,③関連のある概念はお互いに網の目のように結びついていることが,仮定されている。彼らは,下位の概念が上位の概念に包摂されるような形で,概念のネットワークを階層的に表現した(図4-3参照)。たとえば,「動物」は「鳥」や「魚」の上位の概念であり,「鳥」や「魚」は下位の概念として「カナリア」や「サケ」を包摂している。このモデルでは,ある概念に結合される属性は,上位の概念には認められないような属性だけとなっている。つまり,「鳥」というノードには,「飛べる」という「鳥」に特有の属性は結合されるものの,「呼吸する」という「動物」全般に認められる属性は上位の概念である「動物」に結合される。同様に,「カナリ

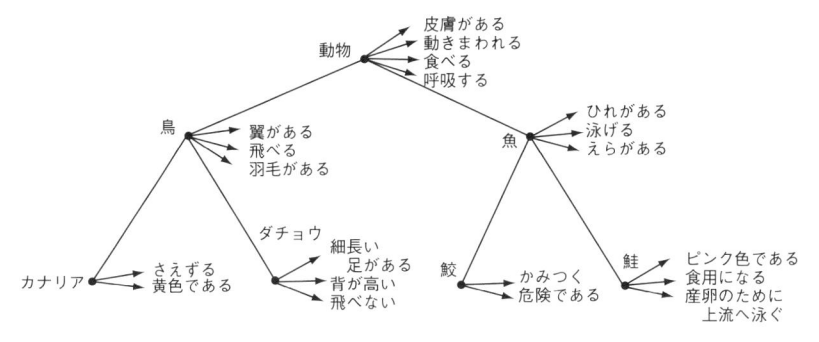

図4-3　**階層的ネットワークモデル**(Collins & Quillian, 1969)

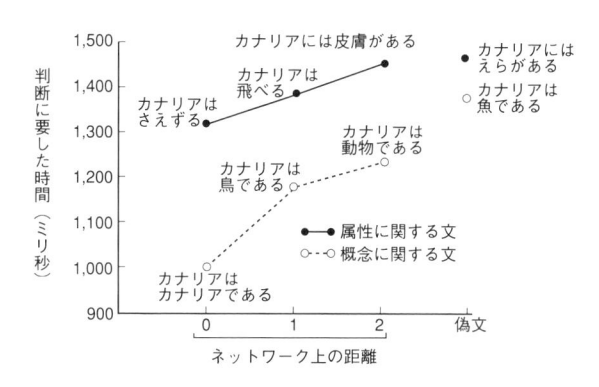

図 4-4 文の真偽判断に要する時間（Collins & Quillian, 1969 を一部改変）

ア」には「黄色い」といった「カナリア」特有の属性が結合されるだけで、「カナリア」が「鳥」であることで有している他の属性は、1つ上の階層に属する「鳥」という概念の属性によって表示される。

　階層的ネットワークモデルの考え方が正しければ、①カナリアは動物である、②カナリアは鳥である、③カナリアはカナリアである、という3つの文の真偽判断に要する時間を比べると、ネットワーク上での距離に比例して、③＜②＜①という順に判断時間が長くなることが予想される。つまり、一方の概念（①の文では、「カナリア」）と他方の概念（①の文では、「動物」）との距離が遠いほど、判断に要する時間は長くなることが予測される。実験の結果はその予測どおりとなった（図4-4参照）。

　階層的ネットワークモデルは、知識を構造化した最初のモデルとして多くの注目を集めたが、このモデルでは説明できない現象が後にいくつか発見された。たとえば、リップスら（Rips et al., 1973）は、「イヌは哺乳類である」という文と「イヌは動物である」という文に対して真偽判断課題を被験者に行なわせたところ、「動物」の方が「哺乳類」よりも上位の概念であるにも関わらず、「イヌは動物である」という文に対する判断時間の方が短くなった。この結果は、各概念が階層的に結合しているという考え方が妥当でないことを示しており、階層的モデルは後に、概念間の連想関係に基づいたモデル（→4-20）に修正されることとなった。

> **4 - 20**
>
> ある概念が活性化すると，意味的に関連する他の概念にも活性化が及ぶ。

　コリンズとロフタス（Collins & Loftus, 1975）は，概念間の構造（概念間の関係性や各概念とその属性との関係性）を，カテゴリーに依存した階層構造ではなく，意味的な連想関係で表現した。彼らのモデルでは，概念も属性もノードで表現され，意味的に関連のあるノードどうしがリンクで結合されている。そして，ノード間のリンクが短いほど，両者の意味的な関係が強いことを表わしている（図4‐5参照）。また，このモデルには「活性化の拡散」という考え方が取り入れられている。活性化（活動性を高めること）の拡散とは，ある概念ノードが処理されたときには，その概念が活性化されるだけでなく，その概念と結びついた意味的に関連のある概念や属性に対しても活性化が波及していくということである。

　コリンズとロフタスの**活性化拡散モデル**は，知識構造に関する多くの事象に対応できるものであった。中でも，ある刺激語（プライム）を処理すると，その刺激語と意味的に関連する後続の刺激語（ターゲット）に対する処理が促進されるという**意味的プライミング効果**（semantic priming effect）などは，代表的な事象であろう。たとえば，「パン」という語（プライム）を提示された後に「バター」という語（ターゲット）を提示されると，「看護師」の後に提示される場合よりも「バター」に対する認知判断が正確かつ速くなる（Meyer et al., 1975）。このような意味的プライミング効果は，活性化の拡散によって説明できる。つまり，プライムが処理されることにより，その概念のノードが活性化される（「パン」あるいは「看護師」が活性化される）。活性化は，リンクを伝わり意味的に関連する概念の活性化を引き起こす（「看護師」から「バター」には活性化が及びにくいが，「パン」から「バター」には活性化が及びやすい）。そのため，プライムと意味的に関連のあるターゲットに対する処理の必要量が軽減され，認知判断が促進される（「パン」が先に提示されていた場合，「バ

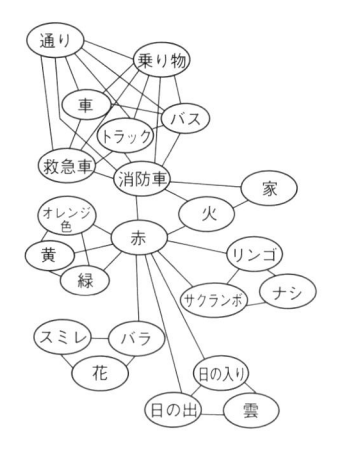

図 4-5　概念間の構造
(Collins & Loftus, 1975)

ター」にも活性化が及び，「バター」に対する認知的処理を行ないやすい状態になっている）。

4-21

スキーマという知識の枠組みが認知に大きな影響を与えている。

　人の知識構造は，語や概念という単位だけで構成されているわけではない。人の認知的過程には，スキーマというもっと大きな単位で構造化された知識が深く関わっている。**スキーマ**（schema）とはある事柄についての構造化された知識のまとまりであり，生活していく中で生じるさまざま状況を理解するための枠組みとして機能する。たとえば，シャンクとエイベルソン（Schank & Abelson, 1977）は，スキーマの考え方を発展させたスクリプトという概念を提唱した。**スクリプト**とは，「レストランに行く」というような日常的な場面で生じる一連の行動に関する一まとまりの知識のことをいう。初めて居酒屋に行った場合でも，レストランに行った経験があれば，そのスクリプト（席に着く，注文する，食べる・飲む，支払いをする）に従って実行すればよいので困った事態とはならない。類似した行動が1つのスクリプトとしてまとめられているために，私たちは個々の状況の違いに惑わされることなく，その場に適した行動をとることができるのだ。　　　　　　　　　　　　　　　（→5-08, 5-12）

4-22

イメージは心の中の映像である。

　私たちは「心の映像」ともいうべき**イメージ**を日常生活の中で実践的に利用している。たとえば，外出先で自分の部屋にある窓の数を聞かれた場合でも，自分の部屋の光景を思い浮かべることで，窓がいくつあるかを数えることができる。私たちがどのようにイメージを用いているのかについては，「心的回転」や「イメージ走査」という課題を用いた実験で検討されている。
　シェパードとメッツラー（Shepard & Metzler, 1971）は**心的回転**（mental rotation）に関する実験を行なった。彼らは，被験者に向きが異なる2つの物体の画像を提示して，それらが同一のものであるかどうかを判断させた（図4-6参照）。すると，2つの物体の向きの違いが大きいほど，判断に要する時間が長くなることが明

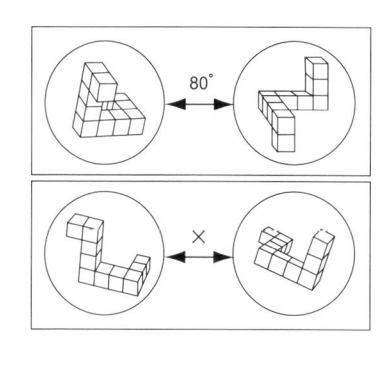

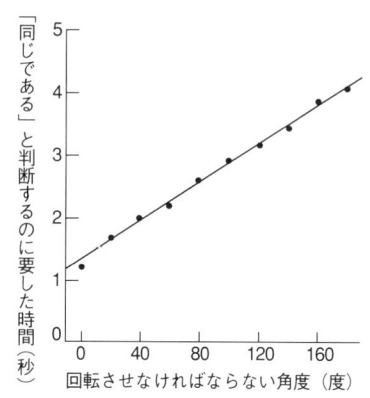

図 4-6　心的回転の実験結果（Shepard & Metzler, 1971 を一部改変）

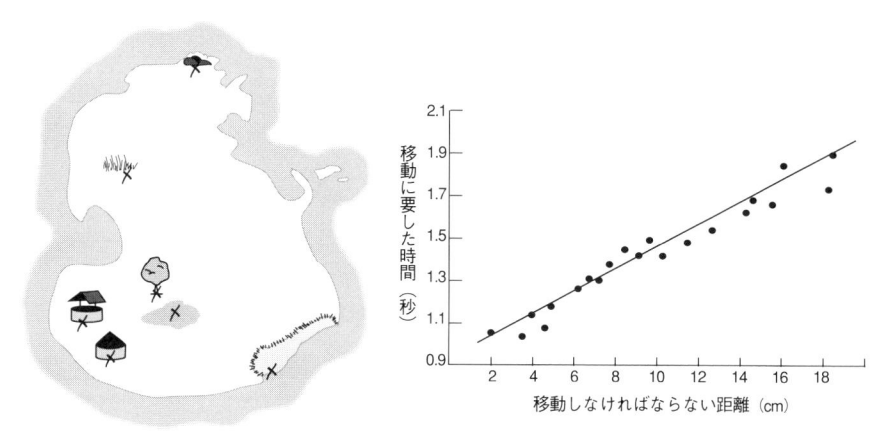

図 4-7　イメージ走査課題の実験結果（Kosslyn et al., 1978 を一部改変）

らかになった。このことは，被験者が一方の物体をイメージの中で回転させることで，もう一方の物体と一致するかどうかを判断していたことを示している。

　コスリンら（Kosslyn et al., 1978）は，**イメージ走査**課題を用いた実験を行なった。彼らは，被験者に架空の島の地図を記憶させた後に，心の中に島の地図をイメージさせ，その中にある2地点間をイメージで移動する課題を行なわせた（図4-7参照）。すると，イメージした地図の中で2地点間を移動するのに要した時間は，実際の地図上の距離に比例していた。

　これらのことから，イメージは，物理的環境に対する知覚像に近似したものだといえる。つまり，私たちは，現実世界で知覚するような光景を，心の中に映像的に思い

描くことで，さまざまな認知的活動に役立てているのである。

> **Super Essence 4 – 23**
>
> 自分の認知過程について知ることが上手に記憶したり思考したりする秘訣である。

　わたしたちは，自分がそのことを記憶しているのかどうかを，実際に思い出してみなくても，ある程度は判断することができる。これはメタ認知とよばれる機能が働いていることによって可能になる。**メタ認知**（metacognition）とは，認知的過程に関する意識や知識のことをいう。メタ認知という自分の認知的過程についての意識・知識によって，自分が置かれている状況をうまく整理したり，自分の記憶過程や思考過程を改善するための方法を選択したりできるようになるのである。このように，メタ認知は私たちのさまざまな認知的活動をコントロールする重要な機能なのである。多鹿（2001）は，子どもが積極的に学習や問題解決のやり方をモニタしたり評価したりすることによって，後の学習が容易になると述べている。

　ところで，人や物の名前を知っているはずなのに，なかなか思い出すことができずにもどかしい思いをしたことはないだろうか。これは，**TOT**（tip of the tongue：のどまで出かかった状態）**現象**として知られている。TOT現象は，自分自身が何かを知っているという感じ（既知感）が特に強くなった状態であり，これもメタ認知の重要な一面であると考えられている。

5章 読む，話す，わかる

5 - 01

ことばを発することも行動の一種である。

　行動主義の心理学では，人間や動物の行なう身体的，精神的なもろもろの活動は，すべて行動とみなされ，行動の大部分は条件づけの原理に従って獲得されると考えられている。行動主義の代表的な研究者スキナー（Skinner, 1957）は，ことばを発することも行動の一種とみなし，それを**言語行動**（verbal behavior）とよんだ。そして，要求や依頼を行なうような言語行動を**マンド**（mand），事象を叙述するような言語行動を**タクト**（tact）とよんだ。マンドは，たとえば喉が渇いたとき「飲み物をください」と言うことであり，タクトは，たとえば晴れた日に「今日はいいお天気だ」と言ったりすることである。そしてスキナーは，言語行動も，他のさまざまな行動と同様に，反応とそれに対する強化（反応に対してもたらされる何らかの好ましい結果）によって成立するオペラント条件づけ（→2 - 03）の原理で獲得されると考えた。すなわち，あるマンドを発したときそれによって要求や依頼がかなえられることが強化となって，そのマンドが獲得され，あるタクトを発したとき，それが相手や周囲から承認されることが強化となって，そのタクトが獲得される，と考えたのである。

5 - 02

人間は言語を習得するための生得的な能力をもっている。

　チョムスキー（Chomsky, 1965; 1967）の考えによれば，子どもは通常，ことばを話すようになってからきわめて短期間の間に，言語を操るための基本的な文法を習得する。そして，子どもが文法を習得する際に利用できるおもな資料は，生活の中で親や周囲から発せられる断片的な発話であり，それらは必ずしも文法的に正確なも

のばかりではない。また，子どもの生活環境や知的水準がさまざまであるにも関わらず，習得される文法はある程度一様なものであり，しかもかなり抽象度の高いものである。チョムスキーは，このようなことが可能となるのは，人間が誰も言語を習得するための心的な装置を生得的にもっているためである，と考え，それを**言語習得装置**（language-acquisition device）とよんだ。そして，言語習得装置はあらゆる個別言語の文法を導く機能をもっていると考え，言語習得装置の根幹をなすのは，すべての個別文法に共通する文法，すなわち**普遍文法**（universal grammar）であると考えた。

> **5 - 03**
>
> 人は誰も，言語の文法に関する高度な知識をもっている。

人間が文法的に正しい文を産出したり，文法的に正しい文かどうかを判断したりすることができるのは，頭の中に文法知識をもっているからである。この文法知識は，ふだんは意識して使っているわけではないし，またその知識の内容を自分ですべて意識化できるわけでもないが，人間の言語能力の本体として脳に内蔵され，誰もがそれを使用していると考えられる。そして人間のもっているこの文法知識を明示化したものをチョムスキーは**生成文法**（generative grammar）とよんだ。

生成文法の初期の研究で提出された「標準理論」とよばれる理論（Chomsky, 1965）では，文の表現に表われている文法的構造は**表層構造**（surface structure）と

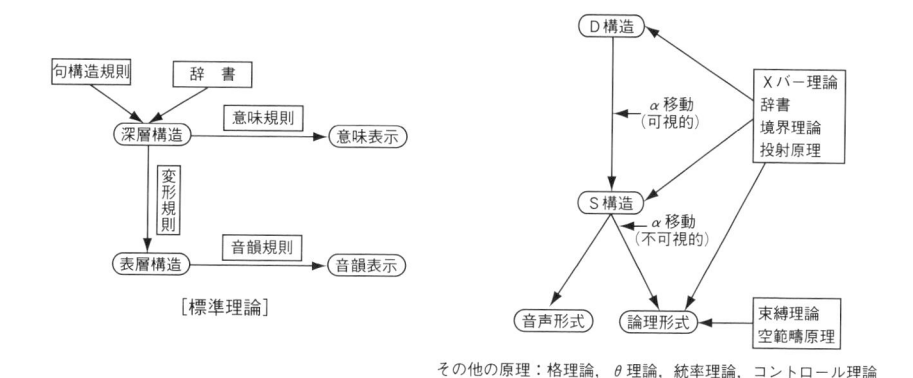

図 5-1　生成文法理論の基本構造（坂本，1998）

よばれ，表層構造が生成される前段階として，文の意味に忠実に生成された**深層構造**（deep structue）が存在すると考えられた。そして，深層構造に対して，受動変形，複合変形などの変形操作を行なうさまざまな変形規則が適用されることによって，表層構造が生成されるとされた（図5‐1参照）。

標準理論が提出されたのちも，生成文法の理論体系は変遷を遂げ，後期に提出された「統率・束縛理論」（Chomsky, 1981）では，変形規則は構成要素（α）を単に移動するだけの単一規則となる一方，構成要素の移動を制約する境界理論・束縛理論・Xバー理論等のさまざまな「原理」が組み入れられた（図5‐1参照）。それらの原理はいくつもの「パラメータ」をもっており，このパラメータの値を設定することによって，個別言語の文法が導かれる。その意味で，統率・束縛理論は，すべての個別言語の文法に共通する普遍文法の究明を目指すものといえる。

生成文法理論は，複雑な理論構成と耳慣れない専門用語に満ちた，抽象度の高い知識体系である。しかし，生成文法理論に示された知識が，文理解や文産出の際に人間が無意識のうちに実際に使用している知識であるとすれば，人間は誰もきわめて高度な文法知識を保有しているといえるであろう。

5‐04

文を理解する際には，文構造をすばやく把握するための便法が使用されている。

母語で書かれた文を読む場合，通常は一度読むだけでその文の文構造が把握できる。すなわち，不慣れな外国語の文を読む場合などのように文を何度も読み返したりしなくても，文を一読した時点で，単語間の文法的関係も文の全体構造もほぼ把握できてしまうのである。このようなことが可能であるのは，文を読む際に，文の意味理解と同時進行で文構造を把握できるような便法を使用しているためであると考えられる。

その便法の1つは，文を読んで理解する際，その文の単語構成を一通り知ってから文構造を把握するのではなく，文を構成している単語の連なりを読み進めていく際に，各単語ごとに次にどのような語句が現われるかを予測しながら読んでいくことである（Stevens & Rumelhart, 1975）。たとえば，

わたしは居酒屋でビールを‥‥

まで読んだら，次には「注文した」「飲んだ」などのような動詞句が続くであろうことを瞬時に予測するのである。「ビールを」の後だからといって動詞句が続くとは限

らず，実際には「中ジョッキで」「浴びるほど」などのような連用修飾の語句が続くこともありうるが，的中する可能性の高い方の予測を優先的に試みる。もちろん，予測がはずれたらただちに修正することも必要になるが，ふつうの文ならば修正等も予測の候補群の範囲内で行なえることが多い。

　また便法の２つめは，比較的長い文を読む際に，適当なところでかたまりを作りながら読み進めていくことである（Frazier & Fodor, 1978）。たとえば，
　　わたしは昨晩友人たちと会食をした居酒屋の名前を思い出した。
という文を読む際には，「わたしは昨晩友人たちと会食をした」まででかたまりを作ってとりあえずの処理を行ない，それを作動記憶（短期記憶）（→4-08）に一時保存して，次の部分に進んでいくのである。この場合，「昨晩」は「会食をした」にかかるものと解し，「思い出した」にかかるものとは解さない。そして通常の文ならば，このように語順に沿ってかたまりを作ることが，文の全体構造の把握にもほぼ適合している場合が多いのである。

　もちろんこうした便法は瞬時に使用されており，ふだんはそのことを自分で意識することもないであろう。しかし，たとえば，
　　わたしは居酒屋でビールを好物のサンマの塩焼きといっしょに注文した。
のように「ビールを」の次になかなか動詞句が現われない文が読みにくいことや，
　　わたしはやっと友人たちと会食をした居酒屋の名前を思い出した。
のように「やっと」が「会食をした」よりも「思い出した」にかかると解した方がよいような文が読みにくいことなどは，上述のような便法をわれわれが実際に使用していることをうかがわせるものといえよう。

Super Essence 5-05

文には，すでに知っている情報と，その文で初めて知る情報とが含まれている。

　文に含まれている情報は，読み手や聞き手がその文で初めて知ることになる**新情報**（new information）と，その文に出会う前からすでに知っている**既知情報**（given information）とがある（Halliday, 1967; 1970）。たとえば，
　　カラオケは今や国民的な娯楽文化だが，その発祥の地は神戸だ。
という文では，多くの読み手や聞き手にとって「カラオケは今や国民的な娯楽文化である」が既知情報であり，「カラオケの発祥の地は神戸である」が新情報となるであ

ろう。人は，このような既知情報と新情報とが緊密に結合された文を処理することによって，情報や知識を獲得していく。その際には，既知情報と新情報とが結合した文の表象を形成すると同時に，その表象の既知情報の部分と同じ表象を，すでに保有している知識表象の中に見つけ，知識表象のその箇所に文の表象の既知情報の部分を接合することによって，既知情報と結合している新情報を取り込んでいくのである。

そして，このようなメカニズムは文章を理解する際に，連なった文を次々に処理していく際にも働いている。たとえば

彼はリュックサックの中からビールを取り出した。

という文に続いて

ビールは生ぬるかった。

という文を読む際には，先行する側の文を読んだ際に形成した表象にも存在する「ビール」の部分が既知情報となる。そこで，先行する側の文の表象にある「ビール」の箇所に「ビールは生ぬるかった」の表象を接合していく（Clark & Haviland, 1977; Haviland & Clark, 1974）。そうして，先行する側の文の表象と後続する側の文の表象とを統合していくのである。このように，文に含まれる既知情報は，文章の理解や知識・情報の獲得において重要な役割を演じている。

Super Essence 5 - 06

発話には対人的な行為としての機能が含まれている。

閉め切った部屋で，ある人が「暑いね」と言ったら，別の誰かが窓を開けた。このとき「暑いね」と言った人は，同時に3つの行為を行なったことになる。まず1つは，「暑いね」という文そのものを発するという行為である。2つめは，「暑いね」という文によって，部屋の気温が高いことを「叙述する」という行為，または部屋の気温が高くて不快なので何とかしてほしいと「要求する」という行為である。3つめは，「暑いね」という文を発することによって，誰かに窓を開けさせる，という行為である。オースティン（Austin, 1960）は，発話におけるこのような側面をそれぞれ，発話行為（locutionary act），発話内行為（illocutionary act），発話媒介行為（perlocutionary act），とよんだ。すなわち，

発話行為：文，文章などの言語表現を発する行為それ自体。
発話内行為：発話によって遂行される，陳述，依頼，質問，回答，説得，等の行為。
発話媒介行為：発話によって何らかの結果を生じさせる行為。たとえば，（陳述によっ

て）相手に情報を伝える，（依頼によって）自分の要求をかなえてもらう，（説得によって）相手の態度を変えさせる，など．
である．発話という行為は，このような重層性をもって，対人的な機能を果たしているのである．

> **Super Essence　5-07**
> よい会話は基本的な原則に従っている．

　会話は，対話者相互のやり取りによって展開していくものであり，そのやり取りのしかたは，話のなりゆきしだいといった面がある．しかしその一方で，会話には会話なりの原則も存在しており，グライス（Grice, 1975）によれば，会話の目的や方向に沿って円滑に進んでいく会話は通常，次のような原則に従って展開されている．
量の原則：相手に提供する情報の量は，相手の求めに対して多すぎないように少なすぎないようにする．
質の原則：自分の信じていないことや根拠のないことを言わない．
関連性の原則：話題や会話の目的に関連性のあることを言う．
作法の原則：明瞭な表現を用い，曖昧さをなくし，簡潔に，順序だてて話す．
　これらの原則が守られていれば，文法的または論理的に多少不正確な表現が用いられても，発話の意図は相手に伝わる場合が多い．たとえば「昨日の夜，どこにいたの？」と聞かれたとき「昨日は飲みに誘われて」と答えることは，文法的・論理的には正確ではない．「どこにいたか」を明確に答えていないからである．しかし関連性の原則が働くことにより，どこかの飲み屋にいたことは相手に伝わるのである．また，論理的にはまちがいではない表現でも会話の原則に沿っていない表現になることもある．たとえば，「誰と飲みにいったの？」と聞かれたとき「田中と佐藤」と答えることは，それが事実に合っている限り論理的にはまちがっていない．しかし田中と佐藤のほかにじつは女性が何人もいっしょだったのであれば，この答えは量の原則に違反していることになり，相手に対して不正直な答えになってしまう．このように，会話には文法規則や論理規則とは別の原則も重要な機能を果たしており，それが会話の円滑さを促進したり阻害したりしているのである．

5章 読む、話す、わかる

5 - 08
文章を理解するためには、スキーマが使われる。

　われわれは、毎日ほとんどあたり前のように文章を読み、その内容を知識として記憶していく。ときには、われわれは読みまちがえたり、まちがって記憶したりすることもあるが、それほど多くの努力を払うことなく文章を理解している。しかし、この文章を理解する過程というのは、必ずしも単純ではない。文章を理解するまでには、1つひとつの書かれた文字を読み取り、あるいは音声を聞き取り、いくつかの文字の集まりである単語を認識し、単語の集まりとしての文の統語構造や意味内容を理解し、文と文の関係を理解し、さらに一連の文からなる文章の内容や構造を理解するという多くの処理を経て、文章の理解が達成される。

　このような文章を理解する過程で、われわれは多くの知識を使っている。またこの知識はバラバラのものではなく、ある一定の構造とまとまりをもっていることが多い。この抽象的で一般化された知識のまとまりを**スキーマ**という（→4 - 21）。

　まず単語を同定し、その意味を決定するためにはその単語に関係したスキーマが用いられるであろう。また文を理解するためには統語論的知識や文法知識としてのスキーマが用いられ、文と文の関係を理解するためには、語用論的な知識のスキーマが用いられ、文章全体の意味を理解するためには、その文章の内容や構造に関係した知識領域としてのスキーマが用いられるのである。またこれらのスキーマは、それぞれの段階で独立して使われるのではなく、スキーマが相互に関係し合ったり、あるいは文章理解の最初から最後まである特定のスキーマがその文章理解の全体に関わったりしながら文章は理解されていくのである。

5 - 09
文章を理解するときには、すでにもっている知識を使う。

　文章を読むとき、われわれは1つひとつの文字を読み、いくつかの文字の集まりである単語を理解し、単語の集まりとしての文の統語構造を解析し、文と文の関係を理解し、さらに一連の文からなる文章の内容や構造を理解するという多くの処理を経ている。このような、文章に書かれた文字や単語、文などから文章全体の意味を構成していく処理の過程は**ボトムアップ**（bottom-up）**処理**といわれる。

一方，われわれは文章を理解するとき，その文章の内容に関連した知識や，文章の構造に関する知識を使っている。このような読み手がすでにもっている，文章に関連した知識のことを**既有知識**という。この既有知識を使った処理のことを**トップダウン**（top-down）**処理**という。

　この文章の内容に関連した既有知識をもたなかったり，もっていてもそれをうまく使うことができなかったりする場合には，理解も記憶も困難になる。それをブランスフォードとジョンソン（Bransford & Johnson, 1972）の実験から見てみよう。まず，以下の文章を読んでみてほしい。

> 　手続きは，まったく簡単である。まずそのものをいくつかのグループに分ける。そのグループはするべき量に関係しており，適切な量にしなければならない。もしそこには設備がないので，移動しなければならないとしても，それは次の段階である。移動の必要がなければ，準備は終わったことになる。あまり多くの量をやりすぎないことが大切である。つまり，一度にあまり多くの量をやるくらいなら，少な目の量で行なうほうがよい。…（中略）…その手順が完了すると，またいくつかの異なったグループにまとめる。それから適切な場所に入れる。やがて，それらはもう一度使われる。このようなサイクルをくり返さなければならない。しかし，これは，生活の一部なのである。　　　　　　　　　　　　　　　　　　（Bransford & Johnson, 1972）

　いきなりこの文章を読んだ人は，理解しにくく，具体的に何を指しているのかわからないと思うだろう。しかし，これが「衣類の洗濯」の話であるといわれればどうだろう。あらためて読んでみれば，実によくわかるはずだ。これは読む際に「衣類の洗濯」に関する既有知識を利用できるようになったからである。彼らの実験でも，洗濯の話であるというタイトルを与えられた被験者群と，与えられない被験者群との間には，文章のわかりやすさの評定にも，文章の内容を思い出す再生テストの成績にも，著しい差があった（表5-1参照）。私たちの文章理解は，けっして単語と文法さえ知っていればできるものではなく，「何の話か」という仮説を立て，それに関する既有知識を使いながら，内容のつながりを推論しつつ進行していくのである。

表 5-1　ブランスフォードとジョンソンの実験結果　(Bransford & Johnson, 1972)

	タイトル無し	タイトルの事後提示	タイトルの事前提示
わかりやすさ （7に近づくほどわかりやすい）	2.29	2.12	4.50
再生量	2.82	2.65	5.83

5章 読む，話す，わかる

5-10

文章を読むときの視点と，思い出すときの視点の両方が，文章の思い出す内容に関係する。

われわれは，同じ小説を異なる時期に何度か読み返してみたとき，そのたびごとに新しい発見をしたり，新しい解釈や感想をもったりすることがある。これは，われわれが文章を読むときや思い出すときに，そのときの関心，知識などさまざまな要因の影響を受けているからである。このような文章を読むときの人間の側の要因の1つに，文章を読むときの態度や視点がある。

文章に対する読み手の「視点」の影響を示した研究にアンダーソンとピチャート (Anderson & Pichert, 1978) の実験がある。彼らは，少年が学校をずる休みし，家族がいない家で一日を過ごす物語を作成した。その物語には，道路からほどよく引っ込んだ魅力的な古い家であることや，じめじめした地下室があり，10段変速の自転車，カラーテレビなどの家族の財産のあれこれなどがあることが記載されていた。その文章を読み手の半数には「不動産屋」の視点から，残り半数の読み手には「泥棒」の視点から読むことが求められた。その後，文章を読んだ視点のまま文章を再生する（思い出して書く）ように指示された。文章には，不動産屋の視点から見て重要な内容と，泥棒の視点から見て重要な内容とが含まれており，それらの内容をどれくらい思い出したかが調べられた。その結果，不動産屋の内容は不動産屋の視点で読んだ読み手の方がたくさん思い出し，泥棒の内容は泥棒の視点で読んだ読み手の方がたくさん思い出していた（図5-2参照）。このような結果は，読んだときの視点によって思い出す内容が異なってくることを示すものといえる。

さらにこの実験では，思い出すときの視点を変えて2回目の再生を行なっている。2回目の再生では，読んだときとは異なる視点，つまり不動産屋の視点で読んだ読み手は泥棒の視点で，泥棒の視点で読んだ読み手は不動産屋の視点で思い出すことが求められた。その結果，不動産屋の視点で読んだ読み手が泥棒の視点

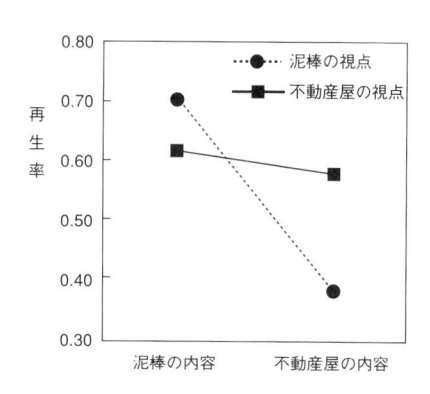

図5-2 読み手の視点と思い出した内容
(Anderson & Pichert, 1978)

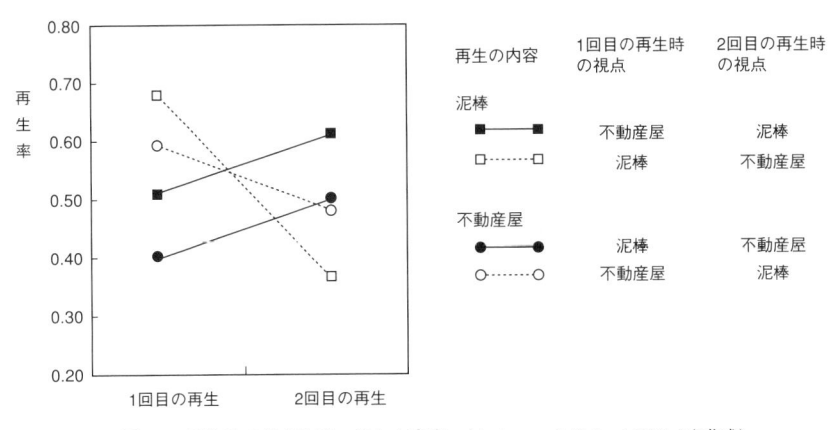

図 5-3 再生時の視点と思い出した内容 (Anderson & Pichert, 1978 より作成)

で思い出す場合，不動産屋の内容の再生が減少する一方，泥棒の内容の再生が増加した。泥棒の視点で読んだ読み手が不動産屋の視点で思い出す場合も同様に，泥棒の内容が減少し不動産屋の内容が増加した（図5‐3参照）。このような結果は，文章を読んだときと同じ視点では思い出さなかった内容でも，別の視点で思い出すことによって，その視点に関係した内容を思い出すことができることを示している。

5 - 11

物語の理解には物語に共通した構造に関する知識が使われる。

物語を理解するような場合には，物語の内容だけでなく，物語の構造に関する知識が働く。そのような物語理解を定式化した理論に，ラメルハート（Rumelhart, 1975）の**物語スキーマ**や，ソーンダイク（Thorndyke, 1977）の**物語文法**（story grammar）の理論がある。これらの理論では，物語にはそれを構成するいくつかの要素が含まれており，さらにこの構成要素の相互の関係は「書き換え規則」に基づいて表現することができるとされる。つまり，物語スキーマや物語文法は物語に共通にみられる話の筋のパターンといった形式的構造を表現している。

ソーンダイク（1977）の物語文法理論では，物語は「設定」「テーマ」「プロット」「解決」の4つのカテゴリーの構成要素に分けられる。さらにこれらの各カテゴリーは細分化されて，「設定」は人物，場所，時間に，「テーマ」は出来事（後続のエピソードの内容に枠組みを与えるもの）と，目標（主人公の達成しようとしていること）の2

5章 読む，話す，わかる

規則番号			規則
(1)	物語	→	設定＋テーマ＋プロット＋解決
(2)	設定	→	登場人物＋場所＋時間
(3)	テーマ	→	(出来事)＋目標
(4)	プロット	→	エピソード
(5)	エピソード	→	下位目標＋試み＋結果
(6)	試み	→	出来事／エピソード
(7)	結果	→	出来事／状態
(8)	解決	→	出来事／状態
(9)	下位目標／目標	→	願望状態
(10)	登場人物／場所／時間	→	状態

図 5-4　物語文法（Thorndyke, 1977）

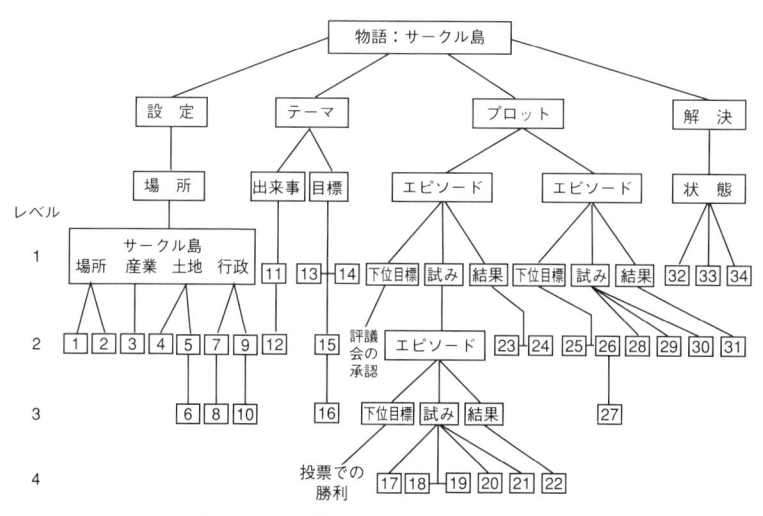

図 5-5　物語の樹状構造の例（Thorndyke, 1977）

この図はソーンダイクが実験に用いた物語「サークル島」の構造を示したものである。終端にある□は物語の内容を構成する単位命題である。

つから成り，プロットは一連のエピソードのつながりとして表現される。このエピソードはときには「下位目標」とその「試み」「結果」にわかれ，さらに「試み」は出来事とエピソードというように，入れ子式に細かく表現していくことになる。このような書き換えの規則（図5-4参照）を用いて，最終的には物語についての樹状構造が作られていくわけである（図5-5参照）。

ソーンダイクは，①物語の構成要素の順序通りに書かれた文章のほうが，そうでないもの（たとえば，設定やテーマに関する内容が文章の後半部に書かれている）よりもよく記憶再生される，②物語の樹状構造のうち階層的に上にある内容のもののほうが再生の頻度が高い，といった実験結果に基づき，物語文法が現実の読者の中に作られている理解構造を正しく反映している，すなわちモデルとしての心理的妥当性があると主張している（Thorndyke, 1977）。

> **Super Essence 5-12**
>
> 　文章や場面を理解するために，日常生活の一定のパターンの知識が使われることもある。

　文章や物語の内容面に関するスキーマ理論として，シャンク（Schank, R. C.）らの**スクリプト**（script）**理論**がある。スクリプトはある場面や状況のなかで人がとる行動や，そこで起きる出来事が系列として一まとまりになった知識である（Schank & Abelson, 1977）。スクリプトの代表的な例として「レストラン・スクリプト」がある。われわれはレストランに入ったとき，一連の行為の系列を知識としてパッケー

```
スクリプト名：レストラン
  大道具・小道具：テーブル，メニュー，料理，お金，請求書
  登場人物：客，ウェイター，コック，レジ係，オーナー
  呼び出し条件：客は空腹である，客はお金を持っている
  結果：客のお金は減る，オーナーのお金は増える，客は空腹でなくなる
```

場面1：入場	場面3：食事
客はレストランに入る 客はテーブルを探す 客はどこに座るか決める 客はテーブルのところへ行く 客は腰掛ける	コックは料理をウェイターに渡す ウェイターは料理を客に運ぶ 客は料理を食べる
場面2：注文	場面4：退場
客はメニューを取る 客はメニューを見る 客は料理を決める 客はウェイターをよぶ ウェイターはテーブルに来る 客は料理を注文する ウェイターは注文をコックに伝える コックは料理を作る	ウェイターは請求書を書く ウェイターは客のところへ行く ウェイターは客に請求書を渡す 客はレジに行く 客はレジ係にお金を払う 客はレストランを去る ウェイターはコックのところへ行く

図 5-6　レストランのスクリプト（Schank & Abelson, 1977）

ジ化したスクリプトを呼び出す。そして、そこからとるべき行動を選び、実行していくのである（図5-6参照）。このようなスクリプトは、トップ・ダウン的に既有知識を使って（→5-09）、書かれている内容を補い、推論をしていく過程でも用いられるのである。　　　　　　　　　　　　　　　　　　　　　　　　　　（→4-21）

5-13

> 文章を読むとき、われわれは自然に要約を頭の中に作っている。

　われわれは文章を読んだとき、文章のすべてをそのまま記憶するのではない。文章の細かい部分や、どのような単語が使われていたかの多くは忘れてしまい、文章の主要な部分や、文章の概要だけを覚えている。試しに、あなたが最近読んだ文章のことを思い出してみよう。たとえば新聞のニュースでもよい。あるチームが勝ったとか、負けたとか、誰々が賞を受賞したとかいったようなことは思い出されるだろうが、その文章をそのまま思い出して言うことはできないであろう。すなわち、われわれは文章を読むとき、あたかも要約を作るようにその文章の概要だけを記憶していくのである。

　この要約を自然に作っていく過程を説明した理論にキンチュ（Kintsch, 1998）の**マクロ構造モデル**（macro-structure model）がある。キンチュは、文章理解とは個々の文章中の単語に対する処理から出発し、文章全体としての高次の意味（マクロ構造）にまとめあげることであると考えている。文章は個々の句、節などが意味の最小単位となって構成されており、これは**ミクロ命題**（micro-proposition）とよばれる。さ

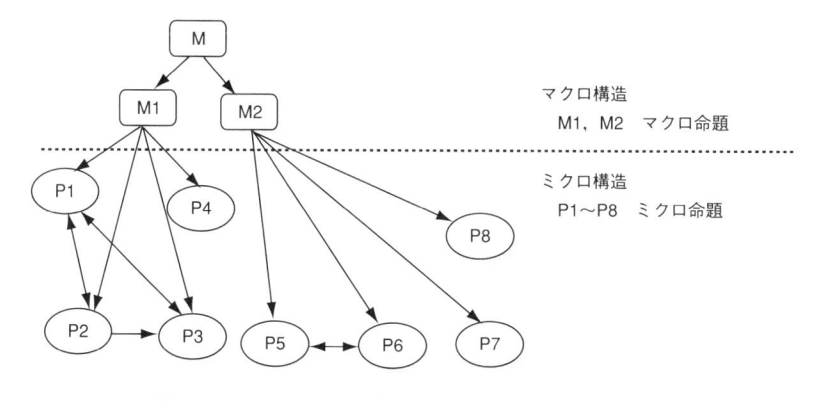

図5-7　キンチュのマクロ構造モデル（Kintsch, 1998を一部改変）

らにこのミクロ命題はそれぞれに関係し合っており，その関係は**ミクロ構造**（microstructure）とよばれる階層的な構造をもっている（図5-7参照）。読み手はこのようなミクロ構造を統合して，**マクロ命題**（macro-proposition）を作り出したり，文章からマクロ命題を抽出したりしながら，**マクロ構造**を形成していくのである。

この過程の中で，読み手は，テキスト中の重要な部分と，重要でない部分を区別し，さらに明記されていない事実や結論など，いわゆる行間の意味を推理しながら文章全体で何をいっているかという文章の概要,つまりマクロ構造を形成していくのである。

Super Essence 5-14

読んでわかりにくいときには，すでにもっている知識の中から，よく似たものと対比させると理解しやすくなる。

われわれは文章を読むときに，その文章の内容に関する知識をもっていて，それを使うことによって理解がしやすくなる（→5-09）。では，その文章に直接関係する知識がない場合はどうしたらよいであろうか。その解答の1つは，オーズベル（Ausubel, 1978）の提唱した**先行オーガナイザ**（advance organizer）という考え方に見いだすことができる。

オーズベルとフィッジェラルド（Ausubel & Fitzgerald, 1961）は，アメリカの大学生に仏教についての文章の学習をさせた際，その文章を読む前に，アメリカの学生がよく知っているキリスト教と，仏教の比較をした文章を読ませると，その文章の学習がよく進むことを示している。事前に与えられたキリスト教と仏教の比較の文章をオーズベルは**比較オーガナイザ**(comparative organizer)とよんでいる。この比較オーガナイザは，読み手のよく知らない内容である仏教についての文章を読む前に，読み手のもっているキリスト教の具体的な知識を呼び出させている。そして，知識のどの部分と新情報のどの知識を対照させるとよいかの比較ルールをも示している。それらのことによって，読み手が利用可能なキリスト教の具体的知識をもとに，そこからの類推的推論を使って，仏教の文章を読むときに仏教とキリスト教との関係を比較しながら理解することができるようになり，仏教についての文章の理解が促進されたのである。
（→2-10）

5章 読む，話す，わかる

5 - 15

> すでにもっている知識に影響を受けすぎて，書いてなかったものまで書いてあったと記憶してしまうこともある。

　われわれは，文章を読むとき，自分のもっている既有知識と関係づけながら理解している（→5-09）。また，うまく既有知識と関係づけられないと，よく理解できないこともある。しかし，既有知識に関係づけて理解したために，あることが実際にその文章に書いてあったのか，すでに知識の中にあったことなのかわからなくなってしまうこともある。このようなわれわれの知識が文章の記憶に及ぼす影響をサリンとドゥーリング（Sulin & Dooling, 1974）は，ある人物の伝記文章を用いて，巧妙に示している。彼らは，アドルフ・ヒトラーという有名な人物についての伝記文章を被験者に読ませた。また別の被験者には，その文章と内容が同一で，アドルフ・ヒトラーの名前の代わりにジェラルド・マーチンという架空の人物名にした文章を読ませた。そして，文章を読ませた5分後と1週間後に，いくつかの文を見せてそれが文章に書いてあった文かどうかの再認判断を求めた。その再認テストの文の半数は，実際には読んでもらった文章の中にはなかった文で，有名な人物であるヒトラーに強く関係したものからほとんど関係しないものまでがあった。その結果，有名な人物であるヒトラーの物語として読んだ被験者は，1週間後の再認テストで，もとの文章には書いてなかった文で，ヒトラーに強く関係した文を，1週間前に読んだと誤って答えてしまったのである（図5-8参照）。

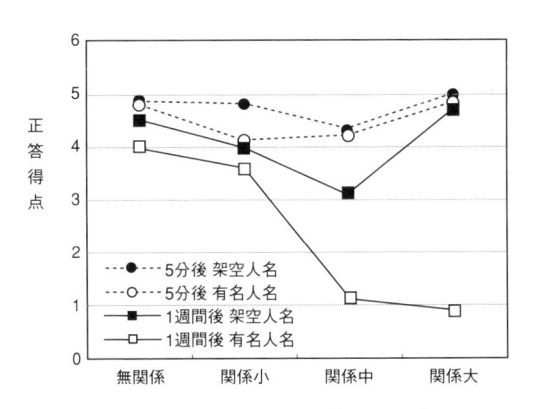

図5-8　サリンとドゥーリングの実験の結果
(Sulin & Dooling, 1974)

6章 考える，解ける

6-01

> 問題解決は，何が問題となっているかを見きわめることから始まる。

　生活の場面や人生の途上には解決しなくてはならない多くの問題がある。たとえば，「昼食にどの店で何を食べるか」「目的地までどの交通手段でいくか」といったささいな問題もあれば，「将来，どのような職に就くか」「何を目的に生きていくか」といった大きな問題もある。人はだれもこうした大小さまざまな問題を解決しながら，日々の生活を営み，人生の行程を歩んでいる。

　問題解決は，**初期状態**（今ある状態）を**目標状態**（こうなればよい状態）に近づけていく認知的過程である。たとえば，「外出中に昼食の時間になったが，どの飲食店で何を食べるか決まっていない」という初期状態を，「どの飲食店で何を食べるかが決まった」という目標状態に向けて認知的な活動を展開していくのである。そして多くの場合，初期状態と目標状態との間には**中間状態**が存在する。たとえば，「店は決まったが，何を食べるかが決まらない」「何を食べるかはほぼ決まっているが，どの店で食べるかが決まっていない」といった状態が中間状態といえる。初期状態，種々の中間状態，および目標状態から構成されるひとまとまりの課題構造体が**問題空間**（problem space）であり，問題空間の中を初期状態から中間状態へ，そして中間状態から目標状態へと移行させていくための手段を**オペレーター**（operator）とよんでいる。問題空間の構造が把握できて，適切なオペレーターが見つかれば，問題は解決に向かうが，問題によってはそれはたやすいことではない。特に現実場面の中に存在する問題空間はきわめて錯綜したものであり，初期状態と目標状態さえ，不確かなものである場合も少なくない。その意味では，現実の問題解決はまず，問題は何なのかを見きわめることから始まるといえるかもしれない。

(問題)
　真ん中に穴のあいた大・中・小3つの円盤が左端の棒に，大きい方が下になるようにして重ねてある。この3つの円盤を移動して，右端の棒に同じように重ねたい。ただし，移動の際には，次のようなルールを守らなければならない。
・1度に1つの円盤しか動かせない。
・1番上にある円盤しか動かせない。
・置いてある円盤の上にそれより大きい円盤を置くことはできない。
さて，どのような順序で円盤を動かしていけばよいだろうか。

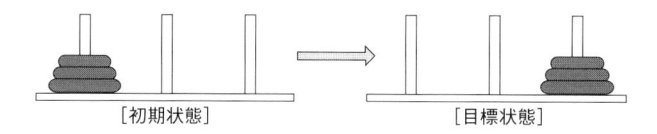

図 6-1　ハノイの塔問題（Anderson, 1980 を一部改変）

(問題)
　図のように，3行3列の等間隔に並んだ9個の点がある。これらの点を直線による一筆書きで，かつ曲がる回数は3回以内ですべての点を結ぶにはどうすればよいか。ただし，同じ点は何回通ってもよい。

図 6-2　9点問題（山, 1994）

(問題)
　下の道具だけを使って，ろうそくを壁に固定しなさい。

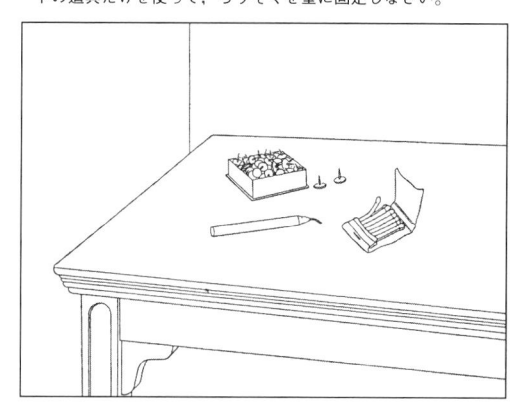

図 6-3　ろうそく問題（Glucksberg & Weisberg, 1968）

6-02

問題解決の手段には，「試行錯誤」「アルゴリズム」「ヒューリスティクス」などがある。

　問題を解決するための手段がわからないとき，われわれはしばしば試行錯誤を行なう。**試行錯誤**（trial and error）には，思いついたやり方を思いつくままに試みる場合と，ある程度の計画性や系統性をもって試みる場合とがあるが，いずれにしても，結果的に目標状態にいたることはあっても，そうなるかどうかはやってみないとわからないという面がある。

　これに対し，正しく適用すれば確実に目標状態にいたることができる方法のことを，**アルゴリズム**（algorithm）とよぶ。たとえば，昼食を食べる店を決めるとき，昼食費に使おうとする額の範囲を決め，自分の食べたいものの候補を決め，歩いて行ける範囲の店すべてのメニューを見て回って資料を作り，その資料に基づいてどの店のどの品が最も条件にかなっているかを判断して，店を決める，というやり方は，アルゴリズムに近い方法であろう。このような方法ならば，ほぼ最善の判断ができるかもしれない。しかし，そのような方法を用いていては昼食を食べるまでに日が暮れてしまうことだろう。アルゴリズムは，解決は保証されていても，実施することが煩雑で現実的でないものも多いのである。

　アルゴリズムのように確実に目標状態にいたるという保証はないが，簡便でしかも目標状態へいたる可能性もある程度高い方法のことを，**ヒューリスティクス**（heuristics）という。昼食を食べる店を決める際には，たまたま目にとまった店に決めるか，せいぜい付近の2,3軒の中から選ぶような場合が多いが，ふつうはそれである程度満足できる昼食が食べられるものである。その意味では，このような決め方はヒューリスティクスの1つと見なしてよいであろう。日常場面での問題解決は，確実なアルゴリズムが存在しなかったり，アルゴリズムがあっても使用が煩雑で現実の利用に適さなかったりする場合が多い。したがって，日常場面での問題解決は，ヒューリスティクスを用いる場合が圧倒的に多いといえる。

6 - 03

「手段－目標分析」は，有効なヒューリスティクスの１つである。

　日常場面で用いられるヒューリスティクス（➡6‐02）は，生活の知恵や経験則などのような，限られた生活経験に基づいたものが多く，その意味では一般性や合理性に欠けるものも少なくない。しかしながら，ヒューリスティクスには，抽象度の高い問題にも対応できるような一般性をもったものもあり，その１つがニューウェルとサイモン（Newell & Simon, 1972）が提唱した**手段－目標分析**（means-ends analysis）である。この方法は，①現在の状態と目標状態との間にある違いに着目する，②その違いをなくすために問題を下位目標へと分解する，③下位目標を達成することが可能なオペレーターを見つける，という３段階からなる。たとえば，「ハノイの塔」とよばれる問題（図6-1参照）を解くとき，この手段－目標分析が利用できる。すなわち，①目標状態ではいちばん大きな円盤が右端の棒にあり，現在の状態では左端の棒にある。②いちばん大きな円盤を右端の棒に移すことを下位目標とする。③そのため左端の棒にある上２つの円盤を別の棒に移動させる。次の下位目標は，いちばん大きな円盤を入れるため右端の棒を空けることである。‥‥こうして，最終的に目標状態にいたることができる。

6 - 04

類推で問題が解けることもある。

　問題に直面したとき，その問題と，過去に解決したことがある問題との類似性を見いだし，後者の問題の解決方法を当てはめることによって前者の問題を解決できることがある。このような問題の解決は，「**類推**（analogy）による問題解決」とよばれている。

　ジックとホリオーク（Gick & Holyoak, 1980）は，被験者に，「要塞の問題」を先に解いてから「腫瘍の問題」を解くように指示した。腫瘍の問題とは「腫瘍を破壊するためには強度の強い放射線を患部に照射する必要がある。しかし，強い強度で放射線が当たれば他の正常な細胞も破壊されてしまう。正常な細胞を破壊しないで腫瘍を破壊するにはどうしたらよいか」というものであった。また，要塞の問題は「独裁者が国の中央に要塞を構えて立てこもっている。この要塞を攻略するには全軍でいっきょに攻撃を仕掛ける必要がある。要塞にたどりつく道は何本もあり要塞から四方八

方に延びているが,どの道にも地雷が仕掛けられており一度に大勢の人数が通ると爆発するようになっている。どのようにして要塞を攻略したらよいか」というものであった。そして,ある被験者には要塞の問題が腫瘍の問題と類似性をもっていることを教えたが,別の被験者にはそのことを教えなかった。その結果,要塞の問題との類似性があることを教えた場合は,被験者の90％が腫瘍の問題を解くことができたが,教えなかった場合は,被験者の10％しか腫瘍の問題を解くことができなかった。このような実験結果は,すでに解決できた問題との類似性を見つければ,類推によって問題を解決できることがあるということを示している。と同時に,問題間に類似性があってもなかなかそのことに気づきにくいものであることをも示している。

6 - 05

「思い込み」から脱することで問題が解けることがある。

「9点問題」とよばれる問題（図 6 - 2 参照）がある。この問題には,①9個の点を直線の一筆書きで結ぶ,②曲がる回数は3回以内とする,という2つの制約条件がある。いざこの問題を解いてみようとすると,なかなか正解にたどり着くことができない。その原因は,この問題を解こうとする際に,「線が9個の点でできた四角形からはみ出してはいけない」という制約条件を自分で作ってしまっていることにある。したがって,線が9個の点でできた四角形からはみ出してもよいことに気がつけば,この問題は解決にいたる。しかし,多くの人はすべての線を9個の点でできた四角形の中に収めなければならないと自分で勝手に思い込んでしまい,その「思い込み」にとらわれてしまっているのだ。

ところで,この問題ではどのような状態になれば正解なのかが明確ではないために,どの解決手段が有効なのかを判断することがむずかしい。このような構造化されていない（問題の構造や解決手段が明確でない）問題では,「解決の糸口が突然心の中に浮かんできて,問題が解けた」という経験をすることがある。こうした現象は洞察として知られている。初めは問題の各部分が無関係に思えるのだが,突然「わかった」という感覚がわいてきて,全体の関係性に気づき,解決にいたる。問題をなかなか解決できない場合には,自分で余計な制約条件をつくり出していないかどうかを確認し,違った角度から問題を眺めてみることが大切である。

> **Super Essence**
> 6 - 06
>
> 発想を変えてみることで問題が解けることがある。

　私たちには，身のまわりにある道具が過去に自分たちが使用した方法でのみ機能すると考えてしまう傾向がある。このような傾向を**機能的固定**（functional fixedness）という。図6-3に示した「ろうそく問題」は，機能的固定が生じる状況をうまく再現してくれる。この問題は，図に示された道具だけを使って，ろうそくを壁に固定するというものである。この問題を解決するには，「ろうそくを載せるための台として画びょうの箱を使う」という発想が要求されるが，多くの人はそのような発想を抱くことができず，問題を解くことができない。過去の経験から，箱を「何かを載せるもの」ではなく「何かを入れるもの」と見なしてしまうために，箱を台として利用するという考えが浮かんでこないのだ。一方で，図に示した道具のうち，中身の入った箱を空箱に置き換えた状態にすると，より多くの人が正解できることが知られている。中身の入った箱は入れ物として認識される度合いが高いが，空箱であればその程度が低くなることに原因があるのであろう。

> **Super Essence**
> 6 - 07
>
> 過去の経験が，思考を妨げる「構え」を形成することがある。

　ある方法で問題が解けることを過去に経験していると，他にもっと簡単な方法がある場合でも，そのことに気づかず過去に用いた方法と同じ方法を採用してしまうことがある。このように過去の経験等によって，思考や行動のパターンがあらかじめ方向づけされてしまうことを**構え**（set）とよぶ。
　ルーチンズ（Luchins, 1942）は，構えの効果に関する実験を行なった。図6-4に示したのは，「水がめの問題」とよばれるもので，容量が異なる3つの水がめを用いて，求める水量を測るという課題である。最初の5問は，「求める水量 = B − A − 2C」という式を用いれば解ける。問題6から10も同じ式で解答を得ることはできるが，じつは，もっと簡単な方法が存在している。問題7は「求める水量 = A − C」を，それ以外の問題は「求める水量 = A + C」を計算式に用いた方がすばやく答えを求められる。被験者にすべての問題を順次解かせると，約75%の被験者は後半の問題に対しても複雑な方法を使用した。しかしながら，後半の5問だけが課題として

6章 考える，解ける

（問題）
A，B，Cの水がめを用いて，右端に示した水量を測るには，それぞれどうすればよいか。

	容量 A（cm^3）	容量 B（cm^3）	容量 C（cm^3）	求める水量（cm^3）
1	3	25	5	12
2	19	60	6	29
3	17	75	8	42
4	8	50	3	36
5	11	48	14	9
6	15	45	5	20
7	12	28	4	8
8	40	104	8	48
9	26	70	6	32
10	10	44	8	18

図 6-4　水がめの問題（Luchins, 1942 を一部改変）

与えられた場合には，約90％の被験者が簡単な方法を使用した。後半の問題だけを解いた被験者には構えが形成されていなかったために，彼らは複雑な方法にとらわれることなく，より簡単な方法を発見することができたのだ。

6 – 08

考えるのを一時的に中断すると，問題が解けることがある。

　問題解決が促進される現象の1つに孵化効果とよばれるものがある。**孵化効果**（incubation effect）とは，むずかしい問題に直面したとき，その問題を考えるのをいったん中断し，しばらくしてから再び同じ問題に取り組むと意外と簡単に解決にいたるという現象である。シルベイラ（Silveira, 1971）は「安いネックレスの問題」とよばれる問題（図 6 - 5 参照）を用いて，孵化効果に関する実験を行なった。

　まず，被験者に30分の間，休みなしに問題の答えを考え続けさせたところ，55％の被験者しか問題を解くことができなかった。しかしながら，30分の休憩をとると，64％の被験者が正解に達することができた。さらに，休憩時間を4時間に延ばすと，85％もの被験者が問題を解くことができた。孵化している間（休憩中）に，問題を解決するのを妨害していた情報が頭の中から取り除かれたことに加え，新たな視点で問題に取り組むことが可能になったことがこの効果を生んでいると考えられる。

(問題)
　3個のリングの連なった鎖が4本ある。この4本の鎖を全部つないで，1本のネックレスにしたい。リングを開くには1回につき2セント，閉じるには1回につき3セントの費用がかかる。15セント以内の費用で全部をつなぐにはどうすればよいか。

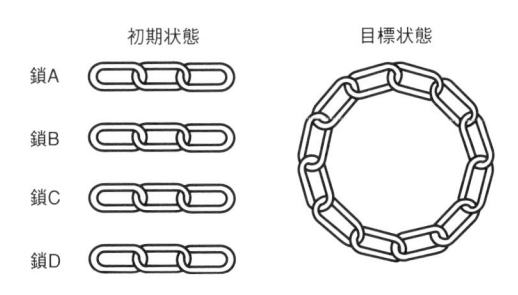

図6-5　安いネックレスの問題（Wickelgren, 1974）

　30名の技術者と70名の弁護士に性格検査を実施し，各人の特徴を表わす簡単な記述を作成した。次の記述はその1つである。この記述が，技術者のものである確率は何％か。

　「彼は保守的であり，思慮深く，野心家である。彼は政治や社会的な問題に全く関心を示さず，多くのお金を日曜大工，ヨット，パズルゲームといった自分の趣味のために使っている。」

図6-6　技術者である確率の問題（Kahneman & Tversky, 1973を一部改変）

　「リンダは31歳の独身で，思ったことをはっきり言う性格で頭も良い。彼女は大学で哲学を専攻した。学生時代には，女性差別や民族差別や社会的公正の諸問題に深い関心を持っていた。また，反核デモにも参加していた。」

　リンダは現在どのような状況にあると思いますか。以下の内容を可能性が高いもの順に並べてください。

a) リンダは今，銀行の出納係である。
b) リンダは今，女性解放運動を熱心にしている。
c) リンダは今，銀行の出納係をしながら，熱心に女性解放運動をしている。

図6-7　リンダ問題（Tversky & Kahneman, 1982）

6-09

人間の推理は必ずしも論理的ではない。

観察された個々の事例から一般的な結論（法則や規則性など）を導く推理過程を**帰納推理**（inductive reasoning）という。たとえば，「カラスは飛ぶ」，「スズメは飛ぶ」，「ハトは飛ぶ」という観察事例から，「トリは飛ぶ」という結論を導き出すことである。わたしたちは，観察した事例間の共通性を帰納的に推理し，現実世界についての一般則的な知識を生成して用いている。ところで，先の3つの事例から導き出した「トリは飛ぶ」という結論に，あなたはつい同意してしまったのではないだろうか。少し考えてみればわかることなのだが，じつはこの結論は妥当ではない。というのも，ダチョウはトリの仲間だが，飛ぶことはできないからだ。このように私たちの帰納推理には偏りが生じやすいことが知られている。偏って考える傾向のことを**バイアス**（bias）という。帰納推理における代表的なバイアスに，確証バイアスがある。**確証バイアス**とは，ある考えが正しいか否かを判断する際に，事前に抱いた考えを支持する事例ばかりに注意を向け，支持しない事例を無視する傾向のことである。「車を洗うと必ず雨が降る」という迷信も確証バイアスの一例である。実際は，車を洗っても雨が降らなかったこともあるはずなのだが，私たちは一度「洗車すると雨が降る」という「思い込み」をもつと，その思い込みを支持する事例ばかり気にとめてしまう。そして，車を洗ったあとに雨が降ったときのことが記憶のなかに蓄積されやすくなり，結果的に迷信が生まれてしまうのだ。

6-10

人はもっともらしさに頼って確率を判断している。

コインを6回投げた場合の結果として，最も起こりやすそうなパターンを，①表—表—表—表—表—表，②表—表—表—裏—裏—裏，③裏—表—表—裏—表—裏のなかから選ばせると，多くの人は③のようになると答える傾向がある。これは，コインを投げたら表と裏が数回ずつ出て，しかも，表と裏は不規則に出るはずだと考えることに起因している。カーネマンとトヴェルスキー（Kahneman & Tversky, 1972）は，コイン投げのように，各事例の生起確率について相対的に判断する場合，私たちは真の生起確率には注意を向けない傾向があることを指摘した。先のコイン投げを例にすれば，

①のようにずっと表が出続ける確率と，③のように表と裏が適度に不規則な順で出る確率は，どちらも確率論的には1/64になる。しかしながら，われわれはふつうそのような理論的な確率のことを考えないで，事例の典型性，代表性にとらわれて判断してしまう。彼らはこのような判断の方略を代表性ヒューリスティクスとよんだ。すなわち，**代表性ヒューリスティクス**とは，事例の代表性，典型性，もっともらしさなどに基づいて判断することである。ヒューリスティクスは，簡便でしかも正解にいたる可能性も高い問題解決の諸方略であり，その意味では代表性ヒューリスティクスも，日常場面における問題解決で役立つ場合は多いだろう（→6-02）。しかし，代表性ヒューリスティクスは，時にこのような錯誤を生じさせることもあるということである。

先のコイン投げの例がそうであったように，ある結果が独立したランダムな事象系列（ある結果が過去の結果とは無関係に生じる事態）で生じる限り，人はランダムな順序となる結果をいちばんあり得るであろうと考えてしまう。この傾向は賭け事をする場面で特によく生じることから，**ギャンブラーの錯誤**とよばれている。これは，事象系列の小部分でも全体の統計的性質を代表しているはずであると考えることに原因がある（市川，1996）。よく「ツキがまわってきた」とか「波にのってきた」とかいうが，これらもランダムな事象の系列に対する錯誤と見なすことができる。

Super Essence 6-11

確率を判断する際に，サンプルサイズのことを無視しがちである。

「ある町に大きな病院と小さな病院とがあり，大きな病院では毎日約45人の赤ん坊が生まれ，小さな病院では毎日約15人の赤ん坊が生まれる。生まれる赤ん坊の男女比は平均すると50％ずつになるが，日によって多少のばらつきがある。もし，生まれた赤ん坊のうち60％以上が男の子だった日の年間日数を比べると，どちらの病院が多くなるだろうか」。この問題を大学生の被験者に与えると，多くの被験者は，「男の子が生まれた比率が60％以上だった日の年間日数はどちらの病院もほとんど同じになる」と答えてしまう（Kahneman & Tversky, 1972）。しかし，じつはこの答えは誤りで，「小さい病院の方が日数は多くなる」というのが正解である。誤った答えをしてしまうのは，「人数ではなく比率なのだから病院の大きさは関係ない」と判断してしまうためである。だが，この判断は生まれる赤ん坊の人数がサンプルサイズを表わしていることを見落としている。サンプルサイズとは，母集団から抽出されたサンプル（標本）の個数のことであり，サンプルサイズが大きいほどサンプルに母集団

のありさまが反映されやすくなる。したがって，母集団の男女比が50％ずつであれば，サンプルサイズが大きい場合の方が小さい場合よりも，すなわち45人の場合の方が15人の場合よりも，男女比が50％ずつに近くなりやすい。逆にいえば，男の子が60％以上になるという，母集団のありさまから逸脱した事態は，サンプルの人数が少ない場合の方が起こりやすいのである。

このような**サンプルサイズの無視**という誤りは，少数の事例で判断してしまいがちなヒューリスティクス（→6-02）につきまとうものである。事例が少数であるほど，それらは全体の傾向からは偏っている可能性が高いことを，判断の際に認識しておくことが必要といえる。

Super Essence 6-12

人は前提条件を考慮せずに判断してしまうことが多い。

人はもっともらしさに頼って確率を判断する傾向があるために，ある事例が母集団の中でどのくらいの頻度で生じているか（事前確率）まではなかなか考えることができない。たとえば，図6-6に示した問題のように，あるカテゴリーに属している可能性を判断すること（この問題は，ある記述が技術者のものである確率を判断する課題である）が求められるような場合は特に，**事前確率の無視**が生じやすい。つまり，母集団内におけるあるカテゴリー（ここでは，技術者）の相対的な比率を無視し，記述に書かれている内容がいかにそのカテゴリーの特徴を反映したものであるかだけを考えて確率を判断してしまう。実際，この問題を被験者に答えさせると，多くの被験者はこの記述が80％以上の確率で技術者のものであると答えた（Kahneman & Tversky, 1973）。ベイズの定理をふまえれば，確率の判断は事前確率と見込み確率とを考慮しなければならない。ここでの見込み確率とは，ある事例があるカテゴリーに属していそうな確率のことである。記述されている事例は典型的な技術者の特性を表わした内容であるために，見込み確率は弁護士よりも技術者の方が高くなる。このことだけに着目して確率を判断すると，「この記述が技術者のものである確率は80％である」というような誤った判断を下すことになる。この判断の誤りの原因は，事前確率を無視したことにある。つまり，この問題における技術者の事前確率は30％となり（100人のうちの30人が技術者である），たとえ見込み確率が100％であったとしても，記述の内容が技術者のものである確率は30％を超えることはないのである。

> **6 - 13**
>
> 人は典型的な事例に頼って確からしさを判断する。

　「リンダ問題」とよばれる問題(図6-7参照)を被験者に解かせると，多くの被験者は，「リンダは銀行の出納係であり，女性解放運動をしている」を，「リンダは銀行の出納係である」よりも確率が高くなると判断する (Tversky & Kahneman, 1982)。しかし，この判断は確率論的には誤りである。なぜなら，連言事象の確率（2つの事象が同時に生起する確率）が個別事象の確率（1つの事象だけが生起する確率）より高くなることはありえないからだ。つまり，「銀行の出納係と女性解放運動」という連言事象が，「銀行の出納係」という個別事象よりも高頻度で生起することは考えられない。では，なぜ被験者は個別事象よりも連言事象の生起確率の方が高いと判断したのだろうか。トヴェルスキーとカーネマンは，被験者がこのような誤りをおかしたのは，「女性解放運動」が問題文に記述されているリンダの人格を象徴するもの（代表性）であるために，連言事象の方に注意を向けてしまったからだと考えた。問題文にみられるリンダの人格からは，彼女が「銀行の出納係」だけをしているとは思えないために，「女性解放運動」を付け加えることで，自分の判断をもっともらしいものにしたのだ。このように，ある個別事象よりもそれを含む連言事象の方が起こりやすいと判断してしまうことは，連言錯誤とよばれている。

> **6 - 14**
>
> よく知っている事例に影響されて，生起確率を過大に見積もってしまうことがある。

　人は利用可能性ヒューリスティクスを使って，確からしさを判断することがある。利用可能性ヒューリスティクスとは，ある事象に当てはまる事例をどの程度長期記憶（→4 - 03）から検索できるのかに応じて，その事象の生起確率を判断することであり，想起のしやすさヒューリスティクスともよばれる。トヴェルスキーとカーネマン (Tversky & Kahneman, 1973) は，19名の有名な女性の名前と20名の無名な男性の名前から構成された名前リストを作成した。そして，被験者にこのリストを読み上げたあとで，男性の名前と女性の名前のどちらが多かったかを判断させた。すると，実際は女性の名前の方が少なかったにもかかわらず，約80％の被験者が誤って女性の

名前の方が多かったと判断した。このような結果が生じたのは，リストにあった有名な女性の名前が頭に浮かんできやすい状態になっていたために，その事象（女性の名前）に対する生起確率を過大に判断してしまったからだと考えられる。

また，ある出来事が最近起こったことであったり，劇的なことであったりすると，その出来事の生起頻度に対する確率判断は過大傾向になる。たとえば，飛行機事故はめったに起こらないが，起こると悲惨な結果を招くことが多いために，鮮明な記憶として残る可能性が高い。それゆえ，「飛行機は落ちやすい」という印象を抱くことになるのだ。このような判断の仕方は**顕著性ヒューリスティクス**とよばれている。

6 - 15

自分の信念と合致している結論は妥当であるとみなしてしまいやすい。

「いく人かの芸術家は養蜂家である」，「すべての養蜂家は化学者である」という前提命題から導き出される「いく人かの芸術家は化学者である」という結論は妥当だといえるだろうか。この結論は妥当である。このような，2つの前提命題から1つの結論を導き出す推理形式は**三段論法**（syllogism）として知られている。心理学の分野では，三段論法は演繹推理についての研究の中で扱われてきた。**演繹推理**（deductive reasoning）とは，先の例のように，与えられた前提から論理的に結論を導くことをいう。

三段論法の形式を用いて推理する際，人は論理的に妥当でない結論を導いてしまうことがある（Johnson-Laird & Byrne, 1991）。たとえば，「すべてのフランス人はワインを飲む」かつ「いく人かのワインを飲む人はグルメである」，ゆえに「いく人かのフランス人はグルメである」と言われたら，「その通り」と思ってしまう人もいるだろう。しかしながら，この結論は妥当ではない。というのも，「いく人かのワインを飲む人」の中にフランス人が含まれているとは限らないからだ。この推理の結論が妥当だと思った人は，「ワインが好きな人は皆グルメだ」とか「フランス人はグルメが多い」という信念をもっているのではないだろうか。私たちは，自分の信念が三段論法から導かれる妥当な結論に合わないものであったとしても，自分が正しいと信じていることに基づいて，ある結論を受け入れたり棄却したりする。このような思考の傾向は**信念バイアス**とよばれている。

> **6-16**
>
> **Super Essence** 人は仮説を裏付ける証拠ばかり探そうとする。

「〜ならば…である」という形式に従った推理は，**条件推理**とよばれる。私たちは日常のなかでよく条件推理を行なっているが，正しい答えを導き出すのは意外にむずかしい。「4枚カード問題」とよばれる問題（図6-8参照）を，ウェイソン（Wason, 1966）が被験者に提示したところ，多くの被験者は，Eと4を選択した（46％）か，Eだけを選択した（33％）。正しい答えはEと7であるが，そのように解答できた被験者はわずか（4％）であった。ここで，なぜEと7が答えになるのかを考えみよう。まず初めにEの裏面を確認する必要がある。もしEの裏面が偶数ならばルールどおりであるが，奇数だとしたらルールに合っていない。次に，7の裏面を確認しなければならない（ほとんどの人ができなかったのだが）。もし7の裏面が子音ならばルールどおりなのだが，母音だとしたら，「母音の裏面が奇数である」ことになりルールに合っていない。また，多くの人が選択した4の裏面は，母音であっても子音であってもかまわない。なぜなら，4の裏面が母音ならば，「母音の裏面が偶数」となりルールどおりであるし，4の裏面が子音であったとしても，この問題のルールには子音の裏面に関する制限はない（子音の裏面は偶数であっても奇数であってもよい）からだ。

人は抽象的に推理することが苦手なために，自分の仮説を支持し続けようとすることを，この実験結果はよく示している。4枚カード問題でまちがいをおかす原因としては，確証バイアスやマッチングバイアスがあげられる。肯定例（ルールに合っている事例）ばかりに着目し，否定例（ルールに合っていない事例）には注意を払わない傾向が**確証バイアス**である。また，問題文に表われた名辞（表現されているもの：母音であるEと偶数である4）を選んでしまう傾向が**マッチングバイアス**である。いずれのバイアスが働いても，Eと4という誤った解答に達することになる。

> 片方の面にアルファベット1文字，反対側の面に数字1文字が書かれている4枚のカードがあります。「カードの片面に書かれている文字が母音ならば，その反対側の面には偶数が書かれていなければならない」というルールが成立しているかどうかを調べるためには，以下の4枚のうち，どのカードをめくらなければならないでしょうか。
>
>   E   K   4   7

図6-8　4枚カード問題（Wason, 1966を一部改変）

> **6 − 17**
>
> 具体的な事柄であれば，論理的に推理しやすくなる。

　同じ論理構造をもつ問題でも，問題の扱っている事柄をより具体的なものにすると劇的に正答率が高くなることが明らかにされている。グリッグスとコックス（Griggs & Cox, 1982）は，ウェイソン（Wason, 1966）が用いた4枚カード問題のほかに，もう1つの4枚カード問題（図6‐9参照）を被験者に提示した。このもう1つの4枚カード問題は，数字と文字だけで構成された問題とは違って，より具体的で日常的な事柄を扱ったものであった。すると，73％の被験者が，数字と文字の4枚カード問題では正解できなかったにも関わらず，具体的な事柄を扱った4枚カード問題では正解（「ビール」と「16歳」）を答えることができた。このように論理的には同じ事柄であっても，内容が具体的なものになると正答率が上昇することを**主題化効果**（thematic effect）という。それではなぜ，扱っている事柄が抽象的なものから具体的なものに変わるだけで，同じ論理構造をもつ問題に対する正答率がこのように違ってしまうのだろうか。人間の演繹推理がつねに論理的に行なわれるとすれば，扱っている事柄が変化しても正答率は変化しないはずである。このことを説明するために，チェンとホリオーク（Cheng & Holyoak, 1985）は「実用スキーマ説」を提唱した。この説によれば，人は日常生活の中に存在する具体的な問題を考える際には，抽象的な論理だけでなく，日常経験から得られた知識に基づく実用的なスキーマ（たとえば，「20歳になればビールを飲んでもよい」など）を使って考えることができるのだ。

> 片方の面に年齢，反対側の面に飲んでいるものが書かれている4枚のカードがあります。カードに書かれた情報をもとにして，「ビールを飲んでいるなら，20歳以上でなければならない」というルールが成立しているかどうかを調べるためには，以下の4枚のうち，どのカードをめくる必要があるでしょうか。
>
> | ビール | コーラ | 22歳 | 16歳 |

図6-9　4枚カード問題2（Griggs & Cox, 1982を一部改変）

【本文中に示されなかった問題の解答】

「ハノイの塔問題」の
最短ルートを用いた解答▼

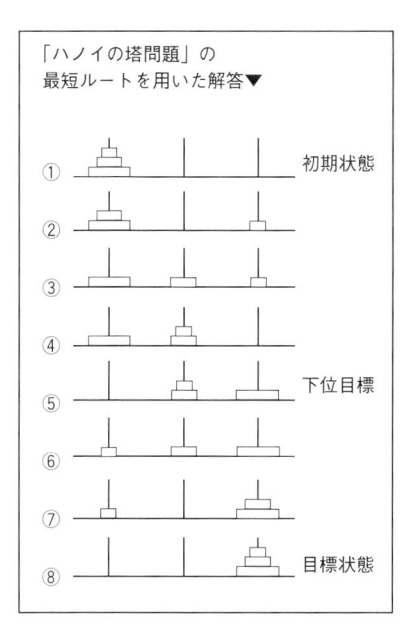

① 初期状態
②
③
④
⑤ 下位目標
⑥
⑦
⑧ 目標状態

「要塞の問題」の解答▼

　軍隊を地雷が爆発しない程度の少数の部隊に分け，それぞれ別の道から進軍し，要塞を一斉に攻撃する。こうすることで，地雷が爆発することと攻撃力が低下することを同時に防ぐことができる。

「腫瘍の問題」の解答▼

　弱い放射線を腫瘍に向かって四方八方から照射する。こうすることで，腫瘍の周りにある正常な細胞を破壊させることなく，腫瘍だけに強い放射線を照射でき腫瘍を破壊できる。

「ろうそく問題」の解答▼

　画びょうで画びょうの箱を壁に固定し，その上にろうそくを立てる。

「9点問題」の解答▼

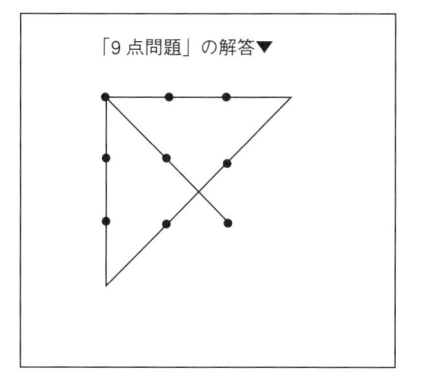

「安いネックレスの問題」の解答▼

　ある1本の鎖のリングを全部開ける（2セント×3回＝6セント）。ばらばらにしたリングを使って残りの3本の鎖をつなぐ（3セント×3回＝9セント）。こうすれば15セントの費用ですむ。

7章 育っていく

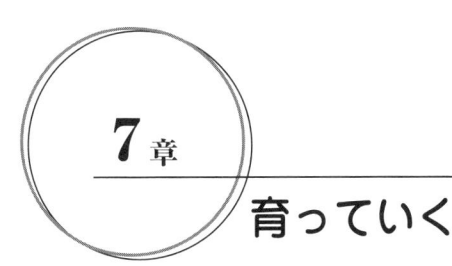

7-01
発達には一定の順序と段階がある。

　われわれは，その所属している文化に特有の言語を獲得し，特有の習慣，風俗などを獲得しながら，そして，それぞれの個性を獲得しながら発達している。しかし，それらの文化的，個人的差異を超えて，人間固有の発達の順序と段階がある。精神の発達過程は発達の持続性という点では連続的であるが，機能的，質的側面の異なるいくつかの段階があり，これらの段階は順を追って非連続的な過程を経ていく。これは**発達段階**とよばれる。

　発達段階は注目される心的機能によって，または研究者によって異なるものが提唱されている。その代表的なものを表7-1に掲げよう。これらの発達段階の現われてくる時期は個人によって多少の差異があるが，順序はすべての人間に共通であり，その順序は入れ替わることはない。

7-02
発達は一定の方向性をもっており，未分化ー分化ー統合へと移行していく。

　発達には頭部から尾部への方向性と，中心部から末梢部への方向性という2つの方向性がある。たとえば，新生児は，生まれて比較的早い時期に音のする方へと注意を向け，そちらの方を見ようとすることができるが，その音のする方へと手を伸ばすことはできない。これは頭部に近い部分が先に発達し，それがしだいに末端の発達へと向かっている例である。また，乳児は生後2か月くらいには，腕を伸ばしたい方向へ動かすことができるが，モノをつかむことはできない。さらにモノをつかむことがで

表7-1 生涯発達の諸段階 (Zimbardo, 1980を一部改変)

段階	年齢期間	主要な特徴	認知的段階（ピアジェ）	心理性的段階（フロイト）	心理社会的段階（エリクソン）	道徳段階（コールバーグ）
胎児期	受胎から誕生まで	身体の発達	—	—	—	—
乳児期	誕生（熟産）から約18か月まで	移動運動の確立 言語の未発達 社会的愛着	感覚運動期	口唇期 肛門期	信頼 対 不信	前道徳期 （段階0）
幼児期	約18か月から約6歳まで	言語の確立 性役割の獲得 集団遊び 就学（レディネス）とともにこの段階は終わる	前操作期	男根期 エディプス期	自律性 対 恥・疑惑 自主性 対 罪悪感	服従と罰 （段階1） 互恵性 （段階2）
児童期	約6歳から約13歳まで	操作の速さを除いて、多くの認知過程が成人なみになってゆく チーム遊び	具体的操作期	潜在期	勤勉性 対 劣等感	良い子 （段階3）
青年期	約13歳から約20歳まで	思春期の始まり 成熟の終わり 最も高度のレベルの認知の達成 両親からの独立 性的関係	形式的操作期	性器期	同一性 対 同一性拡散	法と秩序 （段階4）
成人前期	約20歳から約45歳まで	職業と家庭の発達			親密 対 孤立	社会的契約 （段階5）
成人中期（中年期）	約45歳から約65歳まで	職業が最高のレベルに達する 自己評価〈空っぽの巣〉の危機			生殖性 対 停滞	原理 （段階6または7、いずれもまれに出現）
成人後期（老年期）	約65歳から死まで	退職 　家族や業績を楽しむ 依存性 やもめ暮らし 健康の弱さ			統合性 対 絶望	
死	—					

きるようになっても，まだつまむことはできない。これは身体の中心部に近い腕の動きからまず発達し，それがしだいに指先の発達へと，末梢部へ発達していく例である。

また，発達は未分化から分化へ，そして統合へという方向性ももっている。乳児は感情の動きにあわせて全身的な運動をする。たとえば泣くときは全身をふるわせて泣く。これは心身の発達が未分化なので，泣き声や顔の表情だけで泣きを示すことができないからなのである。その未分化な全体は，やがて手は手，足は足という部分の動きに分かれてくる。さらに，右手と左手とで別々の動作ができるようになるというように，部分の動きが分化してくる。さらに，発達が進むと，手と足を関連させて動かすことができるようになり，手と足とを使ってバランスを取りながら歩くことができるように，部分と部分に緊密な連合を作り，統合化していく。

Super Essence 7-03

ヒトとして生まれても，適切な生育環境が与えられないと人間らしく成長できない。

オオカミに育てられた少女の話はあまりにも有名なので，知っている人も多いであろう（Singh, 1942）。1920年，インドの森でオオカミに育てられたと思われる2人の少女が，ある宣教師によって発見された。発見された当時2人の少女は，4つ足で歩いたり，皿に口を付けて物を食べたり，煮たり焼いたりした肉は食べなかったり，夜になるとうろつき遠吠えをあげるなど，オオカミの習性そのものであった。アマラと名付けられた1人は1年後に死んだが，カマラと名付けられた少女は，推定年齢8歳で発見され，その後17歳まで生存した。しかし，約10年間にわたる宣教師夫妻の懸命の努力にもかかわらず，彼女はふつうの環境で育った子どもの発達水準に達することはできなかった。

直立姿勢での二本足歩行という人間にとってきわめて基本的な行動は，遺伝的なプログラムに組み込まれたものであると考えられる。しかし，このカマラが二本足歩行を獲得するのには6年もかかっている。すなわち，生物学的にはヒトとして生まれてきたとしても，人間の中で育てられなければ，人間らしく成長することはできない。人間の文化・社会の中で育てられて初めてその遺伝プログラムが正しい形で発現し，人間らしく育っていくのだということをこの例は示している。

7 - 04

発達における初期経験は決定的なものではない。

　マスコミなどでは，しばしば早期教育の是非が論じられる。時に，本の広告で「3歳までに一生のすべてが決まる」などというようなことばにも出会う。そして，そのようなことばに踊らされ，親はあわてて子どもを幼児期から詰め込み教育へと駆り立てていく。ほんとうに早期教育はそれほどまでに決定的なものなのであろうか。
　早期教育を支持する根拠は何処にあるのだろうか。1つには，わが国の伝統的な考え方があるようである。たとえば，「三つ子の魂百まで」といったことわざが示すように，幼少期の教育の決定的な影響が暗黙のうちに信じられてきているようだ。
　また，フロイト（Freud, S.）の精神分析理論の影響も考えられる。精神分析理論では，精神障害の原因として幼児期の養育の問題を強調している。早期教育を支持するもう1つの根拠として，比較行動学における**刻印づけ**（imprinting）もあげられるであろう。ローレンツ（Lorenz, 1935）はヒナ鳥を使った実験から，発達の初期にはヒナと親との結びつきの成立する特定の時期があることを見いだした。これは**臨界期**とよばれている。ローレンツは刻印づけの特徴として次の4点をあげた。①非常に短い時期に限って生じる（この時期を臨界期とよぶ）急速な学習であり，②その効果は強固で非可逆的であり，③単なる個体の経験を超えた種に特有な性格をもっていて，④成体の行動が出現するはるか以前に完成される。また，愛着（→7 - 12）についてボウルビー（Bowlby, 1951）は「2歳半を過ぎてしまうと，どんなによい**マザリング**（母親の養育行動）もほとんど意味がない」とし，臨界期の存在を考えている。
　しかしながら，シャファー（Schaffer, 1998）は数年にわたって個人的関係が希薄な施設の環境で育てられ，通常の愛着形成期を過ぎた子どもでも，後に養父母のもとで育てられれば，愛着を形成することができることをいくつもの研究から示している。このように，心理学における近年の研究では，初期経験が人間の発達にとって決定的な要因にはならないこと，発達初期の条件が劣っていても，条件さえ整えば，時間とともに徐々に発達の状態は好転し，一定のレベルにまで追いつくことが見いだされている。つまり，人間の場合には，鳥類のように限られた時期にすべてが決まるようなことはない。親子の絆が瞬間的に成立するようなこともない。人間の発達は可塑性に富んでおり，ローレンツが規定した意味での厳密な臨界期はないといえよう。しかし，それぞれの機能発達への刺激が最も効果的で次の段階への移行がスムーズになる時期はある範囲で存在すると考えられる。

7章 育っていく

7 - 05

発達には遺伝と環境の両方が深く関係している。

かつて，発達の原動力となるのは**遺伝**であるのか，**環境**であるのかという議論がなされていた。発達において遺伝を重視する立場では，遺伝的にあらかじめ決められているプログラムに従って，成熟とともに一定の順序で行動特性が現われてくるという考え方をとっていた。確かに，親と子は顔かたちだけでなく，性格面でも能力面でも似ている部分が多い。しかし，それらがすべて遺伝によって決定づけられているとは考えられない。一方，発達における環境を強調する立場では，遺伝のような先天的効果をほとんど認めず，個人の経験による環境的要因が重視され，理想的な環境さえ整えば，子どもは理想的な発達をすると考えられていた。確かに，人の性格や能力は環境によって形成される部分が大きい。しかし現実には，生得的な制約もあることを認めなくてはならない。人間は，完全な白紙状態で生まれてきて，そこに環境要因がすべてを書き込んでいくというものではない。環境要因を受け取るには，環境要因を受け取るための心の機能が必要なのである。

そこでシュテルン（Stern, W.）は，遺伝か環境かではなく，遺伝も環境もどちらも発達を規定する要因であるとする**輻輳説**を提唱した。この説によれば，発達は個人の遺伝的性質がそのまま発現したものでもなければ，環境的影響を受動的に受け入れただけのものでもない。発達とは，遺伝的性質と環境的影響とが輻輳した（集まった）結果なのである。またルクセンブルガー（Luxenburger, H.）は，発達を遺伝的要因と環境的要因との総和によるものとし，その考え方を図式化した。この図は**ルクセンブルガーの図式**と呼ばれている（図7-1参照）。ルクセンブルガーの図式には，ある特性では遺伝規定性の方が環境規定性よりも強く，別の特性では環境規定性の方が遺伝規定性よりも強い，といったように，遺伝と環境の規定性が特性ごとに異なることが示されている。

ところで，この遺伝と環境は独立の要因と考えられるのであろうか。この2つは互いに独立ではなく，相互に関係しあっているといえるのではないだろうか。たとえば，知的に優れた素質をもっている子どもは，その素質を伸ばすのに適した社会・文化的環境の中で初めて，その

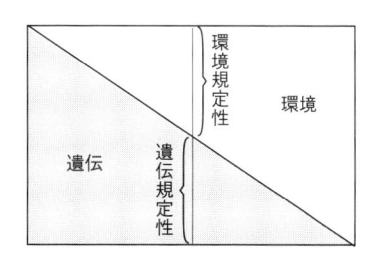

図 7-1　ルクセンブルガーの図式

素質を伸ばすことができるであろう。また人はただ単に受動的に環境からの影響を受けるだけではない。能動的に環境に働きかけ，環境を自分に適したものに変えたり，環境を取り入れて自分を変えたりしていくものである。このような考え方を**相互作用説**という。

この相互作用説の代表的な考え方に，ジェンセン（Jensen, 1972）の**環境閾値説**がある。彼は，心身の諸特質の遺伝的可能性が顕在化するに必要な環境要因の質や量は，その特性によってそ

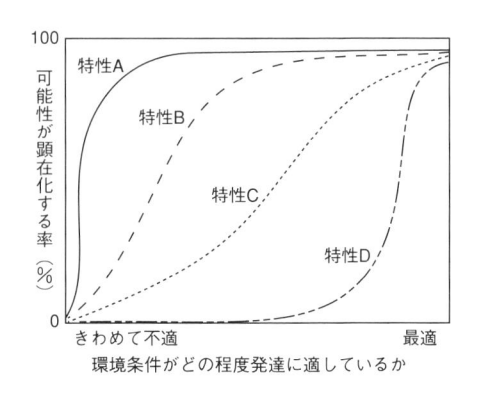

図 7-2　ジェンセンの環境閾値説
（Jensen, 1972 を改変）

れぞれ違いがあり，各特性には固有な一定の水準（閾値）があるという見解を述べている。図 7-2 にジェンセンの環境閾値説を示した。特性 A は，極度に不適な環境でない限り，ほぼ完全に発達の可能性が顕在化するもので，顔立ちなどの身体的特性がこれに当たる。特性 B は，中程度の環境条件が閾値となるもので，知能検査の成績がこれにあたり，特性 C は，環境条件にほぼ比例して発達の可能性が顕在化するもので，学業成績がこれに当たるであろう。特性 D は，きわめて好適な環境条件や特別な教育訓練によって，はじめて可能性が顕在化するものである。

7-06

学習が成立するためには，成熟による準備状態（レディネス）が整うことが大切である。

ゲゼル（Gesell, A. L.）は，環境は発達を促進させるものと認めたが，発達の基本的様態と順序は環境によって変わることはなく，成熟によって決まると考えた。ここでの「成熟」とは訓練や学習によらない発達的変化を指している。それを示すために以下のような階段登りの訓練を一卵性双生児に対して行なった。生後 46 週の一卵性双生児の一方には毎日階段登りの訓練を 6 週間行ない，その結果 26 秒で登ることができるようになった。双生児のもう一方はこの間，階段登りの訓練は行なっておらず，生後 53 週の時点で 45 秒もかかった。ところが，その後 2 週間にわたって，始めは訓練を受けなかった方の双生児にも訓練を行なったところ，10 秒で登れるようになり，

最後には最初から訓練を受けた方よりも速く登れるようになった。この実験の結果から，ゲゼルは早い時期の訓練が必ずしも有効ではなく，ある行為の訓練を受けるには，それに最もふさわしい内的な準備状態，すなわち**レディネス**（readiness）が必要であると結論した。

ゲゼルのこの実験については，双生児の一方が訓練を受けている間は，もう一方は階段登りの訓練を確かにしていないが，その間に日常生活の中でのさまざまな運動をしており，それが階段登りの学習に役に立っていたかもしれないという批判もある。しかしながら，それが成熟か学習かに関係なく，学習が効果をもつためには，学習者の心身が一定の発達を遂げていること，すなわちレディネスは必要なのである。このレディネスの形成には，成熟的要因と経験的要因の両者が関連している。

7 - 07

乳児期から人間は人間の顔を特に好んで見る。

生後1か月足らずの新生児でも，母親の顔をじっと見つめることが観察される。乳児は人の顔をどのように知覚しているのだろうか。ファンツ（Fantz, 1961）は生後数日の乳児にさまざまなパターンの図形を提示して，どのようなものを好んで見るか（**視覚的選好**，visual preference）を調べた。その結果，図7-3に示したように，顔の図形が最も長く注視されることを示した。次に目や鼻や口の配置がバラバラな顔図形を含めて提示したところ，乳児期初期には，単に複雑なものが好まれるが，3～4か月くらいになると顔の形が好まれるようになることがわかった。

ところで，このファンツの研究で用いられた図形は2次元パターンであり，実際に乳児が見ている世界と比べるとはるかに単純なものである。フィールドら（Field et al., 2000）の研究によると，写真では母親とその他の人の顔の弁別ができるようになるのは，生後3か月くらいであるが，実際の顔だと生後45時間ですでに，その弁別は可能だという。どうやら，乳児は実際の世界から複雑な情報をかなりの程度知覚でき，また弁別しているようだ。フィールドらの別の研究では，生後1か月程度の新生児ですら，大人の驚き，喜び，悲しみの表情を弁別可能であることが報告されている。このように，きわめて早期から，人の顔は乳児にとって特別な対象として知覚され，交流し合うものとして認識されているのである。

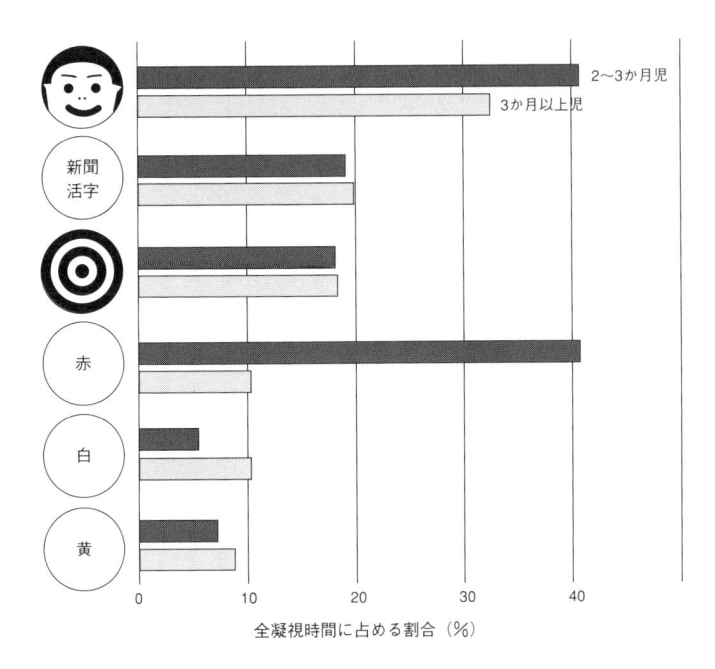

図7-3 乳児の視覚的選好 (Fantz, 1961)

7 − 08

幼児，児童，大人では，思考のしかたが質的に違っている。

　ピアジェ（Piaget, J.）によると，人間の認知は①感覚運動期，②前操作期，③具体的操作期，④形式的操作期と発達していくが，これらの発達段階の間には思考の質的な違いがみられるという。

　まず，**感覚運動期**には，子どもはまだことばをもたず，おもに自己の感覚と運動を通して，外界に適応し，その過程の中で象徴機能を獲得していく。新生児期の子どもはおもに原始的な反射行動によって外界からの刺激を受け取り反応している。それから子どもは今度は自己の身体に直接働きかけ，そのとき生じた感覚をくり返し得ながら自己の身体の認識を作っていく。そうした自己の身体への働きかけから，さらに次は，働きかけが偶然的にまわりのモノへと広がっていき，やがて子どもはまわりのモノへ能動的な探求をくり返しながら，新しい手段を獲得し，外界を認知するようになる。そしてこの感覚運動期の終わりには，子どもは言語や眼前にないモノをイメージ

を使って模倣する**遅延模倣**に代表されるような**象徴機能**を獲得する。これまでおもに感覚と運動によって外界と関わってきた子どもは，ここに至って，ピアジェが「操作」とよぶ思考を用いることができるようになる。つまり，象徴機能の獲得によって，直接的に外界の事物に触れたり見たりしなくても，子どもの内的な表象を使って行動し，思考ができるようになる。

第2の**前操作期**では，感覚運動期の終わりに獲得した象徴機能を利用して，言語をより上手く使えるようになり，さらにその言語を利用して概念や思考を洗練させていく。しかし，その思考は他者の視点から考えることはできないという意味で自己中心的な思考である。また，この時期の子どもは特殊から特殊へという**転導推理**を頻繁に行なう。ピアジェのあげた例でいえば，「月が大きくなるのは自分も大きくなるから」といった推理を子どもがすることがあるが，このような推理をするとき，子どもは簡単な因果関係を構成することはできるが，特殊な出来事から一般化へと導く論理的必然性を使うことができないのである。さらに，思考は知覚的な手掛かりに多く規定されているために，論理的な思考が十分にはできない。たとえば，それをピアジェは図7-4に示したような保存課題によって示している。そして，このような課題ができないのは，**可逆性**（もとに戻せば同じ），**補償性**（一方は増えたが，もう一方は減っている），**同一性**（そこから取ったり，そこに付け加えたりしたわけではない）という論理的な思考ができないからだと考えたのである。

第3の**具体的操作期**には，子どもは具体的な事物に関する論理的な思考が可能になり，保存課題に徐々に正しく答えることができるようになる。この思考をピアジェは

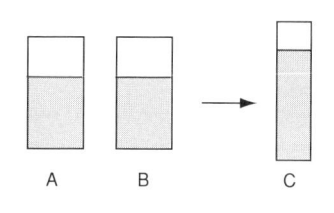

〔液量保存〕　始めに子どもにAB2つのコップの水は同じ量であることを確認させる。次にBのコップの水をCのコップに子どもの目の前で移す。このとき，子どもにAとCのコップの水の量を比較させると，保存のできていない子どもはAまたはCのコップの水の方が多いと答える。

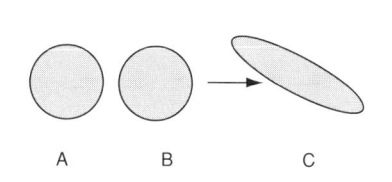

〔重さの保存〕　始めに子どもにAB2つの粘土玉は同じ重さであることを確認させる。次にBの粘土玉を子どもの目の前でCのように細長くする。このとき，子どもにAとCの粘土の重さをたずねる。保存のできていない子どもはAまたはCの粘土玉のいずれかの方が重いと答える。

図7-4　ピアジェの保存課題の例

群生体と名付け，以下の5つの思考が可能になるとしている。
(1) 合成性：2つの異なるクラスAとA'を合成してこの両方を含むクラスBを作ることができる。（A + A' = B）
(2) 可逆性：もとに戻せば同じ。（B − A' = A）
(3) 結合性：2つ以上の操作があるとき，そのうちどちらを先にしてもよい。（A + A'）+ B = A +（A' + B）
(4) 一般的同一性：ある操作は逆方向の操作と結合すると0になる。（A − A = 0）
(5) 特殊同一性：あるクラスAに同じクラスを加えてもAというクラスしかできない。（A + A = A）

第4の**形式的操作期**では，仮説演繹的な抽象的思考が可能になるとしている。

7 - 09

幼児期の思考は自己中心的である。

幼児は，自分自身の見方，考え方から離れて，客観的に事態をながめたり，ものを見たり，考えたりすることができないという思考の特徴をもっている。この特徴は，ピアジェ（Piaget, J.）によって**自己中心性**と名付けられている。つまり，ここでいう自己中心性とは，幼児がわがままで，自分勝手であるということをいっているのではない。

この幼児の自己中心性を示す実験として，ピアジェとインヘルダー（Piaget & Inhelder, 1956）の研究を紹介しよう。幼児は，図7-5のような形と高さの異なった3つの山の模型を見せられた。そして幼児にこの模型が置かれた机の周囲を歩かせて，模型の全景をよく観察させた。次に，子どもはたとえば図のAの位置に座らされた。そして実験者はその子

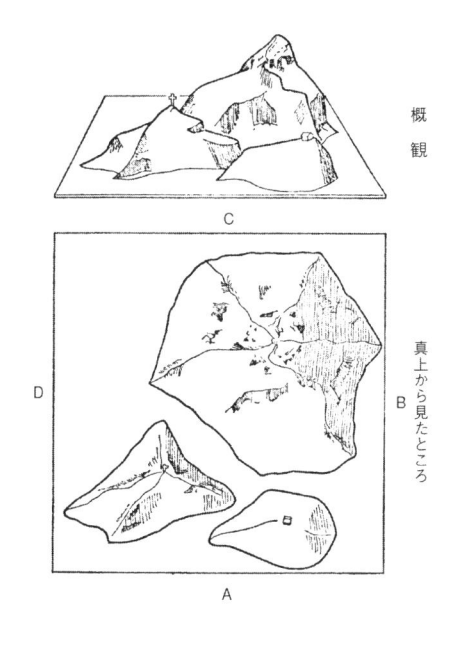

図7-5　3つ山課題（Piaget & Inhelder, 1956）

どもとは別の方向からこの3つの山を見る位置（たとえばBの位置）に座った。そうして、子どもに3つの山の描かれた何枚かの絵を見せ、実験者が座っている位置から見える景色はどれかを選ばせた。その結果、被験者となった幼児の大部分は、自分がそのとき見えている景色の絵を実験者の見えている景色として選択した。すなわち幼児は、全景をじっくり観察したにもかかわらず、自分に今見えているものは、他の人にも同じように見えていると考えてしまったのである。このように、自分の見方と他人の見方の区別がついていないことは自己中心性の現われであり、幼児のものの見方、考え方の特徴としてあげることができる。

7-10

幼児期には、非生物にも心があると考えている。

　幼児期には、子どもはしばしば太陽の絵に顔を描いたり、「こわれたオモチャが泣いている」と言ったりして、非生物にあたかも生物がもっているような特性を当てはめることがある。これらは幼児が生き物以外のモノを、人間と同じように、生きたものとしてとらえようとする傾向をもっていることを示している。このような特徴をピアジェは**アニミズム**とよんだ。このアニミズムは幼児期の思考の特徴である自己中心性に基づいて現われてくると考えられる。つまりアニミズムは、子どもの主観的な世界と外部の物理的な世界とが混ざり合ってしまい、それらをはっきりと区別することができないために生じる心の特徴と考えられるのである。人間の特徴とモノの特徴との区分を理解していないために、自分と同じように、モノがまるで人間の特徴をもっているかのように見なしてしまっているのである。

　子どもは経験を重ね、徐々に客観的、科学的な思考へと移行していくにつれて、アニミズム的な考え方、とらえ方は弱まっていく。アニミズムは以下の4段階を経て、幼児期の終わりころには解消される。

①すべてのものが生きているという考え方
②動くものだけが生きているという考え方
③自分の力で動くものだけが生きているという考え方
④人間や動物などの生き物だけが生きているという考え方

> **7 - 11**
>
> フロイトは人間の性的な発達段階を5つに分けている。

　フロイト（Freud, S.）は人間の性的な発達の過程において，その心の性的エネルギーであるリビドー（→8-08）が特定の部位に向かいやすい時期があると考え，その時期から①口唇期，②肛門期，③エディプス期（男根期），④潜在期，⑤性器期の5つの発達段階を想定した。　　　　　　　　　　　　　　　　　　　　　　　（→8-09）

　第1の口唇期ではリビドーは唇に向けられる。これは生後1年くらいまでの時期であり，子どもは何でも口にもっていくことで，そのリビドーを満足させる。第2の肛門期ではリビドーは肛門に向かうようになり，2歳から3歳くらいまでの間に正しく排泄を学習する中で，自分の身体をコントロールするという自信を獲得していく。第3の時期では4歳くらいから男根に関心が向かい，そのあるなしが男女差を分けていることを認識し，エディプス・コンプレックス（→8-10）の発生と解消という過程を経て6，7歳くらいまでにそれぞれの性にふさわしい行動（性役割）の基礎を獲得していく。第4の時期は6，7歳から11，12歳くらいまでの時期で，リビドーの働きが性的な様相を潜在化させている時期であるとされる。11，12歳からは，またリビドーが性器に向かい，性役割のいちおうの完成を迎える時期であるとされている。

　さらに，フロイトは，このそれぞれの時期にリビドーが満足させられないと，その部位にリビドーの固着がおき，性格の形成に歪みが生じるとしている。

> **7 - 12**
>
> 乳児は特定の人との密接な関係を求めようとする。

　ボウルビィ（Bowlby, 1969）は，人間が特定の人間に対してもつ愛情の絆を**愛着**（attachment）とよんだ。これは，相互依存的に社会生活を営んできた人間の本質的要求の1つである。人はさまざまな愛着対象をもつ。発達につれて，あるいはその状況により，さまざまな対象に対して人は愛着を示すようになり，生涯を通して何らかの愛着をもち続ける。この愛着の基礎は乳幼児期につくられ，乳幼児の愛着行動のおもなものとして，目で追う・声の方に向くといった定位行動，笑いかける・泣く・発声するといった信号行動，つかむ・後を追うといった接近行動がある。

　ボウルビィは乳幼児期における愛着の発達を次のような4段階に区分している

第1段階（誕生〜生後3か月）：人に対する無差別的な反応
第2段階（生後3か月〜生後6か月）：熟知した人への愛着反応の集中化
第3段階（生後6か月〜3歳）：積極的な近接の追求
第4段階（3歳〜児童期の終わり）：協力する行動

Super Essence 7-13

子どもは集団の中で，社会性を育てていく。

　子どもは仲間との遊びを通して社会的スキルを学んでいく。たとえば，子どもが仲間との遊びをうまくやっていくためには，自分の欲求や意志をじょうずに表現し，主張できる「自己主張・実現化」ができなくてはならない。また，同時に自分の欲求を自ら抑制できる「自己抑制」もできなくてはならない。柏木（1988）によれば自己主張は4歳の半ばころまで徐々に増加するが，その後は停滞する。一方，自己抑制は3歳から7歳にかけて一貫して上昇し，しかもその量は自己主張・実現の行動よりも多い（図7-6参照）。これは仲間集団の中で子どもが自分の意志や欲求に基づいて行動しようとするとき，じつは自己主張をうまく行なうよりも先に，抑制の方が早く獲得されることを示している。

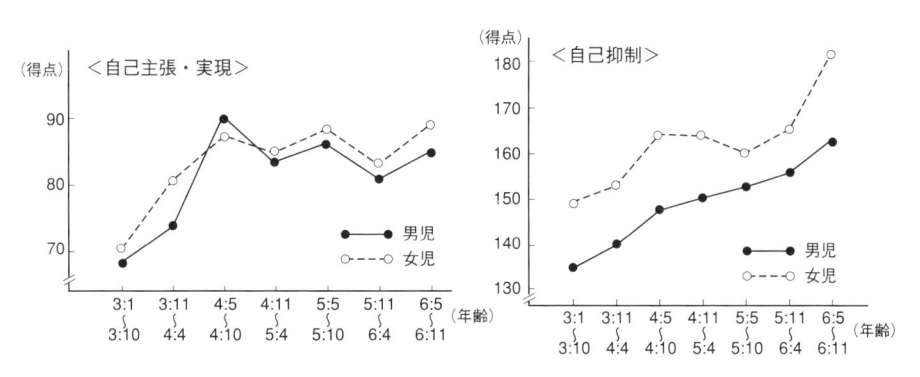

図7-6　自己主張と自己抑制の発達的変化（柏木，1988）

Super Essence 7-14

子どもは，ことばを喃語，一語文，二語文と発達させていく。

　子どもは1歳前後から，ことばを話し始める。しかし，それ以前に母子間では表情，身振り，鳴き声，発声などを通してさまざまにコミュニケーションが行なわれている。これらを基礎としてことばを発達させていくのである。

　ことばに最も近い形態の発声として，子どもたちは6か月ころから単一の分節音を使い始める。たとえば，「ダー，ダー」とか「あー，あー」といった同じ音をくり返し発声するようになる。このような音声はことばのようでありながら，明確に指し示す意味をもたない音声であり，**喃語**といわれる。喃語の初期は同じ音声をくり返す反復喃語であるが，それが1歳前後になると，子音の異なる非反復喃語へと変わっていく。ヤコブソン（Jakobson, 1968）によると，この時期の喃語で発声される音声の出現過程では，さまざまな言語に共通した獲得の順序があり，たとえば，閉鎖音は摩擦音に先立って獲得され，両唇音は歯茎音より早く獲得される。

　喃語の時期の後，1歳から1歳6か月くらいまでの間に多くの子どもはことばらしいことばを話し始めるのであるが，最初からそれぞれの母語にあるような文法を正しく使うわけではない。この時期の子どもの発することばは「マンマ」とか，「パパ」といったような1つの単語を単独で使用する。しかし，その単語は一語であっても，子どもたちにとっては，たとえば「パパ」ということばは，その場の状況によって，「パパが帰って来た」という意味であったり，「これは，パパのもの」という意味であったりというように，文の機能をもって発せられていると考えられる。そこで，この一語を単独で話す時期を**一語文期**とよぶ。この一語文期の初期には名詞が多く獲得され，徐々に動詞の獲得も増えてくる。

　2歳ころになると，子どもたちは「マンマ，ホシイ」や「パパ，イル」のように2つのことばをくっつけて話すようになる。このような時期を**二語文期**とよぶ。そして，3歳ころまでに子どもたちの発話は，多くの単語を連続的に，しかもその子どもの育っている文化に特有の言語の形態に近づけていきながら，文法を獲得していく。

　このように「喃語　〜　一語文　〜　二語文」という発達の道筋は，その子どもが獲得する母語の文法体系に関係なく，人間すべてに共通している。これは，人間にはあらかじめ言語を獲得するための遺伝的なプログラムが組み込まれているためであるとも考えられる（→5-02）。

7章 育っていく

> **Super Essence**
>
> **7 - 15**
>
> 心理的離乳の時期には，親や大人たちに対する強い不信感や反発心が生じやすい。

　青年期は**心理的離乳**（psychological weaning）が始まる時期である。心理的離乳の時期には，自我が成長し，理論的で抽象的な思考能力が発達し，仲間・友人との関係を構築することで独自の判断基準が形作られる。

　しかしながら，青年期の若者は経験不足でものごとに対する判断は表面的かつ一面的であることから，また時としてあまりにも理想主義的であることから，親や大人たちの価値観および行動がありきたりで不純なものと映り，それらを受け容れられないことが多い。そのことにより，心理的離乳の時期には親や大人たちあるいは社会に対して強烈な不信や反発をもつことになる。その一方で，青年は子どもの特徴である依存性を一部に残していることと，自らの精神の不安定さや自信の無さがあることから，大人たちに支えられ守られることを望み期待している面がある。そして，その望みや期待に応えてくれないといっては，さらに大人に対する不信や反発が増すのである。この時期は，**第二反抗期**ともいわれる。

　いずれにしろ青年は相反する心理を大人たちに抱きながら，子どもから大人へと成長をとげていく。

> **Super Essence**
>
> **7 - 16**
>
> 青年は大人と子どもの両方の特徴をあわせもつ境界人としての性質をもっている。

　青年期は人間に特有の発達段階であり，第二次性徴の発現といった身体的変化のみならず心理的・社会的変化がみられる時期である。その変化としては，次のような3点が指摘されている。1つめは，性的成熟を自覚し性行動に関心をもったり，性役割を意識したり，身体像に対する評価を行なったりという「身体と性」に関する変化である。2つめは，親への依存から独立し友人関係が重要な人間関係となったり，異性と親密な関係をもったりという「対人関係の変化」である。3つめは，自己の認知的側面である自己概念が発達したり，自己の評価的側面である自尊感情が形成されたりという「自己の発達」に関する変化である（柴田，1995）。

一般的には，青年期は子どもから大人への移行期あるいは過渡期ととらえられている。レヴィン（Lewin,1935）は青年期の人間を**境界人**とよび，子ども集団と大人集団の境界に位置する存在とした（図7-7参照）。境界人である青年は子どもの特徴を残しつつも大人の特徴を表わし始めるが，それらの特徴は相互に矛盾や不一致をはらんでいる。そして，境界人としての**情緒不安定性，過敏，自意識過剰**などの性質が強まる。

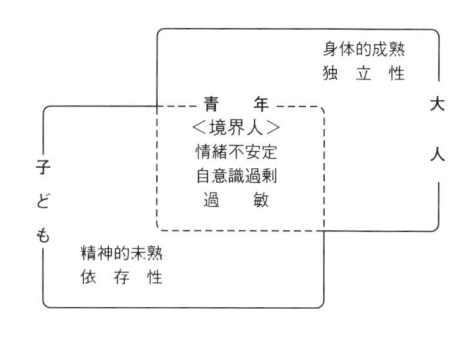

```
                        身体的成熟
                         独　立　性
              ┌─────────────────────┐
              │ 　青　　年           │
              │ ＜境界人＞           │
         子   │  情緒不安定         │ 大
         ど   │  自意識過剰         │
         も   │   過　　敏          │ 人
              └─────────────────────┘
         精神的未熟
         依　存　性
```

図7-7　境界人としての青年（石田，1995を改変）

---

7 - 17

青年期における性的欲求の発達は男女で異なる志向性をもっている。

　青年期の若者が最も興味をもつ事柄の1つは恋愛であろう。そして，その恋愛は，性的行為や性的欲求と切り離して考えることができない面がある。

　松井（1993）は，恋愛過程の中で男女の感情表出が異なること，また失恋に対する意識や行動についても男女の差が表われること，などのような性差があることを明らかにしている。これらの結果は，そもそも男女の性的欲求の発達に差異があることに起因していると考えれば容易に解釈できる。

　青年期の性的欲求の発達については，次のようなことがいわれている。すなわち，基本的には男女ともに「未成熟な段階」から「成熟した求愛」に移行するが，男女で移行の過程が異なり，男性はどちらかといえば**心理生理的性欲求**の側面を，女性はどちらかといえば**心理愛情的性欲求**の側面を先行させながら発達する（Ausubel,1954；福富，1988），ということである。つまり，男女ともに性的欲求の最終段階は同じであるが，発達の過程で男性は身体をとおして快感を求めるセックス志向を表わしがちであるのに対して，女性は精神的な充足感を求める純愛志向を表わしがちである。このような志向性の違いが青年期における異性交際のつまずきの原因になっていることが考えられよう。

7 章 育っていく

> **Super Essence** 7 - 18
>
> 青年期は環境要因と衝動性により自我が揺れ動き，心の危機に陥りやすい。

　青年期の若者は，突き上げるような自らの欲求や衝動をかかえ，また家庭や社会の影響を直接的・間接的に受けながら，自我の中には不安，緊張，不満などが生じ，それらがパーソナリティのひずみとなり反社会的行動や非社会的行動に結びつくことがある。このような心理過程は，**心の危機**とよばれる（図7-8参照）。

　前田（1994）は**自我の力動論**を応用し，自我が幼児期から青年期まで家庭や学校から影響を受け，さらに自身の欲求や衝動に突き動かされながらさまざまな行動を引き起こすことを指摘している。青年期の心の危機は，問題行動を引き起こす自我の不安定さと環境の影響との相互作用であると考えることができるであろう。

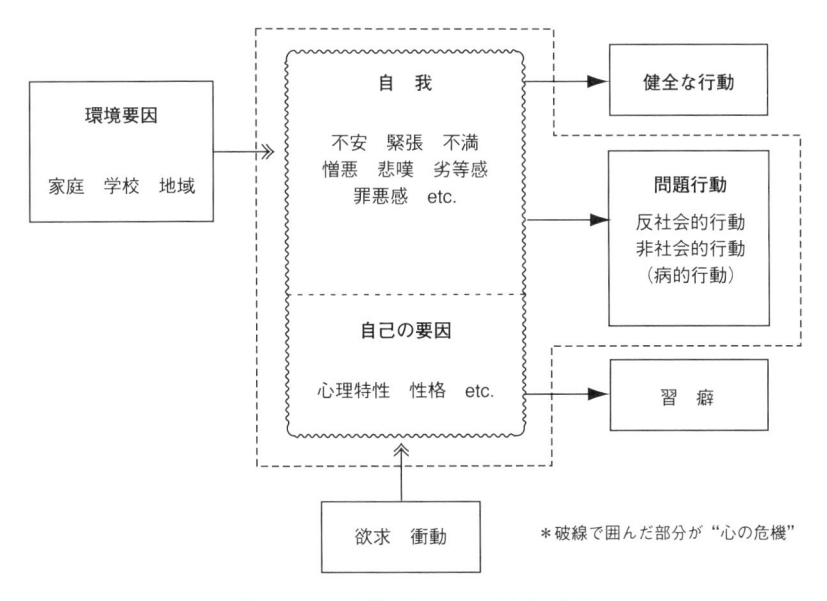

図 7-8　心の危機（前田，1994 を参考に作成）

> **7-19**
> 若者文化はどの時代においても青年期に特有の特徴を示している。

　いつの時代も若者は独自の文化を創出する。ある時には，若者は自らの文化にメッセージを託し社会に訴えたり社会を挑発したりした。それに対して，社会も若者文化に苦言を呈したり規制をかけたりしてきた。若者文化の発露は，常に音楽，スポーツ，文学，芸術，ファッション，映画などに見られたし，時には政治，学生運動，学問，ボランティア活動などに表われた。

　現在の日本のように成熟し複雑化した社会では，特定の事象を指して若者文化とよぶことはむずかしくなってきている。しかし，さまざまな社会問題を読み解くことでそこに若者が社会とかかわる姿が見えてくる（宮台・宮崎，2002）。

　若者文化あるいは若者と社会のかかわりの事例を見ていくと，青年期ならではの特徴が表わされている（図7-9参照）。これらの特徴は，戦後以降のマス・メディアの発達，そして近年の携帯端末器やインターネットに関するインフラ整備にともなって増幅されるものも出てきつつある。

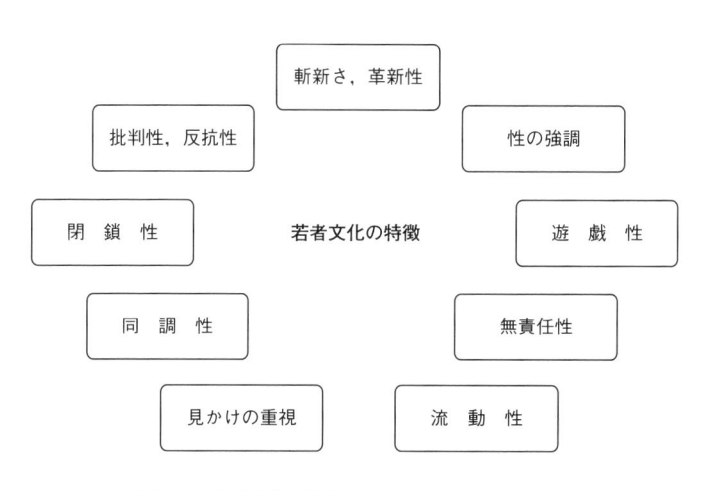

```
            斬新さ，革新性
批判性，反抗性            性の強調
閉鎖性      若者文化の特徴   遊戯性
同調性                    無責任性
      見かけの重視   流動性
```

図7-9　若者文化の特徴（石田，1995を参考に作成）

7-20

自我同一性の形成は青年期の重要課題である。

　人は青年期において自分自身がもつさまざまな自己像の総体に不一致や矛盾，不調和をかかえることになる。自分が所属する社会や集団の中で，自己の内部の不一致や矛盾，不調和を解決し自己像を統合していくことは青年期の重要課題といってよい。
　エリクソン（Erikson,1959）によれば，自己像を統合するには**自我の働き**が不可欠であり，この働きは時間や場面・状況を超えて自己を不変性かつ連続性があるものとする。自我は，特定の社会的現実の中で自らを規定できるものとして発達していき，こうして得られた自己の不変性・連続性の感覚を**自我同一性**（ego identity），その感覚を得る過程および結果を**自我同一性の形成**とよぶ。
　自我同一性の形成は，言い換えると「自分は何者か」という問いに答え続けること，あるいはその答えのことであり，自分をいかに定義するかということでもある。また自我同一性の形成は必ずしも早ければよいとか円滑になされるのがよいとかというものではなく，その人自らの意志と責任における自己選択により，むしろある程度の苦悩を乗り越えていく方がよいとされる。
　　　　　　　　　　　　　　　　　　　　　　　　　　　　　　　　（→9-29）

7-21

自我同一性が拡散するとき，さまざまな不適応状態に陥る。

　人は，青年期の最も重要な課題である自我同一性の形成につまずくことがある。滞りなく自我同一性の形成を進めていけないで，逆行したり止まったりするのである。それは自己像の統合がなされない状態のことであり，**自我同一性の拡散**とよばれる。エリクソン（Erikson,1959）は自我同一性の拡散について，次のような不適応状態が引き起こされることを指摘している。
　その1つは，**親密性の拡散**で，これは他者に対する不安や深いレベルで関係を築けないといった対人関係の不全に関するものである。次は，**時間的展望の拡散**であり，常に時間が不足していると感じる切迫感や，時間が経過することに対する恐怖，そして年齢の割に老けた感覚や幼稚な言動を見せることである。そして，**勤勉性の拡散**は焦燥感をもち続け，課題に対して異常な固執と自己破壊的な関わりを示すことである。また，社会の健全な事象に対して否定的感情を抱き，社会の不健全な事象には肯定的

感情をもつ否定的同一性の選択，自分が常に他者や社会から注視され評価対象となっていると思い込む同一性意識の過剰，自らの選択を変更できないと感じ役割選択の回避を行なう選択の回避といった不適応状態も指摘されている。　　　　　(→9‐29)

7－22
> 自我同一性を形成するための猶予期間が与えられることがある。

　モラトリアム（猶予期間）とはもともとは経済・金融用語で，支払い期日をある一定期間延長することである。転じて，心理学および社会学では「青年期の若者が大人になることを先延ばししてもかまわない期間」のことを指すようになった。
　青年期の若者の心理をモラトリアムということばで説明しようとしたのは，エリクソン（Erikson,1968）であり，彼はこのことばを「自我同一性のさまざまな構成要因を統合するための期間」という意味で用いた。若者にモラトリアムが与えられるためには社会がある程度経済的なゆとりをもつことが必要である。ところが，経済が成長し成熟・安定した社会では，モラトリアムが既定のこととされ，単に若者が社会へ出るまでの保養期間のごとく見なされている。本来ならばモラトリアムは，自己に向き合い自我の働きにより自我同一性を形成していくためのきわめて濃密な修養期間でなければならない。
　付け加えれば，モラトリアムの心理は古典的なものと現代的なものに区別することができる（小此木，1978；鑪，1988）。古典的なモラトリアムの心理には，「半人前意識と自立への渇望」，「真剣で深刻な自己探求」があり，自己に対する厳格性がみられる。一方，現代的なモラトリアム心理には，「全能感」，「無意欲やしらけ」，「自我分裂」，「遊び感覚」があり，自己把握の不十分さ，自己への関与の消極性が見てとれる。

7－23
> 老年期の初期には自我の再統合が起きる。

　老年期になると，人によりその量の多少は異なるし，時期も異なるが，4つの大きな喪失があるといわれる（長谷川，1975）。①心身の健康の喪失，②経済的基盤の喪失，③社会的つながりの喪失，④生きる目的の喪失がそれである。確かに年を取れば成人病に見舞われやすくなる。また視力も落ちてくる。定年退職などにより経済の担い手

でもなくなる。さらに仕事の関係の人間関係も失い，徐々に友人，きょうだいといった身近な人々を死によって失っていく。また，若いころの目標であった仕事の生きがい，子どもを育てるといった目標などをも失っていく。しかし常に何もかも失っていくわけではない。エリクソン（Erikson, 1959）は，人格は生涯を通じて発達していくととらえている。彼は出生から死にいたるまでを8つの段階に分け，それらの段階にはそれぞれの発達課題があり，その課題の克服によって生涯にわたって発達していくと考えた。その老年期における発達課題と危機は「自我の統合 対 絶望」である。老年期は，確かにさまざまな喪失に見舞われる。しかし，これらの喪失という危機の中で，それまでの仕事中心，あるいは家庭中心といった生き方から，新たに自分のための生き方を獲得してくのである。この危機を乗り越えることで，老人は英知を獲得し，自分のこれからの人生に新たな意義と価値を見いだし，死の訪れを受容できる自我の再統合を行なっていくのである。しかし，この課題の克服に失敗すると，老人は自分の人生はやり直しがきかないという絶望感に陥ってしまう。

　このような老年期を井上（1993）は「挑戦期」としての老年期ととらえている。たとえば，老人は心身の健康を失わないための食の自制をし，健康づくりに「挑戦」している。また，定年退職後の老人は，積極的にボランティアを行なったり，さまざまな趣味のサークルに参加したりと，新たに人間関係づくりを行なうことが多い。このように，老年期を単純に喪失の時期ととらえるのではなく，新たな可能性へと自我の再統合を行ないながら，挑戦していく時期としてとらえることもできるのである。

> Super Essence
>
> **7－24**
>
> 老年期になっても，必ずしも衰えない能力がある。

　これまでの老年期のとらえ方は，喪失するものだけが強調されてきた。確かに身体の機能は，視力にしても聴力にしても衰えてくる。たとえば視力については，研究によってその結果は若干異なっているが，おおむね90歳を超えると裸眼視力が1.0以下に低下する（図7‐10参照）。

　また心的機能についても，記憶力の低下や，知能の低下も指摘されることが多い。しかしながら，多くの研究では，必ずしも，老年期の認知機能の低下は示されていない。パークら（Park et al., 1986）は記憶力の低下は，すべての老人に影響するわけではなく，同じような条件下で，ある高齢者のグループは記憶テストにおいて，若い人のグループと同じだけの成績を得ることもあり，記憶の成績には大きなばらつきがあるこ

とを指摘している。また，クライグルら（Kliegl et al., 1986）は，高齢者は，得意であるかまたは熟練した分野においては，記憶力の低下を補償することができ，若い人と同様に，またはより優れた成績を得ることができるとしている。さらに，再生や再認など意識的記憶の側面（顕在記憶，explicit memory）では，高齢者の記憶の衰退はみられるものの，潜在記憶（implicit memory）研究では，若年者と比べ衰えることのない側面が明らかになってきている（太田ら，1999）。

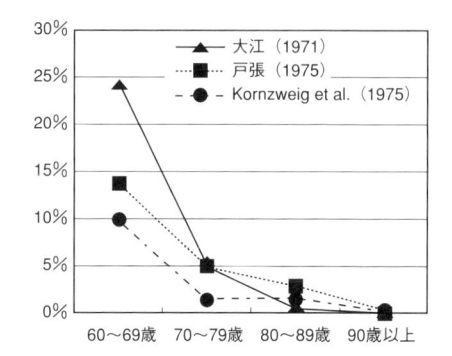

図7-10　裸眼視力1.0以上の人の比率
（戸張，1975より作成）

8章 自分を生きる

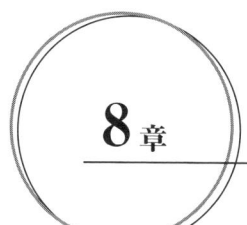

8-01
一人ひとりの人間の全体像を「パーソナリティ（人格）」とよぶ。

人は誰も，その人らしさと一般的な人間らしさとをもち，また本性的な部分や恒常的な部分と，表面的な部分や変化していく部分とをもっている。このような，ある程度の恒常性と変化可能性とをもち，その人らしさと一般的な人間らしさとを備えた，一人の人間の全体像のことを，心理学では**パーソナリティ**（personality）または**人格**とよんでいる。パーソナリティ（人格）のありさまをとらえていくことは心理学の重要課題であり，そこには人の性格特徴の問題を始め，心の全体的な成り立ちや，人間の心がどのように生を営んでいるかといった問題までも含まれてくることになる。

8-02
パーソナリティはいくつかのタイプに分けることができる。

パーソナリティをどのようにとらえるかについては，さまざまなアプローチの仕方があるが，その1つが類型論とよばれる立場である。**類型論**は，個々人のパーソナリティを質的かつ概略的に把握し，いくつかのタイプに分類しようとする立場である。類型論の代表的なものとして，外向型と内向型に分類するもの，分裂気質，循環気質，粘着気質に分類するもの，などがある。類型論は，パーソナリティの概要をとらえるには便利であるが，典型性に固執して中間型や混合型を無視しやすく，ステレオタイプ的な見方に陥りやすい。人間のパーソナリティが本来多種多様なものであることを十分に承知したうえで，あえてその特徴的な部分を大づかみにしていくための枠組みとして利用するのが，類型論の適切な用い方であろう。

8 - 03

> パーソナリティのタイプを，外向型と内向型に分けることがある。

　ユング（Jung, 1921）は，注意・関心の方向やものごとに対処する方式などを含む，人間の基本的態度を外向的態度と内向的態度とに分けた。外向的態度とは，注意・関心や心的エネルギーを自分の外に向け，外界の事物や他人との関係を重視する態度のことであり，内向的態度とは，注意・関心や心的エネルギーを自分の内部に向け，自分の内面や主観を重視する態度のことである。そして，ユングは，外向，内向のいずれの態度に傾きやすいかによって，パーソナリティを**外向型**と**内向型**とに大別した。外向型と内向型の一般的な性格特徴は，表8-1に示したようなものである（詫摩，1990）。

表8-1　外向型と内向型の性格特性 （詫摩,1990 を一部改変）

	外 向 型	内 向 型
感情的側面	○情緒の表出が自由で活発。 ○気分の流動が早い。 ○あっさりしていてあきらめも早い。	○感情の表出は控え目。 ○気分の変化は少ない。 ○気むずかしい。 ○内気で心配しがちである。
意志的側面	○精力的で独立心が強く，指導力がある。 ○決断が早く実行力も旺盛である。 ○慎重に考慮しないで着手し，失敗することもある。 ○飽きやすく気持ちが変わりやすい。 ○新しい情況に対する適応は早い。	○自分が先に立って行なうことより，他人に従うことが多い。 ○思慮深いが実行力は乏しい。 ○やり始めたことは良心的に粘り強く行なう。 ○凝り性。 ○新しい事態への適応には時間がかかる。
思想的側面	○常識的で奇をてらうようなことがない。 ○概して折衷的である。 ○他人の考えをよいと思えば抵抗なく受け入れる。	○ものごとに対して懐疑的，批判的である。 ○理論的分析に長じている。 ○自説に固執し，ときに些細なことにこだわり大局を見失う。
社会的側面	○広い範囲の人と交際する。 ○流暢な話し方と巧みな機知をもって明るく，楽しく談笑することを好む。 ○他人におだてられたり，だまされたりすることもある。	○交友範囲は狭い。 ○多くの人と気軽につき合うことが不得手である。 ○おとなしいが自分に対する他人の意見や批判には敏感で感情を傷つけられやすい。

　ユングはさらに，人間の心的機能のうち，思考，感情，感覚，直観の4機能を根本的な機能と考え，どの機能が最も優位かという点と，外向－内向性とを組み合わせ，外向的思考型，内向的思考型，外向的感情型，内向的感情型，外向的感覚型，内向的感覚型，外向的直観型，内向的直観型という8つの類型を提唱している。

8章 自分を生きる

8 - 04

> パーソナリティのタイプを，分裂気質・循環気質・粘着気質に分けることがある。

クレッチマー（Kretschmer, 1921）は，その当時精神病として分類されていた疾患の病型と，患者の体型との間に，一定の関係があることを見いだした。すなわち，精神分裂病（現在の統合失調症）患者の約2分の1は細長型の体型，躁うつ病（循環病，気分障害ともよばれる）患者の約3分の2は肥満型の体型をしているのである。さらに，その後の研究により，てんかん患者の約3分の1が闘士型の体型をしていることも判明した。このような発見をふまえて，正常な人に対する観察・調査を行なったところ，正常な人においても，体型，気質，性格特徴の間に，患者のそれに類似した対応関係があることが認められた。そして，人間のパーソナリティを，**分裂気質，循環気質，粘着気質**に分類することを提唱したのである（表8-2参照）。

表8-2 体型―気質の類型 （Kretschmer, 1955に基づいて作成）

体　型	気質と性格特徴
細長型	**分裂気質** 基本的な特徴：非社交的，静か，控え目，まじめ(ユーモアを解さない)，変人 過敏性の性質：臆病，恥ずかしがり，敏感，感じやすい，神経質，興奮しやすい 鈍感性の性質：従順，気立てよし，正直，おちつきがある，鈍感，愚鈍
肥満型	**循環気質** 基本的な特徴：社交的，善良，親切，温厚 躁状態の性質：明朗，ユーモアがある，活発，激しやすい うつ状態の性質：寡黙，平静，陰うつ，気が弱い
闘士型	**粘着気質** 基本的な特徴：平静，まじめ，分別がある，刺激への感受性が低い 粘着性の性質：忍耐力がある，持続力がある，機敏さを欠く，節度がある，頑固 爆発性の性質：時に，ひどく興奮したり，激怒したりすることがある

8 - 05

パーソナリティはいくつもの特性からなっている。

　パーソナリティは，活動性，社交性，積極性などといった，いくつもの成分から構成されていると考えることができる。このようなパーソナリティを構成する成分を特性とよぶ。そして，パーソナリティを構成する基本的な特性を析出し，各基本的特性の量的な度合いによって個々人のパーソナリティを記述しようとする立場を**特性論**とよんでいる。

　特性論にもさまざまなものがあり，たとえばオルポート（Allport, 1937）は，身体，知能，気質，表出面，態度面，などに関する諸特性をリストアップし，パーソナリティのプロフィールを記述するための書式を考案してそれを**心誌**（psychograph）とよんだ（表8-3参照）。また，キャッテル（Cattell,R.B.）は，「真面目な」「優しい」「軽薄な」「短気な」などの，性格特性を表わす4500語ものことばを整理し，集約したうえで，200名あまりの人間についての行動評定データを採集した。そしてそのデータを因子分析という手法を用いて分析し，パーソナリティの表面的な特性の奥に「情緒安定－不安定」「支配－服従」「積極－消極」「知的優－劣」などのような「根源的な特性」があ

表8-3　オルポートの考案したパーソナリティの書式「心誌」（Allport, 1937）

心理的・生物的基礎				共通特性											
身体状況	知能		気質		表出的			態度的							
									対自己	対他者			対価値		
容姿整	健康良	活力大	抽象的知能高（言語的）	機械的知能高（実用的）	情緒広	情緒強	支配的	開放的	持続的	外向的	自己客観化	自負的	群居的	利他的（社会化）	社会的知能高	理論的	経済的	芸術的	政治的	宗教的
容姿不整	健康不良	活力小	抽象的知能低	機械的知能低	情緒狭	情緒弱	服従的	閉鎖的	動揺的	内向的	自己欺瞞的	自卑的	独居的	利己的	社会的知能低	非理論的	非経済的	非芸術的	非政治的	非宗教的

ることを主張した。

特性論は，パーソナリティの特徴を個人間で比較するには有効であり，検査によって個人のプロフィールが描けるようになっているパーソナリティ検査は基本的に，特性論の考え方に基づいているといえる。

Super Essence 8-06

個々人のパーソナリティの特徴を検査を使って調べることができる。

パーソナリティを調べる検査の種類は，質問紙法，投影法，作業検査法に大別することができる。

質問紙法は，「いつもほがらかである」「人前に出るのが恥ずかしい」などのようなパーソナリティに関連するいくつもの項目に対して，それぞれ自分があてはまるかどうかを「はい」「いいえ」などの選択肢で回答させ，その回答を集計して得点化し，所定の尺度上に表わすという方式である。代表的なものとして，YG性格検査（矢田部ギルフォード性格検査）や，MMPI（ミネソタ多面的人格目録）などがある。質問紙法は，比較的簡単に実施することが可能で，実施にあたって特別な技能も要しない。しかし，パーソナリティの特徴に関する被検者の自己判断に基づくものなので，被検者がどの程度正確に自己判断をしているかによって，結果の妥当性や信頼性が左右される面が大きい。

投影法は，多義的な刺激材料を用い，被検者にそれに対するある程度自由な回答を求め，その回答に投影されていると考えられるパーソナリティの特徴を，所定の枠組みに従って推定していく方法である。代表的なものとして，インクのしみで作成した図を刺激材料に用いてその図が何に見えるかを問うロールシャハ・テストや，ドラマの一場面を描いたような絵を見せてそれについての物語を作らせるTAT（主題統覚検査）などがある。投影法は，回答内容を手掛かりにして被検者のパーソナリティを検査者が推定していくので，被検者本人の自己判断の正確さに左右される部分は少ない。しかしながら，回答の自由度が大きいため，被検者の回答内容を的確に解釈するには高い技量が必要となり，解釈の結果も必ずしも一義的に定まるわけではない。

作業検査法は，被検者に単純な作業をやらせて，その作業の量，質，進み具合などに反映された被検者のパーソナリティを推定するものである。代表的なものとして，数値の連続的な加算作業を使った内田クレペリン精神検査がある。作業検査法は，質問紙法のような被検者の自己判断への依存もなく，投影法に比べると解釈の多義性も

少ないが，調べることのできるパーソナリティの領域はかなり限定されている。

　以上のように，パーソナリティの検査は，その種類によってもそれぞれ長所短所がある。したがって，1つの検査の結果だけで診断を下さないで，なるべく多くの検査の結果によって総合的に診断していくことが望ましい。

Super Essence 8 - 07

心の深層には意識されていない領域がある。

　フロイト（Freud, 1917; 1923; 1933; 1940）の考えによれば，人間の心でふだん，意識に上ってくるのは心全体のごく一部分である。残りの部分については，比較的意識化しやすい部分（前意識）もあるが，大部分がありのままに意識化することのきわめて困難な**無意識**の領域にある（図8-1参照）。無意識の領域には，おもてに出すことをはばかられるようなさまざまな欲望や衝動，および特定の感情を伴った想念や記憶が，抑圧されてしまい込まれている。そして，無意識の領域内にあるこれらの欲望，衝動，想念，記憶などは，たえず意識に上ろうとする強い力をもっているが，ありのままに意識化することは本人にとって脅威であるため，思いもよらぬ失態や言いまちがい，原因不明の習癖，象徴的な夢などに姿を変えて表出することもある。

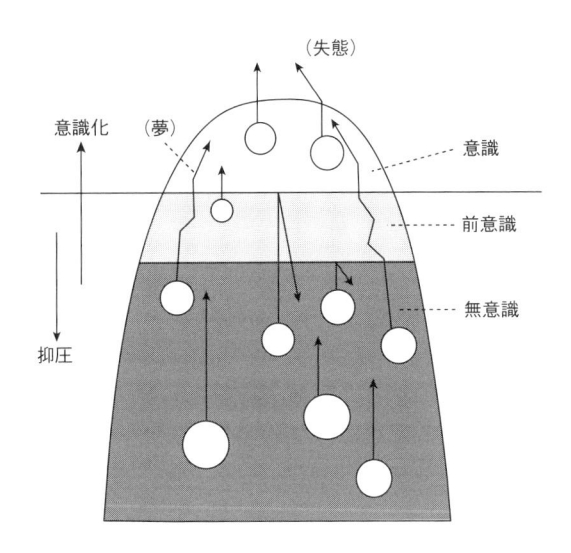

図8-1　心の深層（前田，1985を改作）

> **8 - 08**
>
> 性の欲動は人間の根源的な欲動の1つである。

　フロイト（Freud, 1905; 1917; 1920; 1933; 1940）は，人間の心や行動を突き動かしている欲望・衝動の本体を**欲動**（trieb）とよんだ。そして，人間が生を営んでいく際の最も主要な欲動は「性の欲動」であるとし，性の欲動のエネルギーを**リビドー**（libido）とよんだ。性の欲動は，人間の行なうさまざまな性的行為や，性的関心，恋愛感情などを生み出すだけなく，何らかの快感が得られるようなあらゆる身体活動・知的活動・芸術活動の活動因にもなっている。また性の欲動は，社会的な制約や道徳的な規範に反するような行為をも生じさせようとするが，そのような行為は通常，本人が無意識のうちに，抑圧したり別の形に変形して表出したりすることになる。よって，性の欲動は，人間が生活していくなかで展開している実にさまざまな活動の源泉になっていることになる。さらに，フロイトは後年，性の欲動は細胞間の結合によって生命体を維持・更新していく生命の根源的性質の現われであると考え，性の欲動を生の欲動ともよんだ。

> **8 - 09**
>
> 乳幼児にも性の欲動は存在する。

　フロイト（Freud, 1905; 1917; 1933; 1940）は人間の性の欲動は乳児期からすでに存在すると考えた。すなわち，フロイトの考えによれば，乳児は授乳時に母親の乳房を吸ったりしゃぶったりすることによって口唇で性的な快感を得ている。また，口唇で快感を得る時期（口唇期）に続いて，幼児期には肛門で快感を得る時期（肛門期）があり，この時期には糞便を放出したり保留したりすることで性的な快感を得ている。すなわち乳幼児は，口唇や肛門で快感を得ることによって性の欲動を満足させているのである。口唇や肛門による性的快感は多かれ少なかれ成人においても存在するが，その発生はこのように幼児期や乳児期にまでさかのぼることができる。そして，性的に成熟し性器で快感を得るようになって以降も存続し，性行為の一部分を構成しているのである。　　　　　　　　　　　　　　　　　　　　　　　　　　　　　（→7‐11）

> **8 - 10**
>
> 異性の親に対する性愛的な思慕の情を抱く時期がある。

　フロイト（Freud, 1905; 1917; 1923; 1933; 1940）の考えによれば，幼児期の後期において男児は母親を性愛的な欲望の対象として見るようになる。そして，父親を自分のライバルと見なし，密かに敵視するようになる。男児のこのような心の葛藤をフロイトは**エディプス・コンプレックス**とよんでいる。エディプスとはギリシア神話に登場する王の名前であり，エディプスは，数奇な運命によって，そうとは知らず自分の実の父親を殺し実の母親を妻にしてしまう。この物語をフロイトは幼児期に男児が経験する心の葛藤を象徴するものと考えたのである。母親と父親に対するこのような思いを父親に知られると自分は罰せられると考え，男児はやがてこの思いを断念する。そして，父親のもつ特性と母親のもつ特性を自分の内部に取り込んでいくことによってこの葛藤の解消を図るのである。なお，女児は男児の場合とは逆に，父親を性愛の対象とみなし，同様の葛藤を経験する。女児の場合は，愛する父親を自分の実母とその愛人に殺された娘が実母への復讐を果たすという，ギリシア神話のエレクトラの物語にちなんで，**エレクトラ・コンプレックス**とよばれることもある。　　　（→7-11）

> **8 - 11**
>
> 人間の心は，欲動の渦巻く「エス」，エスと外界とを仲介する「自我」，自我の働きを一定の規範に従わせる「超自我」の3つの部分からなっている。

　フロイト（Freud, 1923; 1933; 1940）は，人間の心が「エス（es）」「自我（ego）」「超自我（super-ego）」という3つの主要部分から成っていると考えた（図8-2参照）。
　エスは，欲動が渦巻く部分である。エスには時間や空間の観念もなく合理性も秩序もなく，欲動の満足によってひたすら快感を得ようとする快感原則に従って作動している。また**自我**は，エスと外界との間を仲介し，エスの欲動の満足を外界の物理的制約や社会的制約にかなったものにする働きを担う。知覚，記憶，思考，言語などの知的機能を働かせ，外界の事情に即した現実原則を適用することにより，外界に噴出しようとするエスの活動を制御する。そして**超自我**は，エスの活動や自我の働きを厳しく監視して，それらを恒常的な規範に従わせようとする部分である。いわゆる良心や

道徳心，理想追求心などはこの超自我の働きに由来するものであり，超自我のもたらす規範に従わない行為や想念に対しては，罪悪感や劣等感を引き起こさせる。エスの大部分，自我の一部分，および超自我のかなりの部分は，無意識の状態にある。

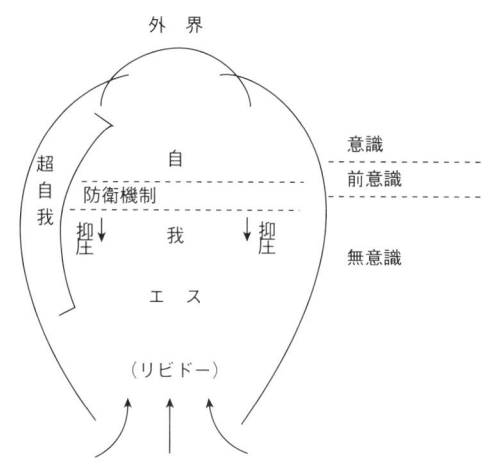

図 8-2 人間の心を構成する3つの部分（Freud, 1933; 前田, 1985 を改作）

8－12

> 自我は，エスからの要求と外界の制約と超自我のもたらす規範との間を調整するためさまざまな手段を用いる。

　自我はエスからの欲動満足の要求，外界の物理的社会的制約，そして超自我のもたらす厳格な規範の三者の調整に常に苦慮する立場におかれている。自我は，この役割を果たすためさまざまな手段を使っており，その際の自我の働きをフロイト（Freud, 1926; 1937）は**防衛機制**とよんでいる。
　防衛機制にはさまざまなものがあるが，主要なものとして次のようなものがあげられる。
抑　　圧：意識したくない欲望，想念，感情，記憶などを無意識の中に押し込める。
反動形成：本当の欲望や感情とは正反対の行動や態度を表わす。
投　　影：本当は自分の欲望や感情なのに，それを自分とは別の人物がもっていると思い込む。
転　　移：特定の人物に対する感情を，その人物とは別の人物に向ける。

同 一 化：自分を特定の人物と同一視したり，特定の人物のもつ特徴を自分の特徴の中に取り入れたりする。
転　　換：精神的な苦痛を身体的な症状に換えて表現する。
合 理 化：欲望や感情の正体を隠し，もっともらしい理屈をつけて行動や態度を正当化する。
代　　償：本当の欲望に代わる別の欲望を満足させる。
知 性 化：欲望や感情などをそのまま表出しないで，知的理性的な形式に変貌させて表出する。
昇　　華：社会的に容認・賞讃されるような形で欲望を満足させる。

8 - 13

無意識は意識を補う関係にある。

　ユング（Jung, 1928; 1939）の考えによれば，人間は心のもつ豊かな内容や多彩な機能のうちのごく一部しか意識できていない。そして，意識されていない心の内容や機能は無意識の領域で活動を行ない，意識内で行なっている活動を支えたり揺り動かしたりしている。この無意識内の心の内容や機能は，意識内の内容や機能とは対照的な性質をもつものが多く，意識内の内容や機能を補償する役割を担っている。しかし，意識の上では自分のものとして認めがたいようなものも多く，そのため意識から締め出された状態で活動しているのである。

8 - 14

無意識の中には自分の劣悪な部分が潜んでいる。

　人間は，自分の本性でありながら，自分の価値観に照らして愚劣，邪悪と思われるために，自分のものとして容認できず，意識から締め出している部分をもっている。これをユング（Jung, 1935; 1939; 1951）は影（shadow）とよんでいる。他人に対して激しい嫌悪感を抱くとき，それは自分の内なる影の投影によるものであることが多い。影には，社会通念や道徳に反する一般的な「悪」とされる内容も含まれている。

8-15
人の心には仮面としての部分がある。

人間は社会の中に適応していくために，社会から受け入れられるような態度や役割，行動パターンを演じる機能をもっている。このような人間の外界への適応を担う働きをユング（Jung, 1921; 1928）は**ペルソナ**（persona）とよんでいる。ペルソナは社会に適応するための心の仮面のようなものであり，ペルソナがうまく形成されていないと，社会生活で不適応をおこすことにつながる。しかし，その一方，ペルソナが人格を覆い尽くしてしまうと，自分の本来のありさまに眼が届かなくなり，それが内的な不適応につながる場合もある。

8-16
男性の心の中には女性的な部分が潜んでおり，女性の心の中には男性的な部分が潜んでいる。

社会から受け入れられる人格特性は，男性と女性とでは異なっている面が大きいため，人は通常，自分の性別に合ったペルソナをもつ。そして，そのペルソナを補償する機能を果たすものの1つとして，人は誰でも無意識の内部に自分の性とは反対の性の心的特性を保有している。これをユング（Jung, 1921; 1928; 1935; 1951）は，アニマ（anima）・アニムス（animus）とよんでいる。すなわち，**アニマ**は，男性の無意識内に存在する女性的特性であり，**アニムス**は女性の無意識内に存在する男性的特性である。アニマ・アニムスは無意識内で活動しているが，自分のアニマ・アニムスの内容がしばしば特定の人物に投影されることとなり，それがその人物に対する依存感情や恋愛感情などを引き起こす原因になる。

8-17
心の働きには人類に共通する根源的形式がある。

ペルソナ，影，アニマ・アニムスなどはそれぞれ，心の働きの根源的な形式の1つであり，人間のこのような心の働きの根源的形式をユング（Jung, 1934; 1935; 1946）

は元型（archetype）とよんだ。ペルソナ，影，アニマ・アニムスは元型の中でも特に主要なものであるが，このほかにユングは英雄，老賢者，太母，（永遠の）子ども，などとよぶさまざまな元型が存在することを主張した。そしてこれらが民族の違いを越えて，神話や伝説，民間伝承などのモチーフになっていることから，ユングは元型を，人類が共通に保有している心的な意味構成のパターンであると考えたのである。

> **Super Essence　8 - 18**
>
> 無意識の中に潜む部分をも統合していくことによって，本来の全体性をもった自分らしい自分になっていく。

　ユング（Jung, 1928; 1935; 1928）の考えによれば，意識から締め出されている影，アニマ・アニムス，その他もろもろの元型の内容は本来的に，しだいに活性度を高め，意識の内容に加わっていこうとする性向をもっている。それが時として，心の均衡の喪失や，神経症，精神病などを引き起こす原因ともなる。しかし，無意識内容が意識化していく働き自体は自然な働きであり，それは人格の全体性，統合性に向かっての成長発達のプロセスである。それは個人が，自分に備わっている特性を発現させていく過程であり，**個性化**（individuation）の過程とよばれる。また，発現した特性を統合していく，その働きを担うのは，**自己**（self）とよばれる元型であり，個性化の過程は自己実現（self-realization）の過程ともよばれている。

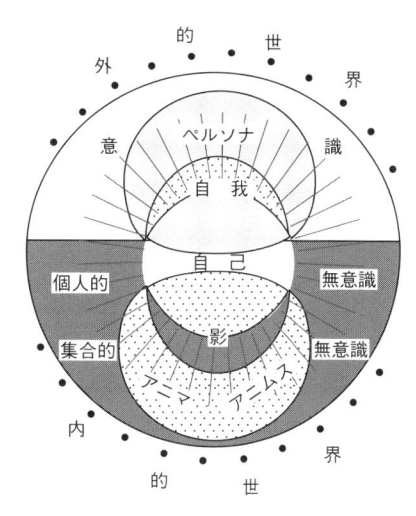

図 8-3　ユングによる心の世界（Jacobi, 1959）

8章 自分を生きる

8 - 19
劣等感は人生を方向づける。

　アドラー（Adler, 1927; 1929）の考えによれば，人は誰も子ども時代に周囲の大人たちに対する自分の身体的能力的な劣等性を思い知らされる。そしてそのことで，心の中に劣等感を抱えることになる。この劣等感を解消するため，人は他人に対して優越することを望み，卓越した力を得ようとする意志を形成する。そして，その意志に突き動かされながら劣等性を補償していくことが自分の人生の目標となり，どのような目標を設定しそれをいかに成就していくかが自分の人生計画となる。このように人は劣等感を推進力に換えて人生を歩んでいくのである。

　したがって，劣等感は努力や成長をうながす要因ともなるものであり，それ自体は問題視すべきものではない。しかしながら，劣等感の質や程度によって，補償が過剰なものになったり，自分を苦しめるだけの目標が設定されたりする場合がある。このような状態に陥らないために，アドラーは他者への配慮，共感，愛情などを生み出す共同体感覚を育てることが重要であると主張している。

8 - 20
自由に伴う孤独感・無力感・不安感に耐えられないとき，人間はみずから自由を放棄してしまう。

　フロム（Fromm, 1941）の考えによれば，人間は成長するにともない，母子一体的な生物学的絆から解き放たれていく。また，文明や社会が発展するにともない，自然との原初的な絆からも解き放たれていく。そしてこのような第一次的な絆から解放されることによって，人間は「自由」というものを獲得していく。自由は，長い歴史の中で人間が強く求めてきたものであり，人間にとって高い価値をもっているもののはずである。ところが，自由を手にすることによって，必ずしも快適な心理状態がもたらされるとは限らない。なぜならば，自由を得る一方で，第一次的な絆によって保たれていた安定性が失われ，そのために激しい孤独感や無力感，不安感などに襲われることにもなるからである。そして，孤独感，無力感，不安感などによるつらさに耐えられない場合，人間はみずから，自由を放棄し，望ましくない方向でその耐え難い状態から逃れようとするのである。その方向の1つは，権威主義的になることである。

すなわち，自分より権威のある者に絶対的に服従するとともに，自分よりも権威のない者を自分に服従させ，権威というものに自分を融合させようとする。そのことによって，孤独感，無力感，不安感から逃れようとするのである。2つめは，破壊的になることである。無意味な破壊行為に走り，無力感から逃れようとする。3つめは，機械的に同調することである。自分の意思や判断を放棄し，周囲の人々と同一の状態や周囲の人の期待するとおりの状態になることによって，孤独感や不安感から逃れようとするのである。フロムは，このような状態に陥ることなく，孤独感，無力感，不安感を克服するために，各人が本来もっている自発性にうながされた，愛情と仕事を通じて，自然や社会との望ましい関係を形成すべきであることを主張している。

Super Essence 8-21

人は誰も，「親としての私」「大人としての私」「子どもとしての私」をもっている。

バーン（Berne, 1964）は，感情や行動パターンの集まりから成る一定のまとまりをもった人格的状態を自我状態とよび，人は誰も，親の自我状態，大人の自我状態，子どもの自我状態をもっていると考えた。親の自我状態は，親が子どもに接する場合と同じように，人を支配したり，罰したり，保護したり，いたわったりする働きをする「親としての私」である。大人の自我状態は，成熟した大人のように，ものごとに冷静に対処したり，客観的合理的な判断をしたりする機能をもつ「大人としての私」である。子どもの自我状態は，のびのびと気の向くままにふるまったり，人に依存したり取りいったりする働きをする「子どもとしての私」である。そして，これらの自我状態のどれが優勢か，どれが劣勢かによって，性格の違いがもたらされる。また，これらのいずれの自我状態が前面に出るかはその時どきの場面や相手によって変化し，他者と交流する際に相手の自我状態とうまくかみ合う場合とかみ合わない場合とが生じる。たとえば，相手が親の自我状態になっているとき，自分が子どもの自我状態になると交流がうまくかみ合う場合が多いが，自分も親の自我状態になったり，大人の自我状態になったりすると，交流がかみ合わなくなる場合が多い。バーンの理論は**交流分析**とよばれ，性格，対人関係，人生観などの分析と改善に役立てられている。

8章　自分を生きる

> **Super Essence**
>
> 8 - 22
>
> 　自分でそう思い込んでいる自分の姿と，ありのままの自分の姿とのズレが大きいと，不適応状態に陥る。

　ロジャーズ（Rogers, 1951; 1959）の考えによれば，人間の心的生活はおもに自己概念と経験とから成っている。**自己概念**とは，本人が自分自身について思い描いている自己像であり，**経験**とは本人が意識的・無意識的に感知した，自分の内面や外面に関するあらゆる事実・事象である。自己概念が自分でそう思っている自分の姿であるとすれば，経験は自分が意識的・無意識的に感知したありのままの自分の姿である。自己概念と経験とは本来，一致していることが望ましいが，多くの人間においては，二者間に大なり小なりのズレがある（図8-4参照）。そして，自己概念に合わない経験を，否認したり歪曲したりして，自己概念を維持しているのである。しかし，この自己概念と経験とのズレが大きくなりすぎると心理的不適応の原因となる。特に，他者からの不適切な評価や過大な期待をそのまま取り入れて，経験から著しくズレた自己概念を形成し，さらにその自己概念がもとになって「自分は～であるはずだ」「自分は～であらねばならない」といった思い込みにとらわれてしまうと，極度の緊張や脅威，不安感などに悩まされることになるのである。

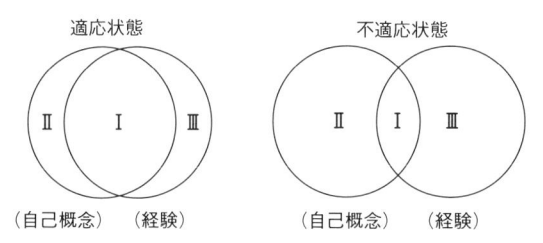

　　　　適応状態　　　　　　　　　不適応状態

　　　Ⅱ　　Ⅰ　　Ⅲ　　　　　Ⅱ　　Ⅰ　　Ⅲ

　（自己概念）（経験）　　　（自己概念）（経験）

領域Ⅰ：自己概念と経験とが一致している部分
領域Ⅱ：自己概念のうちで，経験が歪曲された部分
領域Ⅲ：経験のうちで，否認されて自己概念から閉め出された部分

図 8-4　適応状態と不適応状態（Rogers, 1951 を一部改変）

> **8 - 23**
>
> ありのままの自分を受け入れることによって，不適応状態から解放され，より自分らしい自分へと変容していくことができる。

　ロジャーズ（Rogers, 1951; 1959）の考えによれば，有機体としての人間は，自分の特性が最大限に生かされた自分本来の状態を実現（自己実現）していこうとする基本的傾向をもっている。したがって，不適応状態に陥った人であっても，適切な心理的処遇が得られれば，それまで否認・歪曲してきた経験の実相にみずから気づいていくことができる。そして，ありのままの自分を自分の実像として受け入れ，自己概念を再編成することによって，不適応状態から解放され，より自分らしい自分へと変容していくことができるのである。このような人間に内在する成長力への信頼に基づいて，ロジャーズが提唱・実践したのが，クライエントに対する絶対的受容や共感的理解などをかなめとする「クライエント中心療法」である。クライエント中心療法は，理論面でも技法面でもカウンセリング（⇒9‐21）に多大な影響を与えている。

9章 患う，治る

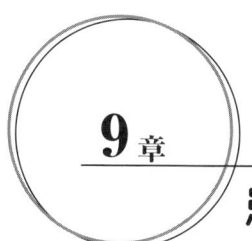

9 - 01

ストレスとは，有害な刺激とそれに対処する能力不足によって引き起こされる否定的な状態のことである。

人は，何らかの刺激にさらされたときに，それが自分にとって有害だと評価（第一次評価）した場合（何が有害刺激となるのかは，その人によって異なる），この有害刺激を処理するために有効な資源を自分はどのくらいもっているかについて評価（第二次評価）する。この2つの評価の結果，「自分はこの有害刺激を処理する能力を十分にもっていない」と判断したときに感じる心理的な負担が**ストレス**である。すなわちストレスとは，ストレスを引き起こす刺激や環境（**ストレッサー**）と自己との否定的な関係性を示すもの（Lazarus & Folkman, 1984）である。

ストレスの状態が持続することで，それに付随する不快な感情や精神的状態が引き起こされ，場合によっては，なかなか抜け出せないことになる。この状態のことをストレスフルな状態という。

9 - 02

ストレッサーに対する対処法（コーピング）には，**問題焦点型**，**情動焦点型**，**回避・逃避型**などがある。

ある刺激がストレッサーになったとき，それに対して何らかの対処を試みた結果，ストレス状態から抜け出せる場合がある。そのときの対処の仕方が次に同様のストレッサーにあったときに有効に作用し，対処能力として内在化される。

フォルクマンとラザルス（Folkman & Lazarus, 1980）は，対処法（コーピング）について，情報収集や課題の再検討などによりストレッサー自体の問題解決を目指す

「問題焦点型」と，ストレッサーから生じる情動的混乱の解消・沈静化，気分の調節を目指す「情動焦点型」とをあげている。このほかに尾関（1993）は不快な出来事から逃避あるいは回避する行動である「回避・逃避型」も含めて3つの型に集約している。また，コーエン（Cohen, 1987）は，「情報を求める」「直接的行動」「行動抑制」「認知的」「サポート希求」の5つに分類している。

9－03

ソーシャル・サポートがストレスを緩和・低減する。

ソーシャル・サポートとは，日常的な対人関係の中で，自分が他者によって実際的にまたは情緒的に支えられていることであり，そのことを認識することは，日常生活の中でストレスを緩和・低減する要因として機能している。

コーエンとウィルス（Cohen & Wills, 1985）は，ストレスフルな状態がもとで疾病にいたるような場合に，ストレスから来る悪影響をソーシャル・サポートが緩衝するという仮説（**ストレス緩衝仮説**）を述べている。この説では，ソーシャル・サポートを自己の健康維持・促進のための対人関係における1つの機能としてとらえている。ソーシャル・サポートがある人，つまり自分の身の回りの他者からサポートを受けられる可能性（サポートの利用可能性）が高い人にとっては，ストレスフルな出来事があっても，そのストレッサーを低く評価することができる。反対にソーシャル・サポートがあまりない人は，サポートの利用可能性が低く，ストレスが自分の処理能力を越えてしまうため，疾病にいたる可能性が高くなると考えられる。

9－04

不安には「状態としての不安」と「特性としての不安」とがある。

不安というものは，大きく2つに分けることができる。1つは，ある特定の対象に接したときや特定の状況にあるときにのみ喚起される「不安である状態」である。たとえば自信のない試験を受けるときや，緊張する面接場面などで経験する一時的な不安がそれである。もう1つは，たとえば心配性の人や悲観的にものごとを考える人などが，性格特性としてもっている「不安を感じやすい性質」であり，比較的安定した個人内の特性といえる。この場合，さまざまな場面で，他の人よりも不安が喚

起されやすく，また不安を感じている時間も長いことになる。前者の不安を「状態としての不安」といい，後者の不安を「特性としての不安」という。スピルバーガーら (Spielberger et al., 1970) は，この状態不安と特性不安の2つの尺度からなる不安に関する測定尺度を開発している (STAI：Stat-Trait Anxiety Inventory，日本語版は清水・今栄, 1981がある)。このほか不安に関する尺度としては，対人不安・対人恐怖心性（堀井・小川, 1996)，コンピュータ不安（平田, 1990)，大学生活不安（藤井, 1998）などに関するものが開発されている。

> **9－05**
> ストレスや不安は，さまざまな身体症状に形を変えて表われる。

抑圧された精神的ストレスや不安が，身体のさまざまな部分の症状として表出されることがある。たとえば，幼稚園に入園したばかりの子どもが朝になって突然熱を出し，幼稚園を休んでお医者さんに見てもらうころには熱も下がり目立った症状はないことがある。発熱の原因は，幼稚園に通うことの不安やストレスであり，発熱は身体症状として表われたものである。このような場合には当面の不安が回避されると身体症状は消える。大人の場合も，発熱や頭痛，腹痛といったさまざまな症状が出る。もちろん身体的な疲労からくるものもあるが，疲労自体もじつは心理的なものを多く含んでいる。いずれにせよ，ストレスが軽減され，解放されると身体症状は軽減する。

これらは，症状あるいは病態であり，特定の病気ではない。精神医学的には，これ

表9-1　代表的な心身症（日本心身医学会教育研修委員会, 1991)

循環器系：本態性高血圧，冠動脈疾患，レイノー病など
消化器系：胃・十二指腸潰瘍，慢性胃炎，過敏性腸症候群，潰瘍性大腸炎，心因性嘔吐など
呼吸器系：気管支喘息，過呼吸症候群，神経性咳嗽など
神経・筋肉系：筋収縮性頭痛，片頭痛，慢性疼痛，書痙，自律神経失調症，めまい，チックなど
小児科領域：気管支喘息，過換気症候群，神経性食欲不振症，過食症，嘔吐，神経性頻尿など
外科領域：腹部手術後愁訴，頻回手術症，形成術後神経症など
皮膚科領域：慢性蕁麻疹，アトピー性皮膚炎，円形脱毛症，皮膚掻痒症など
整形外科領域：慢性関節リウマチ，全身性筋痛症，肩こりなど
泌尿・生殖器系：夜尿症，遺尿症，神経性頻尿，心因性インポテンスなど
産婦人科領域：更年期障害，機能性子宮出血，自律神経失調症，月経痛，月経異常など
眼科領域：中心性漿液性脈絡網膜症，原発性緑内障，眼精疲労，視力低下など
耳鼻咽喉科領域：耳鳴，眩暈症，心因性難聴，アレルギー性鼻炎，口内炎など
歯科・口腔外科領域：顎関節症，口腔乾燥症，三叉神経痛，口腔・咽頭過敏症など

らは心身症とよばれ，おもに心理的要因により発症するものとされる。日本心身医学会（1991）が定めた心身症の定義は「身体疾患のなかで，その発症や経過に心理社会的因子が密接に関与し，器質的ないし機能的障害のみと認められる病態」であり，「ただし，神経症やうつ病などの精神障害に伴う身体障害は除外する」となっている。

> **Super Essence 9 – 06**
>
> 大きなショックを受けると，心の傷として残ることがある。

　身近な人を突然失うといった喪失体験や，災難，災害により大きな被害を受けるといった体験，ひどい暴行や脅迫にあうといった体験，等により，精神的に著しく傷ついてしまうと，精神状態は容易には回復できない。このような，容易には癒えない心の傷のことを**心的外傷**または**トラウマ**（trauma）とよぶ。

　心的外傷を負うほどの精神的ショックを受けると，人はしばしば感覚が麻痺して，いわゆる茫然自失状態になる。一時的に，通常では考えられないような行動をしたり，猛烈に落ち込んだり，昂揚した気分になったり，自律神経失調の症状も出るなど，さまざまな状態が交錯する。これは**急性ストレス反応**とよばれるものである。さらに本人の悲哀感は長期にわたることがあり，いっそう切実なものになる場合もある。また**心的外傷後ストレス障害**（PTSD：post traumatic stress disorder）では，このような心的外傷を負ったときの情景が，夢の中や覚醒時において突然に明瞭に，当時の感情や身体感覚をともなって再現することがある。これをフラッシュバックといい，その度に非常に大きな苦痛を再体験することで，気分が落ち込み，引きこもりがちになってしまう。

> **Super Essence 9 – 07**
>
> 神経症は不安や悩みの延長線上にある。

　ノイローゼということばは，**神経症**のドイツ語"Neurose"から来ている。国際疾患分類の旧版 ICD-9（WHO，1975）によると，神経症の定義は，「器質的基盤をもたない精神障害であり，患者はかなりの洞察力と十分な現実検討能力を有しており，自分の病的な主観的体験と外界の現実とを混同することはない。行為に問題があるときも，社会に受け入れられる範囲にとどまり，人格の崩れは見られない。過度の不安，ヒステリー

9章 患う，治る

症状，恐怖症，強迫症状，抑うつ状態がおもな症状」(山下，2002) である。

神経症は心身症と同様，心理的原因によるものであり，精神的に健康な状態で通常いだいている不安や悩みの延長線上にあるものと考えてよい。人は，困ったことが起きると不安になり，心配をするし，神経質になるものであるが，その程度が大きくなって，心的に健康な生活が送れなくなったり，対人的な社会に適応できなくなったりすると神経症ということになる。本人は，自分がそのような状態に陥っていることを了解しており，その状態から抜け出すことを望んでいる。代表的な症状としては，不安や抑うつ状態，恐怖症の症状，強迫的な症状などがある。　　　　(→9‐08〜10)

Super Essence　9－08

過度の不安や抑うつ状態は，神経症の代表的な症状である。

さまざまな不安を過敏に受け止め，深刻に悩むタイプの人がいるが，このような人は往々にして，次から次へと自分で悩み事を作り出して，心配の種が尽きない。そして長期にわたり，同時にいくつもの心配事を抱えながら深刻に悩み続ける。これを**全般性不安障害**という。不安が高まると，場合によっては動悸が激しくなり，胸が苦しく，息も苦しくなる。これが**不安発作**であり，息苦しく呼吸が困難になる症状を**過呼吸症候群**という。また，これに似た発作で，特別な原因がない状態で突発的に起きる**パニック障害**がある。症状としては，動悸・頻脈，過呼吸，「このまま死ぬかもしれない」という恐怖，吐き気，めまい，手足のしびれ，発汗といったものがある。発作は1時間以内に消失するが，頻発して生活に支障をきたす。

また，抑うつ状態は，体が重く感じられ，活動性は低く，気分は低調で，自信を失い，意欲も失い，食欲もなく，きわめて憂うつな状態のことである。

Super Essence　9－09

恐怖症では，特定の対象や対人的な場面が恐怖の対象となる。

恐怖症の症状において，その対象となるものはさまざまである。**特定恐怖**とよばれるものでは，高所（飛行機，高層ビルのエレベータなど），閉所（トンネル，窓のない地下室など），暗所，先端（鉛筆の先，尖ったもの），動物，昆虫，血液，外科的手術，注射などが恐怖の対象となる。また**対人恐怖**は，対人場面での自分の行動やふるまい

に注意が向くことで，極度の緊張状態が引き起こされるというものである。他人が自分のことをどのように見ているかということを想像して，自分が嫌悪や忌避の対象となるのではないかという不安から，対人的な場面に出て行くことを極度に恐れることもある。また，自分自身の身体的な欠点，自分の容貌，表情，態度，臭気（体臭，口臭など）など自分の側に大きな問題があって相手を不愉快にさせてしまうと思いこんでしまい，一種の妄想をいだくような対人恐怖の症状もある。対人恐怖に陥ると，電車やバスに乗れなくなったり，人が多く集まるところ（レストラン，学校など）に行くことができなくなったりする。

Super Essence 9-10

過度の強迫行為は，神経症の症状の1つである。

自宅の鍵をかけたかどうか記憶が曖昧であっても，多くの人はそのまま出かけてしまうが，なかには自宅まで戻って確かめる人がいる。このような人は，もし鍵をかけ忘れていたらたいへんなことになるとの不安が増幅し，不安を打ち消すために家に帰って確かめざるを得ないのである。そして確実に鍵をかけても，外出してしばらくすると再び鍵をかけたかどうか不安になり，また家に戻ってくる。このような行動が**強迫行為**である。ほかに，ガス栓を閉めたかどうかの確認，財布の中のお金の額の確認，といったことを何度もくり返してしまうというのもある。また，一日に何度も手を洗う，一日に何度も入浴する，食器や台所用具を何度も何度も洗う，といった洗浄に関する強迫行為もある。いずれの行動も，本人が平常状態の時には，それが無意味で奇妙な行動であることは了解しているが，いったん不安が喚起されると，その行動をとらない限りさらに不安が大きくなるという悪循環になっている。このような症状が**強迫神経症**であり，症状が重ければ日常生活にも支障をきたす場合がある。

Super Essence 9-11

摂食障害は，身体的にも危険な心の病気である。

摂食障害は中学生以降の青年期の女子に多い。客観的に見ると太っていないのに，やせたいとの強い願望から過度のダイエットを行ない，深刻な結果を招くことを考えずにダイエットを際限なく続ける。その結果，身体的にきわめて危険な状態になって

いる，というのが典型的な事例であり，**神経性食欲不振症**（いわゆる拒食症）とよばれる。身体に関する診断基準としては，体重が平均より 15％以上下回り，BMI（体重 kg ／（身長 m)^2）が 17.5 以下である。体重が減ることで本人は満足し，さらにもっとやせたいという気持ちをもつ。生理もなくなり身体的な成長も止まるが，体重が増えることに恐怖を感じ，医療機関の受診を拒む。しかし，この状態を放置すると生命が危険にさらされるので，入院による治療が必要である。

摂食障害には，ほかに**神経性過食症**がある。ストレスなどが原因で，大量の食物を一気に食する行動（暴食発作）で，食べた後は急いで吐くか，多量の下剤を服用する。肥満に対する恐怖が強い場合は，全部吐けたかどうかが不安になり，その後の数日間は絶食する。その次の数日間は再び暴食するという悪循環に陥る。

Super Essence 9 – 12

うつ病や統合失調症は，おもに内因による精神疾患である。

遺伝的体質的な素因のことを内因という。このなかには，環境要因の影響を受ける素因も含まれている。高血圧や糖尿病，ガンといった病気は，近親者に患者がいれば，その病気になりやすい内因をもっている可能性があり，食生活の偏りやストレスを多く経験することで，内因をもっていない人に比べてその病気にかかりやすい。

うつ病や統合失調症は，高血圧等の病気と同様に内因による「多因子遺伝疾患」である。うつ病は「心の風邪」といわれ，誰にでもかかる可能性はあるが，うつ病の内因をもった人はストレスなどによる環境要因の影響を受けると発症しやすい。

内因性の精神疾患としては，うつ病をはじめとする「気分障害」のほかに「統合失調症」がある。　　　　　　　　　　　　　　　　　　　　（→ 9 - 13 〜 17）

Super Essence 9 – 13

うつ病には，身体症状と精神症状とがみられる。

うつ病には，身体症状と精神症状とがみられる。顕著な身体症状としては，睡眠障害，食欲の減退，からだのだるさがあげられる。このほか，頭痛，息苦しさ，吐き気，便秘といった症状もある。これらの身体症状だけでは，神経症と誤診されることもあるが，精神症状の存否において確実な診断がなされる。精神症状としては，まず日常

的にごくふつうに興味や関心が向けられるようなものについて，興味や関心が向かなくなる。次に何をするのもおっくうになり，意欲がわかず，無気力状態になる。そして，頭を使う作業や活動ができなくなる。容易にできていたことができなくなり，仕事がはかどらない。簡単な意思決定もできなくなる。これらの諸症状は同時にみられることが多い。本人は，自分の症状やその経過を了解しておらず，したがってそこから抜け出すための行動はなかなか起こさない。むしろ日常生活がうまくいかないことの苦痛を訴える。それによって経験する否定的な感情（無力感，自信喪失，不安，焦燥感など）は，抑うつ状態に拍車をかける。場合によっては自殺念慮や自殺企図を引き起こす。

Super Essence 9－14

妄想は，統合失調症の代表的な精神症状である。

妄想は，統合失調症の代表的な精神症状である。ここでは，とくに世の中の出来事のすべてと自分とを関連づけてしまう**関係妄想的意識**について，その経過や展開を説明する。

それは，自分のまわりのすべての出来事が偶然ではなく，自分に関係があり，何か意味のあることとして恐ろしく感じられること（**妄想気分**）から始まる。たとえば人の話し声は，自分を非難するものであり，それぞれの出来事は切迫した危険を示すサインとして知覚される（**妄想知覚**）。また，天井や壁を突き抜けて自分は常に見られているとか盗撮されているなどと，誰かに監視されているような感覚をもつようになる。また自分の思考はすべて伝わっているとの妄想（**思考伝播**）を抱く。近所の人や，街ですれ違うだけの他人も自分のことをよく知っており，人によっては自分を常に尾行してくるように思える（**追跡妄想**）。テレビやラジオでも自分のことが話題になっていて，違う内容の情報が流れていても，それは暗号としての自分の情報だと考える。それらは自分に対する嫌がらせだと考えるようになる。大きな組織が自分を監視しており，情報は常に交換されていると考える。警察などに訴えようとするが，取り合ってもらえないので，被害者意識は高まる（**被害妄想**）。反対に，自分が特別に優れた人間であるから取り上げられるのだと考える場合もあり，そのことをふれ回ることもある（**誇大妄想**）。

また**幻聴**は，人の考えなどが声として聞こえるというものである。それに反論すると，さらに相手も言い返してくるといったような対話形式の幻聴もある。声の主はさ

まざまで，友人や知人，知らない人や宇宙人といった場合もある。声は，隣の部屋，スイッチの入っていないテレビやラジオなどいろいろなところから聞こえる。内容は，非難や叱責，指示や命令等である。命令の場合は，思考や行動すべてが操られていると感じ，自分のコントロールが奪われたと訴えることがある（させられ体験）。

妄想や幻覚，幻聴について，明瞭な実感をともなうほどになると，患者は，他者からの指摘や説得によって考えを改めることはないことも特徴である（病識欠如）。このような状態になると，日常的な他者との接触を避けるようになる。周囲の物音におびえるようになり，自分の部屋に閉じこもる生活を送るようになる。

> **Super Essence 9-15**
> 統合失調症の症状として，感情や意欲の障害，思考の障害がある。

統合失調症になると，妄想や幻覚が，患者の感情や意欲，思考の障害をもたらし，社会的な生活を営んでいくことが困難になる。世間の出来事や身のまわりのもろもろのことに対して無関心になり，人づきあいは減っていく。学校や仕事を時どき休むようになるが，その理由は特になく，それによって困ることが起きても気にならない。生活リズムは崩れ，昼夜逆転が起きたり，風呂にも入らず，だらしない生活になる。喜怒哀楽の感情表出は徐々になくなり，他人が指摘しても改めるようすは感じられない。無関心，無感動，感情鈍麻の状態が続く。

思考の障害は時に顕著である。患者の話は，論理展開が不明であったり，自分の中だけの連想がつながり，他人にとって何のことかわからないことがある。途中で話がとぎれる（思考途絶），考えが他人に奪われたり（思考奪取）他人の思考が介入してきたり（思考挿入）するような気がする，自分しかわからないことばを作ってしまう（言語新作），めちゃくちゃな話をする（支離滅裂），関連のないことばがたくさん並ぶ（ことばのサラダ）といった症状がみられる。

> **Super Essence 9-16**
> 統合失調症の病型は，「妄想型」「破瓜型」「緊張型」の3つがある。

統合失調症の病型は，「妄想型」「破瓜型」「緊張型」の3つがある。
妄想型は，妄想や幻覚が症状の中心にあり，感情・意欲・思考の症状は軽い傾向に

ある。最も多い病型と考えられている。妄想・幻覚は抗精神病薬により治療がなされる。ただし，思考障害のために生活行動に問題のある場合も多い。

破瓜型は，感情・意欲・思考の障害を中心とする型で，妄想や幻覚も付随することもあるが，それらは顕著ではない。生活は乱れ，まわりのことに無関心である。表情も乏しく，会話はうまく進まない。通常のコミュニケーションをとることは困難であり，薬物療法だけでなく生活指導を中心とした支援的治療が必要である。

緊張型は，妄想や幻覚からくる昏迷状態や，身体の硬直，猛烈な抵抗や興奮状態，同じ動作を反復するなど特異な症状が特徴である。発病は急激で，症状は比較的短時間のうちにおさまる。

9 - 17

統合失調症に関する誤解を解き，患者を支援する体制を作る必要がある。

クレペリン（Kraepelin, E.）によって発見され，長らく精神分裂病という名称で知られてきた病気は，その名称の語感から，あるいはその諸症状についての一面的な知識から，きわめて否定的なイメージで受け取られてきた。そして「この病気は治らない」とか「患者は皆，隔離されなければならない」といった誤解を受けてきた。現在は統合失調症という名称に改められ，偏見をとき正しい知識を伝えていく努力がなされている。しかしながら，患者の治療は，その症状が多種多様であり，患者との疎通が困難なことも多いことから，決して簡単なものではないのは事実である。また患者への支援という観点から，医療分野だけでなく福祉分野においてもこの病気は重要な課題となっている。患者と関わる立場にあるのは，医師だけでなく，看護師，作業療法士，ソーシャルワーカー，臨床心理士，精神保健福祉士といった人たちであり，多くの支援的立場の人が協力をして患者を看ていくことが肝要である。長期療養が必要な重症患者もあれば，薬物療法により在宅で日常生活をふつうにできる軽症患者もいる。この病気については，患者個々人に応じた治療体制を整えていくことが最も重要なことである。

9章 患う，治る

> **Super Essence**
> 9 - 18
>
> 心の病を訴える患者に対して臨床心理学的な測定と評価（アセスメント）が行なわれる。

　心の病にはさまざまな症状と病気がある。これらはAPA（American Psychiatric Association）の「DSM-Ⅳ-TR 精神疾患の分類と診断の手引き（2000）」や「International Classification of Diseases, World Health Organization,10th Revision:ICD-10 国際疾患分類第10回改訂版（1992）」等で診断基準や分類が示されているが，精神科医師のほか臨床現場で多くの経験を積んだ臨床心理学および社会福祉関係の専門家でないと，その患者がどういう病気なのか正しい判断はむずかしい。その判断とは，単に診断名を決定するだけでなく，今後の治療方針やソーシャルワークなどの支援体制，予後の予測まで含めた総合的な判断である。客観的で妥当性の高い診断を行なう基礎資料を得るために，患者に対してさまざまな側面から臨床心理学的なアセスメントが行なわれる。具体的な方法としては，観察法，構造化面接法，心理検査法（投影法，質問紙法，作業検査法など）（→8-06），神経心理学的アセスメント（言語障害，記憶障害，知能障害等），精神生理学的アセスメント（心電図・筋電図・皮膚電気活動等）などがある。

> **Super Essence**
> 9 - 19
>
> 心理臨床・心理療法の目的は，患者が主体的に生きていくことを，臨床家が治療的に関わりながら支援することである。

　心理臨床現場にある心の専門家は，患者に対してどのように接していくべきなのか。これは臨床心理学の根本的な問題意識でもある。精神科医師による薬物療法やその処方とは別に，心理臨床は臨床心理学的手法により，問題の解決を進めていくものである。その意味で，**心理療法**とは，心理的問題を扱うために専門的に訓練を受けた**セラピスト**と，何らかの問題を解決すべく援助を求めている**クライエント**とが「出会っていく」過程において，クライエントが主体的に自己理解を深め，より積極的かつ建設的な意思決定に基づいた自分らしい生き方を見いだしていけるよう，おもに言語的交流と人間的関係を通して，セラピストが心理的に援助していく営みといえる。心理療法の代表的な手法は**カウンセリング**（→9-21）であるが，これは「適応上の問題に

直面して助力を必要とする個人と，その人に援助の手をさしのべようとする専門的訓練を受けた人との間に成立する相談関係」(野村，1974)である。

実際の臨床場面では，さまざまな技法による心理療法が存在し，個人を対象とするものだけでなく，集団を対象とするものもある。それぞれの技法は，理論的な背景を有しており，技法を習得する際には理論における基本的な考え方を十分理解していかねばならない。どの理論・技法を選択するかはセラピストの判断によるが，クライエントとの関わりを大切にしていくという姿勢は，いずれの理論・技法に準拠しようとも最も大事なことである。

Super Essence 9-20

精神分析療法では，無意識の層にある愛憎感情や心的外傷を意識化することによって，それらを自分で制御できるようにする。

精神分析療法はフロイト (Freud, S.) が創始したものである。フロイトの考えによれば，抑圧されて無意識の層に閉じ込められた愛憎感情や過去の心的外傷体験などが，神経症のような不適応症状の原因になっている。そこで，患者の無意識層にある不適応症状の原因を意識化していくことによって，それを患者が自分で制御できるようにしていくのが精神分析である。患者の心の深層にあるものを探り出すためフロイトは，患者の見た夢の内容を手掛かりにしたり（夢分析），体を横たえた状態で頭に浮かんだことをすべてそのまま報告させたり(自由連想法)する方法を用いた。そして，夢の内容や頭に浮かんだことの内容の無意識層における本当の意味を，フロイト独自の理論的枠組みに基づいて解釈していったのである。また，精神分析を進めていく過程で患者は，一時的に幼児的な行動を表わしたり（治療的退行），母親，父親などのような重要人物に対する愛憎感情を治療者に向けたり（転移）することがある。あるいは，治療の約束時間に遅刻したり，治療場面で沈黙を続けたり，時に反抗的になったりすることもある（抵抗）。これらは治療の障壁となる一方，患者の心の深層にある重要な部分を知るための手掛かりにもなる。そうして徐々に明らかになっていく不適応の原因の正体を，患者自身が自分のものとして理解し，それを制御できるようになることによって患者は不適応症状から解放されるのである。　(→8-07～12)

心の深層の無意識的領域に不適応症状の原因があるとする精神分析の基本的考え方は，精神分析療法だけでなく，心理臨床の広範囲にわたって大きな影響を与えている。また，精神分析療法では，患者と治療者とが一定の契約（治療契約）を結び，治療的

人間関係（治療構造）の中で分析・治療を進めていくが，こうした治療場面の設定の仕方や，治療の過程で生じる治療的退行，転移，抵抗などの現象のとらえかたやそれらへの対応の仕方も，精神分析療法以外の心理療法やカウンセリング等でも広く採り入れられている。精神分析そのものも，フロイト以降，ユング（Jung, C. G.），アドラー（Adler, A.），フロム（Fromm, E.），アンナ・フロイト（Freud, A.），エリクソン（Erikson, E.），サリヴァン（Sullivan, H. S.），ホーナイ（Horney, K.），クライン（Klein, M.），コフート（Kohut, H.），その他数多くの優れた人物が輩出し，理論的にも技法的にも多様な発展を遂げながら，心理臨床や精神科医療に影響を与え続けている。

> **9 - 21**
>
> カウンセリングは，クライエント（来談者）を無条件に受容し，共感的に理解する姿勢を保つことが基本である。

心理カウンセリングの多くは，ロジャーズ（Rogers, 1942）の**クライエント中心療法**を基礎にしている。一般に，心理療法やカウンセリングの受け手は「患者」ではなく「クライエント（来談者）」とよばれる。クライエント中心療法に基づくカウンセリングでは，カウンセラーは，クライエントが本来もっている自己実現への潜在能力を尊重する姿勢を維持する。そして，たとえカウンセラー自身とは価値観が違っていたとしても，クライエントを無条件にあるがままに受容する。あくまでもクライエントを中心とし，クライエントの内的世界をあたかもカウンセラー自身のものであるかのように感じ取り（**共感的理解**），それをまたクライエントにフィードバックして伝える。クライエントがどのような感情や態度を表わしてもそれを受容し，話を傾聴する。クライエントはありのままの自分を受け容れてくれる人に出会うことで心が解放される。カウンセラーはクライエントの感情表出を共感的に返したり（感情の反射），クライエントが感情をうまく表現できない場合には，カウンセラーが理解して明確なことばで表現してやる（明確化）。カウンセラーによるそのような対応によって，クライエントは自分の感情を整理し，あるがままの自分を見つめることができるようになり，自己洞察に近づいていけるのである。　　　　　　　　　　（→8 - 22, 23）

> **9 − 22**
>
> 遊戯療法は，子どもが遊びの中で表出する象徴的な意味を，治療者が理解しながら進められる。

　子どもの場合，ことばでの感情表出やコミュニケーションがむずかしいので，治療の過程に「遊び」を取り入れる。遊びの場面では，子どもは主体的に自由にふるまうことができ，さまざまな想像を働かせ，創造的である。治療者はその子どもの「遊び」の意味を理解しようとする。子どもにとって遊びそれ自体にも治癒力がある（Winnicott, 1971）が，治療者は，遊びのなかの象徴的表現から子どもの気持ちを読みとり，それに応答しながら支援的に子どもに関わっていく。そのために治療者は子どもと「よい関係（ラポール）」を成立させ，あるがままの受容，許容的な雰囲気，非指示的態度等を維持する。そして子どもには自信と責任をもたせ，また，ときには必要な制限を加える（Axline, 1947; 小林，1972）。遊戯治療室は，子どもが安心できる雰囲気で，治療者とのやりとりをとおして攻撃性や適度な退行をうながすような遊具が用意されている。

> **9 − 23**
>
> 芸術療法は，芸術的な表現を通して，内面的な心理状態の解放を目指す治療法である。

　症状や問題行動という形でしか自分の中にある問題を表わしえなかったのが，何らかの「表現」の方法を見つけ，そこに糸口を見いだすことで，もつれていた糸が自然にほどけていく（山中，1990）。芸術は，絵画，彫刻，写真，小説，詩歌，音楽，演劇，映画などのさまざまな表現方法をもっており，芸術家はその手法や技能，そして作品などを通して，自らをより高めていく。「表現すること」はまさに，人間の内的なものを外界に表出していく過程である。**芸術療法**では，この過程そのものを重視し，そこに治療的な意味を見いだしている。

　芸術療法のおもなものとして，絵画療法（自由画法，バウムテスト，人物画法，HTP（家と木と人）法，風景構成法，動的家族画など），音楽療法，心理劇，箱庭療法などがある。たとえば箱庭療法では，砂が入った1m四方の箱の中に，ミニチュアの素材（人形，動物，怪獣，樹木，乗り物，建物，家具他，さまざまなもの）を使っ

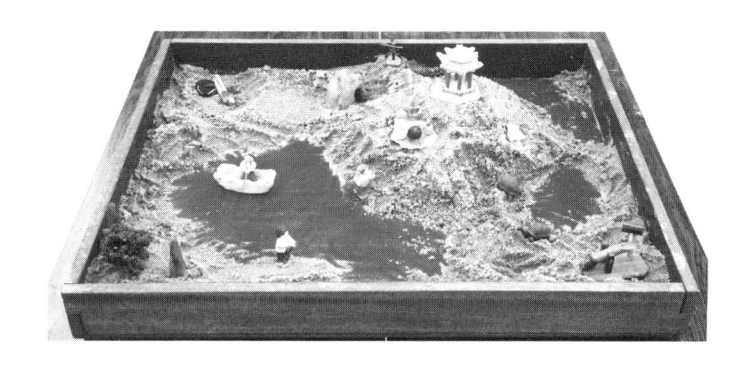

図 9-1　箱　　庭

て，それらを好きなように配置しながら，制作者が自由に世界を作りあげていく（図9‐1参照）。その作品は心的世界を投影したものであり，制作者はそれを象徴的に体験するのである。

> **Super Essence**
>
> **9 － 24**
>
> 　家族療法は，家族や夫婦を一組のシステムととらえ，家族全体の治療的な変化を導き出していく治療法である。

家族療法では，問題行動は家族が抱えている問題や病理が具現化されたものとみなされ，問題行動を起こす人物が属する家族システムのあり方を変えていこうとする。とくに**家族力動**（family dynamics）という視点から，家族の内側に何が生じているのかを明確にし，家族の相互作用や関係性のあり方を問題にしていく。たとえば，家族の中で父親や母親がその役割を果たさないことや，世代間の境界が曖昧なことなどから生ずる不安定さ（家族境界）の問題や，夫婦間の問題を子どもの問題にすりかえて子どもに問題行動を起こさせることで夫婦が心身の危機を回避している（スケープゴート），表出されることばと態度が違うことで相手を混乱に陥らせている（ダブルバインド）など，家族内の病理が明らかにされる。

> **9-25**
>
> 行動療法は，症状のとらえ方や治療に対する考え方が，学習理論に基づいている。

　行動療法は，アイゼンク（Eysenck, 1960）によって，神経症に対する効果的な治療法として紹介されて以来，行動論的立場に基づく治療法として発展してきた。行動療法では，治療の対象はあくまでも症状そのもの，あるいは問題行動そのものである。たとえば神経症については症状の奥に複雑な心理的原因を想定したりせず，神経症の症状それ自体があるにすぎないと考え，症状がなくなれば神経症は治癒したとみなす。そして，症状も問題行動も学習（→2-01）によって身についたものと考え，学習理論に基づいた技法を用いて，症状や問題行動を徐々に消去していくとともに，望ましい適

表9-2　心理療法と行動療法の比較（Eysenck, 1960）

心 理 療 法	行 動 療 法
1.公準の形式に決して適切に定式化されない，一貫性を欠く理論に基づく。	1.検証可能な演繹に導く，適切に定式化された一貫性のある理論に基づく。
2.必要な統制的観察または実験ぬきに行われた臨床的観察から導かれている。	2.基礎理論とそれから行われた演繹を検証するために特に計画された，実験的研究から導かれている。
3.症状を無意識の原因（コンプレックス等）があからさまになった結果と考える。	3.症状を不適応な条件反応と考える。
4.症状を抑圧の証拠と考える。	4.症状を誤った学習の証拠と考える。
5.症候論は防衛機制によって決定されると信じる。	5.症候論は偶発的な環境状況および条件づけ可能性と自律神経不安定の個人差によって決定されると信じる。
6.神経症障碍の処置はすべて歴史的に基礎づけねばならない。	6.神経症障碍の処置はすべて現在の習慣に関するものである。習慣の歴史的発達には関係しないと言ってよい。
7.治療は根底にある(無意識の)力動を統制することによって達せられるのであって，症状それ自体を統制することによって達せられるのではない。	7.治療は症状それ自体を統制すること，つまり，不適応な条件反応を消去し，望ましい条件反応を確立することによって達せられる。
8.症状，夢，行為等の解釈は重要な処置の要素である。	8.解釈は，たとえ完全に主観的でも誤りでもない場合にも，無関係なものである。
9.症候論上の処置は新しい症状をつくり上げていくことになる。	9.症候論上の処置を行い，骨格的および自律的な条件反応過剰が消去されさえすれば永久的回復に導く。
10.転移関係は神経症障碍の治癒に欠くことのできないものである。	10.個人的関係は，ある状況では有用であることもあるが，神経症障碍の治癒に欠くことのできないものではない。

応行動を強化して身につけさせるのである。治療技法としては，実験行動分析研究から生まれたオペラント条件づけ法（シェイピング，チューニング，正の強化，負の強化，トークン・エコノミー等），異常行動に対して古典的条件づけと拮抗条件づけの原理を適用する拮抗条件づけ法（counterconditioning）と系統的脱感作法（systematic desensitization），社会的学習理論を背景とした観察学習法やモデリング法（代理強化，代理罰），認知的に行動修正をめざす理性喚情療法（rational emotive therapy）や認知療法（cognitive therapy），社会技能訓練（social skills training），対人的問題解決技能訓練（interpersonal cognitive problem-solving skills training），自己制御法（self management methods）など，さまざまなものがある。

> **Super Essence 9－26**
>
> 乳幼児期の臨床的問題として，言語の障害，精神遅滞，自閉症などがある。

　心身の不適応には人間の発達段階によってそれぞれ特徴的なものがある。乳幼児期の問題は，生きていく上で必要な基本的能力の獲得に関するものが多い。たとえば言語は，1歳6か月ごろまでには初語があるが，3歳ごろになってもコミュニケーションのための発語が見られない場合はことばの遅れが指摘される。また吃音も言語の障害である。原因としては，知能の発達の遅れ，不安や緊張といった心理的要因，言語発話のモデル不在等が関係していることが多い。

　精神遅滞（mental retardation）は，全般的な知的能力が低いことと適応機能の障害をもっていることであり，それが18歳未満において現われたものをいうが，多くは乳幼児期において鑑別はなされる。ことばの発達は遅く，日常生活場面でのもろもろの動作を習得することができないといったことから明らかになる場合が多い。原因は明確ではないが，病的遺伝子の存在，身体疾患や頭部外傷などによる知的機能の発達阻害，知的刺激のきわめて乏しい環境等も考えられる。精神遅滞児は，知能の遅れに応じて軽度から最重度までそのIQレベルで4段階に分けられる（DSM-Ⅳ-TR, APA, 2000）。

　自閉症は，幼児期の段階でそれと気づくことが多い。とくに他者との社会的な相互作用が行なわれるようになる時期において，自閉症児は他者との関係性をうまく作っていくことができないことから明らかになる場合がある。DSM-Ⅳ-TR（APA, 2000）によれば，相手と視線を合わせることや，発達の水準に応じた対人関係を作りあげる

ことなどが困難であり，対人的または情緒的相互性が欠如することがその特徴である。また，言語の発達全般の欠陥がみられ，発話があっても，相手のことばをくり返したり（エコラリア），一人称と二人称の表現上の混乱がみられたりする。独語があり，テレビのコマーシャルなどの文句でそれが気に入ると何度も復唱する場合がある。その他，特定の事物へ異常に強い関心を示す，などの特徴がある。最近は，心因性の原因よりも，中枢神経系の障害を原因とする発達障害との考え方が有力である。

Super Essence 9-27

児童期の臨床的問題として，情緒障害，学習障害などがある。

児童期の**情緒障害**のなかでも神経症圏の病理として，恐怖症，分離不安，チック，選択性緘黙，爪かみ，抜毛癖，吃音などがある。不安についていえば，乳幼児が母親が見えないときに感じる不安は正常な反応であるが，年長児が不安で身体症状を起こすような場合，親からの自立の準備ができていないサインとして考えることができる。また緘黙は，ある特定の場面で誰とも話さない，聞かれても反応しないというものである。これらは成人における心因による心身症や神経症に準ずる問題行動といえる。

学習障害（LD：learning disabilities）は，学齢期における読み，書き，計算，運動の遅れであり，自閉症や精神遅滞によるものや学習機会の不足によるものを除く。脳の機能障害（微細脳機能障害：MBD）によって起きる注意欠陥多動性障害（ADHD）を随伴する場合があり，それぞれ別の障害なので正確な鑑別が必要である。学習障害児は一般に知能は正常範囲内にあるが，発達の状態はアンバランスである。とくにその行動や学習の遅れを周囲の人から十分理解されないことで子どもが追いつめられることがあり，周囲は障害の存在を早く気づく必要がある。

Super Essence 9-28

思春期の臨床的課題の1つは，思春期危機を乗り越えることである。

児童期の後の時期は思春期とよばれ，身体面の変化とともに心理面でも大きな変化がある。とくに子どもの部分と大人の部分との境界で，混沌とした精神状態のなかで，ときに矛盾を抱えた言動や行動が現われ不安定な状態になる。**思春期危機**（puberty crisis）は，心理的バランスが崩れる，自己の現実と直面する事態が増える，大人へ

の不信感がつのる，今まで見えなかったものごとが見えてくる，などを経験することである。この危機を乗り越えて大人になっていくのである。中学生になると学校の内外で友人関係は大きな拠り所になる。さまざまな場面で親の援護を受けずに自分で問題解決にあたらねばならないが，ここで児童期までのように親や教師が介入すると問題がこじれてしまうことがある。思春期における問題は，友人関係，親子関係，学校や教師との関係など，さまざまな状況でさまざまな要因が絡み合って起きる。具体的には，反抗，校内暴力，家庭内暴力，非行，家出，不登校，いじめ，自殺といった形で現われてくる。 (→7-18)

9-29

青年期の臨床的課題の1つは，自我同一性を形成することである。

青年期とは，一般に思春期（青年期前期）から始まり，高校生の時期（青年期中期）を経て大学生の時期（青年期後期）を終えるまでをいう。大人に近づくにつれて社会に参加していくための多くの課題が目の前に現われ，社会的にも経済的にも自立を目指し，職業選択や社会人生活の準備に入る時期である。エリクソン（Erikson, 1959）は「これが自分である」との意識を**自我同一性**と名付け，この時期に最も重要な課題として**自我同一性の形成**（→7-20）をあげている。しかしこれは決して簡単なことではなく，形成に失敗すると**同一性拡散**（→7-21）に陥る（青年期危機）場合がある。本当の自分がわからなくなり，過去の自分や過去の出来事を受容できなかったり，将来に対する非常な焦りを感じる一方で現実生活では無気力状態になるなど，時間的展望を描けず拡散状態になる。神経症的，精神病的な症状を現わし，不安定な状態が続く。**スチューデント・アパシー**とよばれる無気力・無感動状態になり引きこもり状態になる場合や，**不安神経症**（→9-08）や**対人恐怖症**（→9-09）になる場合がある。また**境界例**（境界人格障害）の病理を示すものも現われる。

9-30

成人の臨床的問題として，うつ病，心身症などがある。

成人期は，安定した職業生活や結婚生活が期待される一方で，変化の大きい，かつ精神的な負担の大きい場面もたびたび経験する時期である。具体的には，仕事上のス

トレス,育児や子育てのストレス,加齢に伴う身体機能の低下とそれによる精神的不安,更年期の障害,経済的な不安,その他さまざまな生活上のストレスが考えられる。

この時期の臨床的な問題としては,うつ病,神経症(→9-07),心身症等が代表的である。**うつ病**(→9-13)の基本的症状は,気分の落ち込みや抑うつ状態,不安感やイライラ感,睡眠障害などがある。躁状態とうつ状態とが交互にくり返される躁うつ病も30代前後に発病することが多い。**心身症**(→9-05)は,およそ身体全般においてさまざまな器官,領域にみられる。多くはその部位における個別の診断名が存在するが,その発症や経過に心理的社会的因子が密接に関与しており,そのことによって器質的な変化あるいは障害が引き起こされたものである。心因性の胃潰瘍や自律神経失調症はとくによく知られた心身症の一種である。

心身症の治療方法は多岐にわたる(表9-3参照)。さまざまな理論を背景とした治療法が提案されており,それぞれの立場から心身医学的・臨床心理学的なアプローチがなされる。

表9-3 心身医学的治療(日本心身医学会教育研修委員会,1991)

1. 一般内科ないし臨床各科の身体療法	15. 作業療法,遊戯療法
2. 生活指導	16. バイオエナジェティックス療法(生体エネルギー療法)
3. 面接による心理療法(カウンセリング)	17. 読書療法
4. 薬物療法(向精神薬,漢方など)	18. 音楽療法
5. ソーシャル・ケースワーク	19. 集団療法
6. 自律訓練法,自己調整法,筋弛緩法	20. バリント療法
7. 催眠療法	21. 絶食療法
8. 精神分析療法,交流分析	22. 東洋的療法 　　森田療法 　　内観療法 　　針灸療法 　　ヨーガ療法 　　禅的療法 　　気功法
9. ゲシュタルト療法	
10. ロゴセラピー	
11. 行動療法,バイオフィードバック療法	
12. 認知療法	
13. 家族療法	23. 神経ブロック療法
14. 箱庭療法	24. 温泉療法

10章 他者と生きる

> **10 - 01**
>
> 自分について考えるとき，主体的な自己と客体的な自己とよばれる2つの側面がある。

　鏡に自分の姿を写して見るとき，顔が映る程度の小さな鏡と，全身が映るくらいの大きな鏡とでは，自分自身の意識が違うであろう。

　小さな鏡を見ているときの心境としては，自分自身の今の表情や顔色，気分や感情状態がどうなのかといった内面的なものを再確認することが多いであろう。このときの自分は，「わたしは，今こういう状態である」といった**主体的自己**である。小さい鏡を見ているときの意識は，自分の内面や自分だけが知っている主体的な自分に向けられる。それゆえ小さな鏡を見ているときに他人が覗き込んでくることは，大いに抵抗がある。それに対して，大きな鏡を見ているときは，いわば他者の視点から自分を眺めていることになる。服装が似合っているかどうか出かける前に確認する場合がそうである。自分を客観視することになるので，この時の自分は**客体的自己**とよばれる。大きな鏡に映っている自分は，オープンな自分であるので，他人が鏡を覗き込んでもそれほど抵抗を感じることはない。ジェームズ（James, 1890）は，前者を主我（I），後者を客我（me）として区別している。

> **10 - 02**
>
> 人は，現実の自己像や理想の自己像といった自分自身に関するイメージをもっている。

　人は，自分自身はいったいどういう人間なのかといったことを思春期のころから考え始める。自我の芽ばえといわれるが，そのころから自己像のイメージを明確にもつ

ようになる。そして実現可能なレベルで自分自身の理想像を思い描くようになる。これは**理想自己**とよばれ、**現実自己**と比べて、こうなりたい、こうありたいという願望が反映されたものである。また、他者に対してこう見てもらいたいという願望も含まれる。したがって現実自己は相対的に、理想自己に比べて否定的な部分が多くなり、現実自己に対峙するときは自己評価が下がりがちである。

また自己像は、**社会的自己**としてのいくつかの側面がある。すなわち、現実自己の中身は、実際の自分はこうであると自分自身が認識している自己と、他者にはこう見えているであろうと認識している自己とがある。また、他者に見せる自己も相手によって変わるので、その意味では他者の人数分だけ社会的自己が存在することになる。

> Super Essence
>
> **10 - 03**
>
> 自己意識には、私的な側面と公的な側面とがある。

個人のパーソナリティ特性の1つとして、自己に注意を向ける傾向性が考えられている。自己意識特性とよばれるもので、これを測定する尺度としてフェニッグスタインら（Fenigstein et al., 1975）により**自己意識尺度**が開発されている（表10-1参照）。それによると、自己意識は2つの因子により構成されているとされ、それぞれ**私的自己意識**と**公的自己意識**とよばれている。前者は、自分の感情の状態や思考の内容といった内面的でかつ私的な側面に注意が向く傾向である。また後者は、他者の前や社会的な場面での自己の行動に注意が向く傾向であり、対人行動のあり方と密接な関連があると考えられる。

表10-1 　自己意識尺度 （Fenigstein et al., 1975）

私的自己意識尺度	公的自己意識尺度
① 自分について考えることが多い。 ② いつも自分の感情に注意を向けている。 ③ いつも自分を理解しようと努めている。 ④ いつも自分の行動の理由を考えている。 ⑤ 自分の気分の変化に敏感である。 ⑥ 自分を細かく調べる傾向がある。 ⑦ いつも自分を意識している。 ⑧ 何かに熱中している時も、自分の心の動きを意識している。 ⑨ 自分を主人公にした空想をよくする。 ⑩ ときどき、自分を外からながめていることがある。	① 他人が自分をどう思っているかいつも気になる。 ② いつも、人によい印象を与えられるかどうか気がかりである。 ③ 人前で自分を表現する時は、とても気をつかう。 ④ 自分が人にどう見られているかを意識している。 ⑤ いつも自分の外見を気にしている。 ⑥ 家を出る時には、必ず最後に鏡を見ることにしている。 ⑦ 自分のしぐさが気になる。

両者は，それぞれ独立した尺度であり相互の相関は低い。したがってそれぞれの尺度で高低が存在する。たとえば私的自己意識が高い人は，個人的な自己情報の想起が多かったり，他者の意見にあまり同調しない傾向があったり，私的意見を表明する傾向が強かったりするという。一方，公的自己意識が高い人は，他者との相互作用による感情の変化に敏感であったり，衣服や化粧に対する関心が高いといった傾向がある。

10 - 04

理想自己と現実自己のギャップが人を努力に向かわせる。

写真やビデオに映っている自分を見たり，録音された自分の声を聞くと，否定的な印象を経験する。これはふだんもっている理想の自己イメージと現実の自己とのギャップを強く認識するからである。こういう状態を**客体的自覚状態**という。

自己イメージには評価的な側面がつきまとう。理想自己に比べて現実自己の評価は当然低くなる（→10‑02）。このような状態になると低い自己評価は自尊心を傷つけ，不快感が生じるため，これを低減するよう動機づけられる。そして自己評価を向上させるための努力をすることになる。

スポーツ選手が，練習の際にVTRを何度も見直しているのは，設定した目標（理想の姿）に到達しようとするためである。目標に到達したときが，理想自己と現実自己のギャップがなくなったときである。ただし，人間はもともと自己実現や自己向上の欲求をもっているので，目標に近づいてくると，さらに上の目標を設定し，再び努力を重ねるのである。

10 - 05

人は，自分の外に現われた行動や状態から，自分の内的な状態を知ることができる。

人はしばしば，自分の状態を把握するために，外に現われた行動や状態を大きな判断材料とする。たとえば，咳が出る，熱がある，鼻水が出る，頭痛がするといった，外に現われた症状から，自分は風邪を引いたのかもしれないと推測判断するのである。

ベム（Bem, 1972）は，自己の内的な状態や特徴を知る過程について**自己知覚理論**を提唱している。それによると，人は自己の態度や情動を，自分自身の外に現われた

自分の行動（外顕行動）と，その行動が起きる状況との観察から推測することによって知る。この過程は，じつは観察者の立場で他者を見る過程と基本的には同じである。他者の内的な状態を推測するには，外に現われた行動等の手掛かりに依存する。したがって自己知覚理論は，自己知覚と他者知覚が同じ過程であるといっている。風邪を引いたときの例でいえば，他者知覚として医師が診察時にする判断と同様の判断を，自己知覚として行なっているのである。

> **10 - 06**
>
> 自分の能力がどれほどのものなのかは，他者との比較によって知る。

　自分の能力が高いとか低いとか言うとき，それは暗に他者との相対的な比較の結果として言っている。その場合の他者とは，誰でもよいわけではなく，自分と能力的に近い他者である。これはフェスティンガー（Festinger, 1954）の**社会的比較過程理論**のなかで説明されるもので，能力を測定する何らかの客観的な尺度があれば，それを用いて自分の能力の位置を知るが，そのようなものがないときは比較対象として環境や能力が類似した他者が選ばれるというものである。態度や考え方についても同様の過程を経て，自分がどのような態度や考え方をもっているかを知るのである。

　とくに能力については，自分よりも少し劣る者との比較を下方比較といい，自分より優る者との比較は上方比較という。自己評価を安定させるためには下方比較の方がよいかもしれないが，自己を向上させる動機が高まっている場合は上方比較がなされる。ただし，自分と比べて明らかに能力が高い者との比較は自己評価を不安定にさせる。つまり，どのような水準の目標を設定するかによって比較他者は選ばれることになり，いわゆる「ライバル」とはこうして選ばれた他者のことである。

> **10 - 07**
>
> 人は他者からの評価を気にしており，また自己評価を守り高めようとする。

　自分のとった行動が他者からどのように評価されるのか，誰でも気になるところである。高い評価をしてもらえると思っているのに低い評価しかしてもらえなければ，自尊心は傷つき，自己は不安定になる。こういう事態を避けるために人は自己評価が

下がらないよう維持し，さらに自己を高揚させようとする欲求をもっている。テッサー（Tesser, 1986）の提唱する**自己評価維持モデル**では，自分と活動との関連性および自分と他者との関係が自己評価に大きく影響するとしている。たとえば，スキー部の学生にとって，ブラスバンドの楽器演奏が上手かどうかは重要ではないが，スキーに関する活動は自己評価と強く関連している。したがってスキーの大会で良い成績をあげることは自己評価を高めることになるし，同じスキー部の他者が自分よりも良い成績をあげると自己評価は下がってしまう。一方，ブラスバンド部に所属する妹が全国コンクールで優勝したといった場合には，自己とその活動の関連性は全然ないにもかかわらず，心理的な近さから自己評価が上がるのである。

---

10 - 08

人は，成功した場合はその原因が自分にあり，失敗した場合は原因が自分以外にあると考えようとするが，他人が同じように見てくれるとは限らない。

たとえば試験で失敗をしたときに，その理由や原因が自分の能力不足や努力不足にあるとは考えたくないものである。つまり，言い訳をするかのように自分以外の外的な要因に帰属しがちである。自分の内的要因に帰属すると自己評価が下がってしまうので，それを避ける方向に働くのである。反対に，成功した場合では，その理由を自己の内的要因に帰属することで自己評価は上がって安定する。　　　　　（→ 3 - 09）

ところが，このとき他者は必ずしもそのようには考えてくれない。すなわち試験での失敗は当人の能力不足のせいであるなどと，当人の内的要因に帰属されることがある。反対に，成功すると，運がよかったのではないかと外的要因に帰属されてしまう。これらのことは自己である行為者と他者である観察者とでは帰属の仕方が異なることを示しており，それぞれが勝手に都合のよい帰属の仕方をするため本当の原因への帰属が歪められることがある。行為者の場合の歪みは，とくに**利己的な帰属のバイアス**とよばれている。

> **Super Essence 10 - 09**
> 失敗が予想されるときは,あらかじめ失敗の原因を他者に話しておく。

　今度の試験で失敗が予想されるとしよう。失敗の原因として考えられるものは，自分の勉強不足や能力のなさといった自己の内的な理由なのであるが，その通りであれば，失敗したときに他者からの評価は下がってしまう。そこで，たとえば「流行の風邪をうつされて体調が悪い」といった自分の能力とは関係のない外的理由をあらかじめ他者に積極的に告知しておくことで，失敗しても他者からの評価が下がることをくい止めようとする。これは**セルフ・ハンディキャップ**方略とよばれ，たとえ失敗しても，その原因は自ら仕立てあげた外的要因であるハンディキャップに帰属されるので，自己評価は下がらなくてすむ。しかも予想に反して試験で良い成績をとると，ハンディキャップがあったにもかかわらず成功したということで，その場合は他者からは「能力がある」とされ，自己評価は一気に高くなる。どちらに転んでも自己評価は維持されるので，最初から成功する自信がありながら失敗を告知しておくという人もいる。もともと能力の高い人がそれを自ら誇示せずに，むしろへりくだって自己卑下的な態度をとることも，これで説明することができる。

> **Super Essence 10 - 10**
> 不特定多数の集団の中では，自分らしさや自己統制が失われることがある。

　不特定多数の集団の中では他者から個人を特定されることがなくなるので，個人レベルでは自分らしさを発揮することができず，むしろ集団に埋没してしまう。このような状態を**没個性化**という。
　集団として明確な目標をもっていない不特定多数の人の集まりは，リーダーも存在せず，もとより統制はとれていない。したがって集団成員としての自覚も薄いために，規範から逸脱するような望ましくない行動をしても，他者からとがめられることもなく責任を問われることもない。このような状況下では，誰かが望ましくない行動を始めるとそれが成員間にも広がり，しだいにエスカレートして，反社会的な集団行動に発展することもある。問題が発生しても，不特定多数であることで責任そのものが拡散するため1人ひとりの責任分担量はきわめて少ないことになる。こうなると自己の

意識は低下し，集団に流されてしまい，自己の行動を自分自身で統制することができなくなる場合もある。

> **10 - 11**
>
> 他者を見るとき，暗黙のうちにどのような人物なのか推測判断しているが，その際に認知的な歪みが生じる。

　他者を判断する手掛かりとしては，顔や表情，声や話し方，しぐさや態度，服装や持ち物などじつにさまざまなものがあげられる。そしてそれらの手掛かりから，その人のパーソナリティ，態度，考え方，能力といったものを判断している。その際，種々の手掛かりになるものとパーソナリティとの間に仮定された関連性を想定して推測判断することが多い。このような見方のことを**暗黙裡のパーソナリティ観**（implicit personality theory：以下 IPT と略す）という。IPT はじつは非常にステレオタイプ的な見方であり，一種の固定観念や信念として個人のなかに内在化されているものである。多くの場合，同じ社会，同じ文化で生活していると同じような IPT を形成しているものであるが，異なる社会や文化においてはその IPT が通じないこともある。その場合は，IPT はある種の偏見につながることにもなる。もちろん身近な人物に対してでも同じことであり，IPT による推測判断が相手に対する正しい認知をもたらすわけではなく，IPT は認知的な歪みでもあることを知っておくことも必要である。

> **10 - 12**
>
> 人物を形容詞で表わす際，印象を大きく左右するものとそうでないものがある。

　アッシュ（Asch, 1946）は，形容詞を用いて人物の人柄を説明する際にどのように印象が形成されるかについていくつかの実験を行なった。最もよく知られている実験では，人柄を説明する7つの形容詞で構成されたリストが2つ使われ，別々のグループに提示された（図10-1参照）。2つのリストは真ん中の4番目の形容詞だけが異なっており，その違いは「冷たい」か「暖かい」かで，あとはすべて同じ形容詞であった。ところが，7つの形容詞のうち1つしか違わなかったにも関わらず，形成された印象はグループ間で大きく異なるものであった。すなわち「冷たい」が含まれたリストを

提示されたグループより,「暖かい」が含まれたリストが提示されたグループの方が,寛大な,幸福な,ユーモアのある等,より望ましい方向の印象を形成していたのであった。

この実験結果は,形容詞によって人物に対する印象形成時のウェイトが異なることを示したもので,「冷たい」や「暖かい」といった全体の印象を大きく左右する形容詞を**中心特性語**とよび,それほど印象形成に影響を及ぼさずに他のことばを補助する,あるいは補強する働きのある形容詞を**周辺特性語**とよんでいる。

また,別の実験では,形容詞リストのなかの6つのことばを,望ましい肯定的な意味のものから順に並べたリストと,その逆の順,つまり望ましくない意味のものから順に並べたリストとでは,形成される印象が違ってくることが示された。すなわち,同じ6つの形容詞で構成されていても,提示順序が異なれば形成される印象が異なってくるということで,これは,初めに提示された形容詞が全体の印象形成の方向性を決定してしまうことを示すものである(**初頭効果**という)。

被験者に提示された形容詞リスト

リストA(「暖かい」が含まれている)
　知的な　器用な　勤勉な　暖かい　決断力のある
　実際的な　注意深い

リストB(「冷たい」が含まれている)
　知的な　器用な　勤勉な　冷たい　決断力のある
　実際的な　注意深い

それぞれのリストを提示された各グループで形成された印象は,右の表に示したとおりである。表中の数値は,左の欄に掲げられた各特性が「形成された印象に当てはまる」と答えた人の割合(%)である。

表　適合する特性の選択(%)

	リストAを提示されたグループ	リストBを提示されたグループ
寛大な	91	8
賢い	65	25
幸福な	90	34
良い性格の	94	17
ユーモアのある	77	13
社交的な	91	38
人気のある	84	28
信頼できる	94	99
重要な	88	99
人情のある	86	31
容姿の良い	77	69
固執的な	100	97
まじめな	100	99
控え目な	77	89
愛他的な	69	18
想像力に富む	51	19
強い	98	95
正直な	98	94

図10-1　中心特性語の効果に関する実験とその結果(Asch,1946を改変)

10 章 他者と生きる

> **Super Essence**
> **10 - 13**
>
> 他者がどのような人間かを推測判断する際,「社会的望ましさ」「個人的親しみやすさ」「力本性」の3つの次元が存在する。

　対人認知の際には,認知判断の状況や他者との関係性が影響する。たとえば就職面接などの公式的な場面で初対面の相手を認知する状況と,楽しく会食するパーティのような場面で相手を認知する場面とでは,**対人認知の次元**が異なる。つまり,前者では推測判断の前提となるのは「社会的な望ましさ」の次元であり,後者では「個人的な親しみやすさ」の次元が重視される。状況によってそれにふさわしい態度や行動が期待されるものだが,公式的な場面では,社会的に望ましい人物かどうかという評価軸が判断の基準となり,パーソナルな場面では,親しみやすい人かどうかという軸が基準となるわけである。このほかに,「力本性(りきほんせい)」とよばれる活動性に関する次元が存在する。これは,活発で行動的な人物かどうかという判断軸である。対人認知の際はこれらの3つの基本的な次元が存在しており,どの次元にどのようなウェイトがかかるかは状況によって異なる(林,1978;廣岡,1984)。

> **Super Essence**
> **10 - 14**
>
> 人は,他者に対して,自らが望む印象をもってもらうようにふるまう。

　たとえば就職面接の場面では,ふだんのありのままの自分よりも,ことばづかいなどもきちんとしてフォーマルな場面を意識した自分を表現するであろう。これは,他者に対して自分が望む印象をもってもらうための一種の自己演出である。このような行動のことを**自己呈示**,または**印象操作**という。就職面接の場合は,相手に好意をもってもらいたいので望ましい肯定的な印象を与えるように行動するが,相手を威嚇し,自分に対して恐怖心を起こさせるような行動も自己呈示の1つである。

　自己呈示には,大きく分けて「自己を主張する方略」と「自己を防衛する方略」とがある。前者には,能力の高さを示そうとする「自己宣伝」,善い行ないをして印象をよくする「示範」,弱い自分を強調して相手から養護の意識を引き出す「哀願」といった行動がある。また後者には,自己の誠実さを強調する「謝罪」や自己の正当性を強調する「釈明」,「セルフ・ハンディキャップ行動(→10 - 09)」といったものがある。いずれの行動も,相手に伝えたい印象をうまく伝えることができない場合があ

るし，思惑や意図の見え透いた行動と受け取られてしまう場合は，むしろ逆効果となり自分の印象を悪くしてしまうことになる。

> **Super Essence** 10 - 15
> 　自分のふるまいが，その場にふさわしいかどうか意識できる人とそうでない人がいる。

　社会的な場面では，一般にその場にふさわしいふるまいや行動があり，そのようにふるまうことが期待されている。そうした場面では，相手と自分との関係性，相互の役割，相互の目的などの対人的な状況を把握すること，さらに相手のパーソナリティや行動傾向などの相手側の個人的要因を把握することにより，自分はどのように行動することが適切なのかが判断される。

　このような対人的な状況を詳細に分析していく能力と，対人的な場面での自分の行動やふるまいが適切かどうかということに意識が向く特性とを測定する尺度がある。スナイダー（Snyder, 1974）による**自己モニタリング**尺度は，3つの下位尺度，すなわち「演技性尺度」「他者志向性尺度」「外向性尺度」により構成される。自己モニタリング傾向の高い人は，自分の行動がその状況や場面でふさわしいものかどうかに注意が向き，他者に関する情報や他者の行動をもとにして自らの行動を調整する。また自己呈示（→10 - 14）とも関連があり，その場にふさわしい自己を考慮して自己演出することができる。自己モニタリング傾向の低い人は，そういうことにはあまり意識が向かず，自らの対人的な行動については，その場にふさわしいかどうかということよりも，自己の感情や信念に基づいたものになりがちである。

> **Super Essence** 10 - 16
> 　自分のことを特定の相手にだけ開示することは，特別な意味をもっている。

　自分のことを誰にでもどんなことでも平気でしゃべる人はいない。他者に知られても差し障りのないことは聞かれたら話すかもしれないが，自分自身が秘匿しているような情報は，ふつうは話さないものだ。しかし場合によっては自分の内面的な情報を相手に開示することがある。たとえば，これから親密になりたいと考える相手に対し

では，秘匿している情報を開示する。それにより心理的な距離が縮まるのである。このような行動を**自己開示**とよぶ。

自己開示には，さまざまな機能がある。第一に，対人的な親密さをコントロールする働きがある（対人関係の調整）。第二に，開示された相手も，開示内容と同等のレベルの情報を返報的に開示し，親密さが増していく働きがある（自己開示の返報性）。第三に，開示することによって自分の気持ちや感情がすっきりと軽くなるという働きがある（浄化作用）。そして第四に，開示することで自分の考えていたことが自分自身にとって明確になるという働きがある（自己明確化）。そして，これらはカウンセラーを前にして自分のことを話すような場合にもあてはまるのである。

> **Super Essence 10 − 17**
>
> 　態度の中身は，認知的なもの，感情的なもの，行動的なものに分けることができ，それらは互いに整合するように構成される。

心理学では，ある対象に対する「態度」を次のように定義している。すなわち態度とは「ある対象への好意的・非好意的な評価により，表出される心理的傾向」である（Eagly & Chaiken, 1998）。

人は，多くの対象に対して何らかの態度を形成してもっている。たとえば，自分で新たに自動車を購入しようとするとき，買おうとする車に対する態度は，好意的で接近的だといえる。ローゼンバーグとホヴランド（Rosenberg & Hovland, 1960）によれば，その内容は3つの成分により説明できる（図10-2参照）。第一の成分は，その車のデザインが一目で好きになったとか，鮮やかな青色がきれいであるといった感情

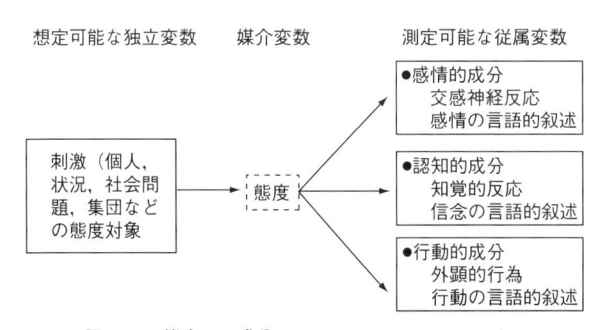

図10-2　態度の3成分　(Rosenberg & Hovland, 1960)

や気持ちに関する部分で「感情的成分」という。第二の成分は，性能や装備が優れているとかメーカーに対する強い信頼をもっているといった対象についての知識や信念の部分であり，「認知的成分」という。第三の成分は，その車を見るために店に出かけたり，自動車雑誌を買ったり，その車を実際に購入するといった具体的行動の部分で，「行動的成分」である。これらはすべて対象であるその自動車に対する態度を構成する要素である。もし，この車に対する態度が，より明確で強いものであるならば，種々の要素は同じ方向性をもっていて相互に高い整合性をもっている。したがって強い態度を形成していると，他者から説得をされても態度は簡単には変化しない。反対に整合性がとれていない場合は説得されると態度が変わりやすいということになる。

> **10 − 18**
> 人は，説得を受けると，抵抗するものである。

　人は，他者から説得されても必ずしもそれに応じるわけではなく，むしろ説得に対して抵抗を示すことが少なくない。
　ではなぜ説得されると抵抗するのであろうか。それは，説得されることが自分の意思決定の自由を狭めてしまう脅威であると認識するからである。人は自分の意思決定の自由は脅かされたくないという強い動機をもっている。他者からの指示や命令ではなく説得である場合は，当然最終的な意思決定は自分が行なうということが保障されているわけであるから，説得にすぐに応じてしまうと自分で決定をしたという感覚が希薄になる。その時点で意思決定の自由を侵害されたと感じたなら，むしろ自由を守るために抵抗する。この過程を**心理的リアクタンス**といい，リアクタンスが生じれば，説得に応じないか，あるいは説得すべき唱導方向とはむしろ逆の方向に態度が変わってしまう。説得された本人にとっては，説得方向とは逆の態度を形成することが本意ではなくても，反対方向に意見が変わってしまうことがあるのである。

> **10 − 19**
> 説得場面では，説得する人や説得内容の信憑性が問題になる。

　態度変化を規定する要因，あるいは効果的な説得の要件として，メッセージとその送り手の「信憑性」をあげることができる。メッセージの内容は同じでも，その情報源の信憑性が低い場合には，説得の効果は低くなる。人が説得を受けて態度を変える

のは，説得者や説得内容を信じるに足ると判断した結果なのである。

ホヴランド（Hovland et al., 1953）によれば，信憑性は「専門性（expertise）」と「信頼性（trustworthiness）」から成っている。専門性とは，情報源が真実を知り得る立場や位置にあり，正確な主張を展開できる専門家であると認知される程度のことである。また信頼性とは，偏りなく誠実な主張を展開できるであろうという，情報源への信頼のことである。説得的な場面でなくとも，専門的な知識や経験を有している人やその人の話は一般には信じられやすい。社会的な事件が起きたときに新聞やテレビで専門家が解説やコメントをしているが，これらが一般の人に与える影響は大きいといえる。メッセージの送り手がこのような条件を満たしていれば，説得はきわめて効果的に働き，受け手は説得に応じやすくなるのである。

> **Super Essence 10－20**
>
> 要請を相手に承諾させるためのテクニックがある。

セールスマンの上手なトークに乗せられてついむだな買い物をしてしまうことがある。このときのセールスマンのトークには，しばしば，承諾を引き出すためのテクニックが含まれている。

テクニックの1つは，相手に承諾させようとする本当の目標を大きく上回る要請をすることである。買い手にとっては大きすぎる要請であり，これはたいてい拒否される。そこで次の段階でそれよりも小さな要請を行なう。つまり売り手は譲歩するわけであるが，この段階で買い手にとっては，さっきは要請を拒否したのだから今回は承諾しなければという圧力がかかる。そしてじつはこの段階が売り手にとっての本当の目標であり，譲歩したと見せかけておいて目標通りの承諾を引き出すことができるのである（**譲歩的要請法**：door-in-the-face）。もう1つのテクニックは，買い手にとって簡単に承諾できる要請を最初にするというものである。一度承諾を引き出せば，次の段階でまた少し大きな要請をする。これも承諾させておいて，徐々に要請を大きくしていくのである（**段階的要請法**：foot-in-the-door）。

> **10 - 21**
>
> 他者に魅力を感じる要因は，容姿や性格などのような相手側の要因だけではない。

　他者に魅力を感じる要因は，容姿や性格などのような相手側の要因だけではない。相手に魅力を感じる要因は自分の側にもあるし，相手と自分の相互作用的なものもある。さらに環境的，状況的要因もある。

　自分の側の要因として，たとえば親和欲求の強い人や，対人志向性の強い人は，魅力を基底とした他者への接近傾向は強いといえる。また気分のよいときや興奮状態の時も他者を好きになりやすい。相互作用的な要因としては，たとえば外見の面でも性格の面でもいわゆる相性といったものは存在するので，相互に相手を認め合いながら魅力を感じ合うことがある。性格的な部分や行動的な部分の魅力は，自分にないものを相手がもっているといった相互補完的な関係も成り立つ。また，態度や考え方がよく似ているといった共通性をもっていることが魅力につながっていくこともある。

　この他に，快適な気温であること，静かであること，景観がよい場所，人が多くない場所といった環境の要因もあるし，物理的に近接していること，接触頻度が高いこと（→10 - 22），災害時や緊急時といった状況の要因もある。

> **10 - 22**
>
> 同じ人に何度も会うと，その人を好きになる。

　単に接触する回数が多いことが好意に結びつくことがある。これは**単純接触効果**とよばれている。

　ザイアンス（Zajonc, 1968）は，被験者に「記憶の実験」と称してランダムに何人かの顔写真を提示した。顔写真は，それぞれ提示回数が異なるよう設定し，被験者に合計86枚の写真を提示した。そのあと被験者に，各写真を記憶しているかどうかを問う一方で，写真の人物に対する好意度をたずねたところ，提示回数が多いほど好意度が高くなっていることが明らかになった（図10 - 3参照）。提示する写真は被験者ごとに変えてあり，同じ写真がいつも多数回提示されることはないので特定の写真が好意感情を引き出したわけではない。単に提示回数が多かった写真が好意度も高かったのである。そして一度も提示されなかった写真が最も好意度が低かった。このよう

な実験結果は，接触回数が多くなればそれだけで好意感情が高くなることを示している。通勤通学途中に同じ場所で毎日会う人に好意をもつようになるといったことがあるのも，この**単純接触効果**によるものと考えられる。

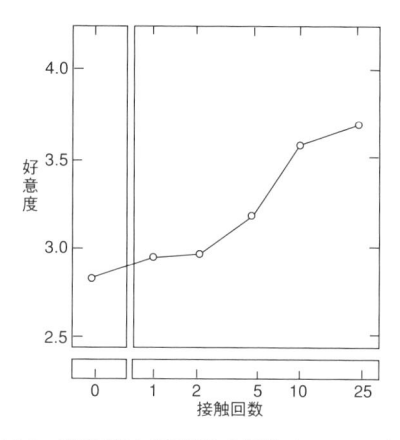

図10-3　接触回数と好意度との関連（Zajonc, 1968）

10－23

対人的コミュニケーションは，言語的なものだけではない。

　コミュニケーションの手段には，ことばを使った言語的なコミュニケーションだけでなく，表情や動作を使った非言語的なコミュニケーションもある。日ごろの対人的コミュニケーション場面を想像してみよう。われわれは会話をしながら身振り手振りを添えている。また，目の前にいる相手には表情も重要な情報として伝わっているはずである。こうした**非言語的コミュニケーション**は言語的コミュニケーションに勝るとも劣らない重要な機能を果たしていると考えられる。

　非言語的コミュニケーションの機能としては，感情表出（喜怒哀楽の表現），対人的態度の伝達（対人距離，声の調子，接触），会話の調整（うなずき，あいづち，視線），自己呈示（外見，服装，持ち物，装身装飾品），慣習等の行動様式（あいさつ，作法）言語の代行や補助（ジェスチャー，身振り手振り，合図），意味の強調（表情，身体の動き）等がある。とくに対人関係を調整する働きとしては，それぞれの非言語的コミュニケーション行動が何かしらの意味を含んでおり，感情や態度を相互に伝達し合う有効なチャネルになっている。これらを適切に読みとる能力は社会的なスキルとい

える。

> **Super Essence 10 - 24**
>
> 相手と親密になると直接的なコミュニケーションはむしろ減少する。

　言語的・非言語的なコミュニケーションの直接性（発言量の多さ，視線量の多さ，空間的距離の近さ，など）は，対人関係の親密さを高める働きをもっている。しかし，親密さが高くなればなるほど，コミュニケーションの直接性がさらに高まっていくわけではなく，ある程度親密になってくると，コミュニケーション活動がむしろ抑えられる方向に変わっていく（和田，1989）。

　親密な関係が安定的に持続する段階においては，コミュニケーションの直接性は低くても相互理解はそれなりに達成され，表現的，直接表出的なコミュニケーションの必要性は低くなる。たとえば，長年いっしょにいる夫婦では，以前に比べて会話も少なく，視線を交わすことも減っている場合が多いが，だからといって関係性が悪化しているわけではない。むしろ，会話をせずとも伝えたいことは伝わるという「メタ・コミュニケーション」（大坊，1986）に達したとみることができる。

　対人的な親密性とコミュニケーションの直接性との関係は，親密性が高まるにつれて，コミュニケーションの直接性は停滞し，その後はやや下がる，という逆J字的な関係（図10‐4参照）があるといえる。

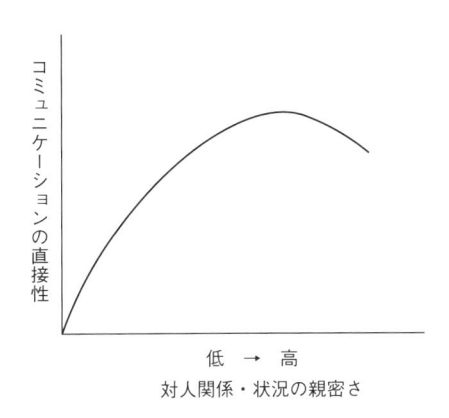

図10-4　コミュニケーションの直接性と対人関係・状況の緊密さとの関係（大坊，1986）

10章 他者と生きる

Super Essence 10−25

他者がいると，援助の行動をすべき場面であっても行動を起こさない場合がある。

援助を必要としている人がいるとき，その場に誰か他の人がいるといっしょに協力して**援助行動**をしやすいと考えられる。しかし，他者がいることによって逆に援助行動が起きにくくなる場合がある。

ラタネとロディン（Latané & Rodin, 1969）は，実験室で実験中に隣から女性の悲鳴が聞こえる状況を作り，被験者がどういう行動をするかという実験を行なった。被験者が1人という条件の他に，被験者が2人の場合の条件として，見知らぬ者どうし，友人どうし，被験者のうち1人はサクラ（にせの被験者），という3つの条件を作った。このときサクラは悲鳴が聞こえても行動は起こさない。結果は，サクラと組んだ被験者のほとんどが援助行動を起こさなかったのである（図10-5参照）。これはサクラである他者が援助行動をしないことで，それが自己の判断のモデルとなり，援助を抑制する方向に働いたと考えられる。このような現象をラタネとダーリー（Latané & Darley, 1970）は**傍観者効果**として説明している。人が傍観者になってしまい援助を抑制してしまう条件として，状況が明確に把握できない，刺激過多の状況で多くの

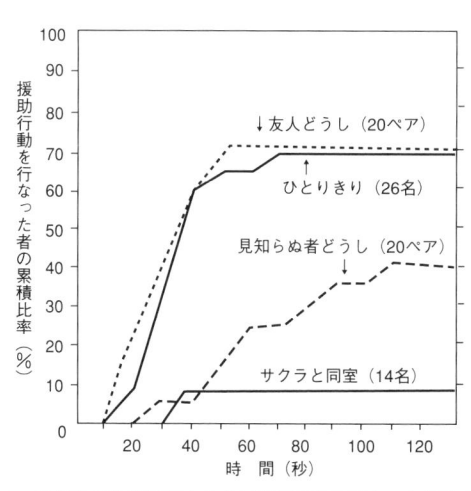

図10-5 4つの条件で時間経過とともに援助行動を行なった被験者の累積比率
（Latané & Rodin, 1969）

情報が錯綜している，援助を必要としている人が助からなくてもその責任は多数の人により分散される，他の多くの人が何もしないので大したことではないと判断してしまう，他者が何もしないところで自分だけが援助行動を起こすことへのためらいがある，他人の視線を感じることで援助の意思がくじけてしまう，などのことがあげられる。この他にも，被援助者が見知らぬ他人であって，自分のなかに援助をする理由が見あたらない場合も援助行動は生じにくいといえる。

> **Super Essence** 10 - 26
>
> 援助行動には，緊急事態での援助，日常的な援助，寄付行為，ボランティア活動などがあり，それぞれに特徴がある。

　援助行動には，災害時の救援救命活動から日常のごくささいな親切行動までさまざまなものがあり，その内容や規模，形態といった面でそれぞれ特徴をもっている（松井，1981）。
　まず，緊急事態での援助は，重大性も大きいがコストもかかる。援助できる立場にある者は，本来ならばこの事態に介入して援助行動を起こすべきであるが(援助規範)，適切な行動と迅速な判断が要求される場面であり，また自分の身までも危険にさらすことになる。同時に自分の行動責任も重大になるので，援助の行動をしない決定をする場合も多い。
　一方，日常的な援助は，重大性やコストにおいて幅があるとはいえ，行動を決定することは容易である。被援助者の援助要請の有無や，被援助者との関係性によって行動の生起が決定される。
　また，寄付行為は，被援助者に対する直接的な援助行為をともなわない間接的な援

表 10-2　援助状況の 4 種類型（松井，1981 を一部改変）

類　型	緊急的援助	日常的援助	寄付・分与	ボランティア活動
遭 遇 頻 度	低	中	高	任意・自発的
重 大 性	大	中	小	任意・自主判断
援 助 資 源	労力	労力・情報	物品・金銭	労力・情報・物資・金銭
コ ス ト	大	中	小	任意・自主判断
依 頼 要 請	不定期	不定期	定期的	随時・自発的
援 助 の 形 態	直接的	直接的	間接的	任意・直接的・間接的
援 助 事 態	即時的	一時的	継続的	継続的
組 織 制 度 化	非（個人・組織）	非（個人）	制度化	組織化および個人参加

助行動である。たとえば，災害救援活動として，被災地域で活動ができない人が，その代行手段として，おもに金銭や物資を提供するものである。これらは被援助者に直接供与されるのではなく，第三者の組織機関が取りまとめた後に分配分与される。援助者は大きなコストを払う必要はなく，簡単簡便に援助の行動ができるといった利点がある。しかし自分の行なった援助の結果を見届けることはできないため，寄付行為を拒む人もいる。

　援助的な活動としてのボランティア活動は，奉仕活動であり，援助要請に応える形で行なうものではなく，原則的に援助者の自主的・自発的行動である。自分の行動に他者からの見返りや報酬を期待することなく，自分の行動を自分自身で評価することになる。また，ボランティア活動は，他の援助行動が一時的即時的に終結する場合が多いのに対して，継続的な活動が多く，援助活動の終結も自分で判断することになる。

11章 集う，つながる，関わりあう

> **Super Essence**
> 11 - 01
> 集団が成立するためにはいくつもの心理的条件が必要である。

　人は集団を作ったり集団に加わったりすることで集団目標の達成に関わり，その中で個人の目標達成と満足を得ようとする。そもそも集団が単なる人のあつまりではなく「集団」であるための条件とは何であろうか。

　広田（1963）は集団の成立に最低限必要な条件として，「物理的近接性」，「共通の動機」，「コミュニケーションと相互作用」といった「関係性と心理的条件」に関する3条件をあげている。要するに，集団メンバーの誰もが身近にいて同じ目標をもち情報のやりとりなどを行なうということである。しかし，この3条件だけでは不十分として，さらに複雑な心理的条件が必要であるという。それは，メンバーが互いの特徴を理解している「熟知性」，メンバーが集団に所属することで共通の感情をもつことから生じる「一体感」，メンバーが集団の目的をともに分かち合う「目標の共有感」など9つの条件である（図11‐1参照）。

```
┌─────────────────────────────────────┐
│          集 団 の 成 立               │
│         複雑な心理的条件              │
│                                     │
│  熟知性    一体感   目標の共有感   行動の相互依存性 │
│     コミュニケーションのしやすさ    相互活動の自発性│
│       規範の共有    役割の分化    地位の分化      │
│- - - - - - - - - - - - - - - - - - -│
│     最低限必要な関係性と心理的条件     │
│                                     │
│  物理的近接性   共通の動機   コミュニケーションと相互作用 │
└─────────────────────────────────────┘
```

図11-1　集団が成立するための条件（広田，1963を参考に作成）

> **Super Essence**
>
> 11 - 02
>
> 集団への加入条件が厳しいほど，その集団への魅力が増す。

　人は「この組織に入りたい」，「あの集団のメンバーになりたい」と強く願うことがある。多くの場合，希望する組織や集団には「入会儀礼」，つまり加入するための手続きがあり，それを通過しなければ組織や集団の一員として認められない。入学試験，入社試験，オーディションなどが代表的な入会儀礼であるが，その条件の難易度は組織や集団によりまちまちである。

　集団への加入が容易であるより困難である方が，その集団への魅力が高まることを示したのが，アロンソンとミルズ（Aronson & Mills, 1959）である。彼らは，女子学生を対象に加入条件が厳しいグループと加入条件がやさしいグループをつくり，集団の課題および集団メンバーに対する魅力度の評定を行なった。加入条件が厳しいグループでは，かなり過激な性的表現を人前で求められ，それに応じた者がグループの一員として認められた。一方，加入条件がやさしいグループでは，グループの一員になるために穏やかな性的表現を人前で求められた。そして，それぞれの加入条件のもとで編成されたグループに対して，集団での課題が与えられた。課題は「動物の性行動」に関する討議を聴き，討議内容の魅力度を評定するものだった。さらに，それぞれのグループにおける他のメンバーに対する魅力度の評定も求めた。その結果，加入条件が厳しいグループのほうがやさしいグループよりも，集団の課題への魅力度もメンバーへの魅力度も高かった。このような結果は，入会儀礼の難易度が高いほど集団メンバーと課題への魅力が高くなることを示すものである。

> **Super Essence**
>
> 11 - 03
>
> 集団の各メンバーの能力の合計と集団全体の能力とは一致しない。

　ある野球チームの監督が考えた。「他チームから強打者を数名引き抜いて，自分のチームに強打者を並べた打線を組めば，すごい攻撃力になるはずだ」と。単純に選手の能力を足し算してチーム編成を考えれば，このような発想が出てこよう。ところが実際には計算通りにはならず，思ったほどには勝てなかったり，あるいは散々な成績に終わったりすることもある。また逆の例として，「大エースのピッチャーがいなくなったので，その分投手力はかなり落ちるだろう」と思っていたら，実際にはそれほ

ど大きな戦力の低下がなかったという場合もある。

広田（1963）は，集団の特徴の1つとして，「集団はメンバーの単純総和ではなく，メンバーは集団の加算的単位ではない」ことを指摘している。つまり，集団のメンバーそれぞれの能力を合計したものが，必ずしもその集団全体の能力とはいえないということである。卓越した能力をもたないメンバーたちで構成された集団が優れた業績をあげることは，企業組織においては多々みられる。1人の優秀なメンバーが活躍するよりも，メンバー全員が集団の目標を理解し熱意をもって課題に取り組むほうが，大きなプロジェクトを成し遂げられることも多いのである。

11-04

集団の暗黙のルール（規範）はコミュニケーションを行なう中で決まっていく。

人間関係においてはことばや文章にならない決まりごと，いわゆる暗黙のルールというものがある。集団では，それを**集団規範**とよぶ。

シェリフ（Sherif, 1953）は，集団規範がコミュニケーションを行なう過程で形成されることを見いだした。彼は，暗室内に固定された光点が動いているように見えてしまう自動運動（→1-08）という一種の錯覚を利用し，暗室内に「1人で」，もしくは「集団で」光点を見つめ，どれほどの距離を動いたように見えるかを報告させる実験を行なった。1人で暗室内にいる場合，光点が移動したように見える距離は個人差が大きく，数cmしか動かないと表明した者から数十cm動いたと表明した者までさまざまであった。しかし，集団で暗室内に入り光点の移動距離を報告する場合，暗室にいる他者の反応を気にかけながら各自の光点の見え方を述べ合ったりする中で，つまりコミュニケーションを行なう中で，最終的には暗室内の誰もがほぼ同様の移動距離を表明した。シェリフはこの結果を，暗室内に入った集団の中で「われわれは同じように光点が動いて見える」という暗黙の了解が形成され，それが集団規範として作用したため移動距離が近似したと解釈した。この場合の集団規範は，まさに光点の見え方に関するコミュニケーションを行なう過程で形成されたのである。

11 - 05

集団で一度決まった規範はメンバーが単独で行動する時にも影響する。

シェリフ（Sherif, 1953）が行なった自動運動の実験（→11 - 04）では，次のような現象も見られた。暗室内にいる集団がほぼ同じ光点の移動距離を表明した後，その集団メンバーが1人ずつ暗室内に入り光点の移動距離を表明することになると，誰もが集団の時と同じ移動距離を表明した。くり返し単独で暗室内に入っても，やはり集団で暗室内にいた時と同様の光点の移動距離を表明し続けた。もちろん集団で暗室内に入るという条件を経験することがなければ，個人は光点の移動距離を似通って表明することはない。この実験は，いったん集団規範が成立すれば，そのメンバーが単独で行動する場合にも集団規範の影響を受けることを示した結果であるといえよう。

日常のわれわれの行動に目を移すと，勤め先の組織での慣行が仕事以外の場で出てしまったり，家庭での習慣が家庭以外の場で出てしまったりすることがある。また極端な例としては，反社会的組織のメンバーが組織を離れた単独状況でも組織の規範どおりに行動し，重大な犯罪やテロを遂行する場合もある。このような例から，集団規範の影響力の強さをうかがい知ることができる。

11 - 06

多数者の意見が一致していると，その意見に個人が従うことがある。

自分を含めた5名の者が課題に取り組んでいた。その課題は，「標準刺激」とよばれる線分を見せられ，次にA，B，Cという3つの長さの異なる線分から標準刺激と

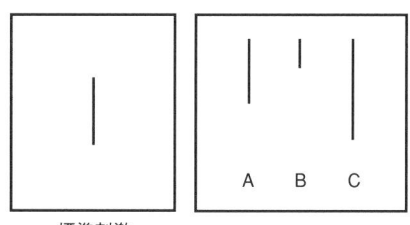

図11-2 アッシュの実験で用いられた標準刺激と線分 （Asch,1951）

同じ長さのものを1つ選択し回答するという簡単なものだった（図11-2参照）。

回答の順番は自分が最後だった。どう見ても標準刺激はAの線分と同じ長さに思えた。順番が来たら「標準刺激と同じ長さは，Aです」と当然のように回答するつもりだった。ところが，1人目は「Cです」と答えた。続いて2人目も「Cだと思います」と回答した。この時点で少し不安になってきた。そして3人目も「Cです」と自信ありげに言い放った時，自分の目がおかしいのかと自問が始まり心が動揺した。隣にいる4人目の回答者がはっきりした口調で一言「C」と答えた後，自分は「C，……だと思います」と回答するより他に仕方がなかった。まるで多数者の圧力に屈したかのようだった。

以上は，アッシュ（Asch, 1951）が行なった実験のようすを被験者の立場から述べたものである。じつは，自分以外の4名はサクラ（にせの被験者）であり，数回行なう課題の中で何回目かの時に一致して不正解を述べるよう，あらかじめ実験者に指示されていた。アッシュの実験は，ある状況において自分以外の人々の意見が全員一致している場合，たとえそれが自分の意見と違っていても，多数者の意見に従ってしまい自分の意見を述べられなくなるという**多数者の影響**を示したのである。

11-07

個人や少数者が一貫した意見を示すと，その意見に多数者が従うことがある。

アッシュの実験で示されたような，多数者が個人や少数者に影響を及ぼす「多数者の影響」（→11-06）は，たとえば日常生活において仕事仲間や友人たちの中で自分ひとりだけが違う意見を述べにくい，といった経験からも数多くあることが理解できる。ところがその一方で，社会や業界の変化あるいは組織の改革などにおいては，1人の人間あるいは少数の人々の考えや行動が多数者を動かすこともある。つまり，**少数者の影響**というものが起こりうる。

この少数者の影響を実験で明らかにしたのが，モスコヴィッチら（Moscovici et al., 1969）である。彼らの実験は，課題が「図形をいかに知覚するか」ということ，被験者6名の中でサクラは2名だけであること以外は，アッシュの実験とほぼ同様の手続きで行なわれた。この実験では被験者たちは，緑色の四角形や赤色の三角形といったカラー図形をいくつも見せられ，その図形の特徴を一言で述べるように求められた。ふつう，図形の特徴は，その「形」を答えるものである。事実，サクラ以外の被験者

たちは，当初は，特徴を形で答えた。ところがサクラの2人はどのカラー図形に対しても，その特徴を最初から最後まで一貫して「色」で答え続けた。何度かその課題を続けるうちに，被験者の中で1人が，そしてさらに1人が特徴を色で答えるようになり，最終的には全員の被験者が図形の特徴を色で答えるようになった。この実験からわかるように，終始自らの態度を変えないといった一貫性を示すとき，少数者が多数者に影響を及ぼすことがあるのである。

---

11 - 08

優秀なメンバーが所属する集団ほどまちがった意思決定を行なうことがある。

時として集団や組織は愚かでまちがった意思決定を下すことがある。それはビジネスの場面だけでなく政治の場面でも見られ，そのきわめつけが国際紛争に関する意思決定に表われることもある。いうまでもなく，集団の重大決定はその集団の優れた人たちによってなされるはずである。特に，戦争や他国侵略に関する判断は国の最高機関に所属するエリートたちによって行なわれる。そこで，「なぜ，優秀なメンバーのいる集団が愚策としか思えない意思決定を下すのか」ということに疑問を抱いたのは，ジャニス（Janis, 1972; 1982）であった。

ジャニスは，アメリカのケネディ大統領政権によるキューバへの侵攻をはじめとした数例の愚策のケースについて詳細に検討を加えた。その結果，彼は集団が行なう愚かな意思決定を groupthink ということばで説明した。このことばの邦訳は，**集団思考**，**集団愚考**，**集団（的）浅慮**などさまざまであるが，いずれにせよ groupthink はあらゆる集団で生起する可能性があること，そして往々にして優れたメンバーがいる集団において顕著に現われることが示されたのである。

---

11 - 09

まちがった意思決定を行なう集団にはさまざまな特徴がある。

ジャニス（Janis, 1972; 1982）は，現実の政策を実例として検討を加えた研究において（→11 - 08），集団の愚かでまちがった意思決定を groupthink とよび，それが生じる集団の特徴を次のように指摘している。

まず，groupthink の特徴としてあげられるのは「集団のまとまりが強い」ということである。これは**集団凝集性**が高いとも表現されるもので，集団メンバーが集団に魅力を感じ，誇りをもち，忠誠を誓っている場合には特にその度合いが高くなる。次の特徴は，「自集団を正義であると信じる」ことと「自集団は不敗であると信じる」ことである。これは国家や地域，民族，宗教に関する紛争の際，必ず指導者のことばとして表現されることからも理解できよう。そして「自集団に都合の悪い情報を聞き入れない」という特徴もみられる。外部からの批判に耳を傾けないばかりか，その批判に対して論点をすりかえてでも反論するメンバーが出現することさえある。さらに「集団の全メンバーが同じ意見をもつと信じる」といった**満場一致の幻想**とでもいえるような特徴もみられる。

これらの特徴を，ある意味「自集団に対する過剰な自信」と解釈すれば，groupthink がエリート集団に顕著に現われるということも理解できよう。

Super Essence 11 − 10

集団で議論した結果，各メンバーの当初の意見よりも極端な結論になることがある。

集団での話し合いや会議が始まる前には，あらかじめ個々のメンバーが何らかの考えや意見をもっていることが多い。話し合いや会議では，それぞれの考えや意見が提出され，それを吟味し修正しながら結論にいたる。たいていの結論は，特定のメンバーの意見が採用されたり，複数の意見の妥協案が採用されたりするが，時に当初の個々の意見からは予想もできないような極端な結論になることがある。このような現象は，**集団成極化**（group polarization）とよばれる。

集団成極化については，ワラックら（Wallach et al., 1962），モスコヴィッチとザヴァロニ（Moscovici & Zavalloni, 1969）が実験によりさまざまなことを明らかにした。その1つは，集団で議論した後，意見が極端に「危険な」方向を示す場合が見られたことであった。これは，**リスキー・シフト**（risky shift）とよばれ，議論前のどの個人の意見よりもリスクをともなった結論を出すものである。もう1つは，集団で議論した後，意見が極端に「慎重な」方向を示す場合が見られたことであった。これは，**コーシャス・シフト**（cautious shift）とよばれ，議論前の個々のどの意見よりも無難な結論にいたるものである。

> **11 - 11**
>
> 集団におけるリーダーの機能は，課題遂行と関係維持である。

　リーダーとは集団のトップあるいは長とよばれる人であり，リーダーシップとは集団目標の達成を促進する機能とそれに関連する影響過程のことである。通常は，集団のリーダーがリーダーシップを発揮することが期待される。

　三隅（1984）は，一連の研究の中でリーダーシップPM理論を確立し，リーダーシップを2つの次元からとらえている。1つは課題遂行（performance）の次元であり，もう1つは関係維持（maintenance）の次元である。前者は，集団目標を達成するために課題解決を行なう機能である。後者は，集団目標を達成するためにメンバー間の結束力を高める機能である。三隅はそれぞれの次元を，英語表記の頭文字を使って，P機能，M機能とよんだ。そして，それらのリーダーシップをもったリーダーを課題遂行型リーダー，関係維持型リーダーとして分類が可能であるとした上で，2次元上にリーダーシップの4類型を示した（図11‐3参照）。PM型（「ラージ・ピーエム型」とよぶ）はP機能もM機能も高い，P型はP機能が高いがM機能が低い，M型はP機能が低くM機能が高い，pm型（「スモール・ピーエム型」とよぶ）はP機能もM機能も低い，ということである。

　リーダーシップの4類型と課題の出来との関連を見ると，PM型のリーダーのもとで課題を遂行した集団は，他のタイプより作業の量も質も優れていることがわかった。

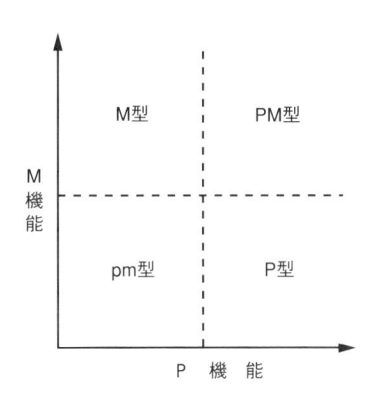

図11-3　リーダーシップの4類型　（三隅,1984）

11 章 集う、つながる、関わりあう

Super Essence 11 - 12

自らが所属する集団を「内集団」、そうでないものを「外集団」とよび、人はふつう内集団のメンバーをひいきする。

　自分が所属する集団を**内集団**、所属していない集団を**外集団**とよぶ。人は、内集団のメンバーは自分と同じ特徴や価値観をもち、外集団のメンバーは自分と異なる特徴や価値観をもつと考えている。つまり、内集団メンバーと自分とは同質性があり、外集団メンバーと自分とは異質性があると見なしている。

　内集団メンバーと自分との同質性を強く意識すると、自分自身を好意的に評価しようとする心理が内集団メンバーへの態度にも反映され、内集団メンバーを好ましく思う認知的なバイアス（偏向）が生じることになる。このような認知的バイアスを**内集団ひいき**とよぶ。内集団ひいきは、内集団メンバーへの好意や高評価にとどまらず、外集団メンバーへの敵意、低評価、そして偏見や差別につながることもある。

Super Essence 11 - 13

ある人が失敗したり罪を犯したりした場合、外集団のメンバーよりも内集団のメンバーから激しい非難や攻撃を受けることがある。

　通常は、内集団メンバーに対して、好意を抱き、高評価を与え、援助や協力といった肯定的行動が生じる（→11 - 12）。少しぐらいの過失や失態は、内集団メンバーどうしがカバーしあうということもふつうである（Hogg, 1992 ; Hogg & Abrams, 1988）。

　しかしながら、あるメンバーが致命的なミスを犯したり集団に決定的なダメージを与えたりした場合、また明らかに能力や努力が劣っていると判断された場合などには、外集団メンバーよりも内集団メンバーから強烈に批判を受け、徹底的に攻撃されることがある。内集団メンバーの多くは、「われわれは同質で、かつ優秀であると信じていたが、異質な者がまぎれこんでいて、その者が過ちを犯した」と見なすのである。このような現象は、いわば内集団ひいきの裏返しであり、これも認知的バイアスが生じたものといえる。

> **11 − 14**
>
> 流行とは，ある一定の期間，人々が同様の行動を採用することである。

　流行とは，ある社会や集団において，また世界の国や地域，そしてそれらを超えた範囲において，一定の期間，人々が同様の行動を採用することである（南，1957）。

　流行には3つのタイプが存在する（池内，1968）。第一に，あるものごとが発生し，多数の人々に採用され（流行し），流行がおさまった後に定着するといった**一般化型**がある。このタイプの代表的なものはジーンズ，ヘッドホンステレオなどである。第二に，あるものごとが発生し，多数の人々に採用され，そのうちに消失したり忘れ去られたりするといった**減衰型**である。このタイプには，一世を風靡した人気玩具などが該当する。第三に，あるものごとが周期的に多数の人々に採用されることをくり返すといった**循環型**がある。このタイプは，女性のスカート丈や髪型などがあげられる。

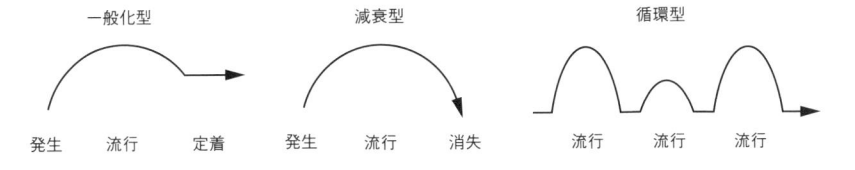

図 11-4　流行の3タイプ（池内，1968を参考に作成）

> **11 − 15**
>
> 流行の特徴，流行を採用する動機にはさまざまなものがある。

　流行の特徴，流行を採用する動機にはさまざまなものがある。

　流行の特徴には，目新しさがあるといった「**新奇性**」，実益がなくてもかまわないといった「**効用からの独立**」，飽きられたら終わるといった「**短命性**」，生活の中核から離れたところで生じるといった「**瑣末性**」などが指摘されている。

　また，人が流行を採用する動機として，次のようなものがあるといわれている。すなわち，もの珍しく新しいものを求めようとする**好奇心の動機**，自分の価値を高く見せ他者より目立とうとする**優越の動機**，集団や社会に受け入れてもらおうとする**適応の動機**，自分と他者を区別しようとする**個性化の動機**，劣等感を隠したり克服しよう

とする自我防衛の動機などである（鈴木，1977）。

> **Super Essence**
> **11 - 16**
> 　流行はものごとが，①革新者，②初期採用者，③前期多数者，④後期多数者，⑤遅滞者の順にとり入れられることで普及する。

　ある商品が若い人たちに流行る時，まず「見たこともないモノをもち歩いている若い子がいるなぁ」という段階があり，次に「若い人がアレを持っているのをよく見かけるなぁ」という段階になり，そして「若い人のほとんどがソレを持っているなぁ」という段階が来る。このような，流行が人々に受け入れられていく過程を**流行の普及過程**とよんでいる。

　ロジャーズ（Rogers, 1971）による流行の普及過程の研究では，流行をとり入れる各段階の人々について以下のような名称と特徴が示されている。まず，流行の普及における最初の段階には，**革新者**とよばれる人たちがいる。この人たちは，今までにないコトを始めたりモノを身につけたりする。次の段階では，**初期採用者**が現われる。革新者が行なうコトや持つモノを見て適切かどうかを判断してとり入れる人たちである。3つめの段階では，**前期多数者**とよばれる人たちが現われ，この人たちは世間や社会に認められたと判断してからモノやコトをとり入れる。そして4つめの段階においては，**後期多数者**という人たちが現われ，社会の中で多くの人たちがとり入れたモノやコトを自らもとり入れる。最後の段階では，**遅滞者**とよばれる人たちがおり，その人たちはモノやコトをとり入れるのが最も遅かったり，いつまでもとり入れなかったりする。

> **Super Essence**
> **11 - 17**
> 　ものごとが初期採用者の段階まで普及すると，世間が「流行している」と認識する。

　私たちが「今，アレが流行っている」と感じるのはどのような時期であろうか。言い換えれば，世間において，また自らの周囲で，どれほどの人たちが同様の行動を示す時に流行を認識するのであろうか。
　流行の普及過程の研究（Rogers, 1971）では，ものごとが流行するには段階があ

```
  革                                                              
  新  初期
  者  採用者    前期多数者        後期多数者        遅滞者
 2.5% 13.5%    34.0%          34.0%          16.0%
```

この段階を
クリアすれ
ば「流行」
となる

流行の普及過程

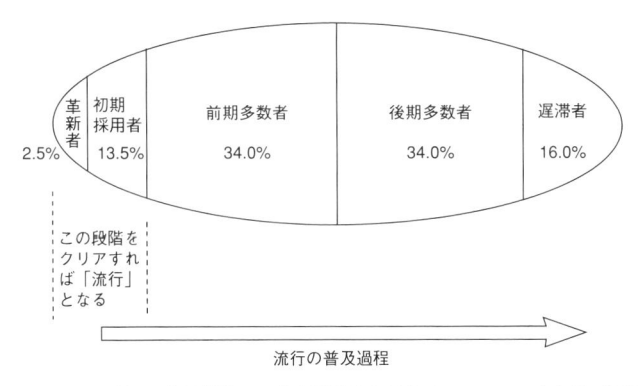

図 11-5　流行の普及過程における採用者の割合（Rogers, 1971 を参考に作成）

り，それぞれの段階でものごとを採用する人の名称と特徴が指摘されている（→11 - 16）。さらに，その段階における採用者の割合が示されている（図 11 - 5 参照）。各段階の割合からわかるのは，前期多数者が採用したものごとは社会の半数の人たちが採用すること，そして後期多数者が採用すればそのものごとは社会の 8 割以上の人たちが採用することである。

　注目すべきは，初期採用者の段階まで普及したものごとが人々に「流行している」と認められることである。この段階の前に革新者の段階があり，その割合と合わせると全体の 16％である。つまり，世間の 2 割足らずの人々が，あるものごとを採用していると「流行」になるのである。たとえば，中学校や高校の 30 名ほどの学級集団では，5 名ほどの人たちが身につけているキャラクター・グッズがもう「流行っているもの」としてとらえられるということである。

11 - 18

流言は，内容の重要性と曖昧さによりひろまる程度が決まる。

　社会や世間において，確信性は定かではないが人々の口から口へと伝えられる情報がある。それは，**流言**（rumor）とよばれ，限定された範囲で不確かな情報が伝わる**うわさ**（gossip）もその中に含めることもある。

　流言がひろまることを**流言の伝播**というが，オルポートとポストマン（Allport & Postman, 1947）は，その伝播の程度に関連する要因を 2 つ指摘している。1 つは，「流

言内容の重要性」である。われわれの安全や生活基盤に影響を及ぼす内容であるほど，流言がひろまることになる。たとえば，居住地域に凶悪な犯罪が集中して発生し，犯人が逮捕されないばかりか，犯人の意図がわからないような場合である。この時，犯人像や被害の程度についてさまざまな憶測が流言となって飛び交うことになる。もう1つの要因は，「流言の根拠や事実の曖昧さ」である。流言の出どころや客観的事実が明らかでないほど流言はひろまりやすい。先の例を続ければ，居住地域に発生した犯罪に対する情報源が公的機関からか住民の一部からかが判別できなかったり，犯罪の被害に遭った人数，時間，場所等が明確でなかったりする場合である。この時，次の犯罪発生に関する情報が不安をともない流言となってひろまることになる。

Super Essence 11 - 19

　　流言は，ひろまるうちに「よりおもしろい話」に変えられることがある。

　ある人物に関する興味深い話を聞いたとしよう。その話は，自分を含め周囲の知人や友人にも関連する内容であることは明白であるが，その内容が事実であるという根拠はない。しかし，知人や友人に言いたくてたまらないので，電話をかけたり，メールを送信したりして話を伝える。ところが，しばらくしてまわり回って自分に再びその話が伝わってきた時にはもとの話とはかなり内容が変化している，ということがある。

　この例のように，不確かな情報でありながら人々に伝達される流言（→11-18）は，ひろまっていく中で内容に変化が生じることが知られている（木下，1977）。その変化は，次の3つである。まず，人々の興味や関心をひく部分が誇張されるといった**強調化**である。流言はひろまるほどに「インパクトのあるネタ」になるといえる。次は，伝達の過程で省略されたり単純化されたりするといった**平準化**である。流言はひろまるうちに誰もが伝えやすい形に加工されるということである。最後は，伝える者の主観が入り話が再構成されるといった**同化**である。流言の内容がある程度ストーリーをもつ場合に，伝達者が脚色して自分なりの解釈を挿入するということである。以上のように，流言はひろまるうちに印象的で明快で物語性の高いおもしろい話に変化することが多いのである。

> **11 - 20**
>
> 大衆はマスメディアが「多くの人が好んでいる」と報じた方に傾くことがある。

　マスメディアは大衆に対してどれほどの影響力をもつのであろうか。この問題に関して，マッコウムズとショウ（McCombs & Shaw, 1972）は，人々が選挙の争点となるテーマをどのようにして知るのかを調査した。その結果，有権者は対立する政党どうしの争点をほとんどテレビや新聞から知ることを明らかにした。要するに，われわれは選挙においては，直接，政党からではなく，マスメディアからメッセージを受けとっているのである。

　マスメディアの影響力を示す現象の1つが，**バンドワゴン効果**である。この名称は，街の中を練り歩く楽隊（バンドワゴン）が人々の興味をひきつけることに由来している。バンドワゴン効果とは，マスメディアが「多くの人がAよりもBの方を選んでいますよ」と報じると，今まで以上にBの方を選ぶ人が増えることを指している。したがって，マスメディアは意図した方向に大衆を導くことが可能であり，大衆は多数派であると報道された方の意見や考えを選択する傾向がみられるのである。この効果は，選挙の投票行動のみならず商品の購買行動においてもみられることが指摘されている。

> **11 - 21**
>
> 多数派の意見が少数派の意見をおさえて圧倒的に優勢になり，世論が形成されることがある。

　自分の意見は多くの人たちと同様であると思えば，その意見を声高に叫ぶことは容易であろう。しかし，自分の意見に賛同する人が少ないと思えば，その意見を人前で述べることは，つい控えてしまう。

　このような個人の行動が大衆レベルに反映されると，**沈黙の螺旋モデル**で論じられているような現象が生じる（池田，1988；Noelle-Neumann, 1974）。このモデルは，多数派の意見が少数派の意見をおさえて圧倒的に優勢になっていく過程をうまく説明している。

　そのメカニズムは次のとおりである。自分は多数派であると感じている人たちが遠

慮なく意見を表明するのに対して，自分は少数派であると感じる人たちは攻撃を受けることを恐れて黙ってしまう。そのために，世間では多数派が実際以上に大勢に，かつ優位な立場にあるように見えてしまう。さらに，そのことが少数派のことばを封じ，まるで螺旋階段を降りるかのごとく少数派の沈黙が深まっていく。結果的に多数派が圧倒的に少数派をおさえ，その多数派の意見が世論となっていくのである。

引用文献

●1章

Charpentier, A. 1886 Sur une illusion visuelle. *Comptes Rendus*, **102**, 1155-1157.
Gibson, J. J. 1950 *The perception of the visual world*. Houghton Mifflin.
Gibson, J. J. 1979 *The ecological approach to visual perception*. Houghton Mifflin.
Kanizsa, G. 1979 *Organization in vision: Essays on gestalt perception*. New York: Praeger Publisher.
道田泰司　1995　知覚　石田　潤・岡　直樹・桐木建始・富永大介・道田泰司（共著）　ダイアグラム心理学　北大路書房　Pp. 3-20.
Norman, D. A. & Bobrow, D. G. 1976 On the role of active memory process in perception and cognition. In C. N. Cofer (Ed.), *The structure of human memory*. Pp.114-132. San Francisco: Freeman.
Rubin, E. 1921 *Visuell wahrgenommene figuren*. Copenhagen: Gyldendalske.
Teyler, T. J. 1975 *A primer of psychology*. San Francisco: Freeman.
Wertheimer, M. 1912 Experimentelle studien uber das sehen von bewegung. *Zeitschrift fur Psychologie*, **61**, 161-265.
Wertheimer, M. 1923 Untersuchungen zur lehre von der gestalt, II [Laws of organization in perceptual forms]. *Psychologische Forschung*, **4**, 301-350.

●2章

Ausubel, D. P. 1963 *The psychology of meaningful verbal learning*. New York: Grune & Stratton.
Ausubel, D. P. 1968 *Educational psychology: A cognitive view*. New York: Holt.
Bandura, A. 1965 Influence of models7 reinforcement contingencies on the acquisition of imitative responses. *Journal of Personality and Social Psychology*, **1**, 589-595.
Briggs, G. E., & Brogden, W. J. 1954 The effect of component practice on performance of a leverpositioning skill. *Journal of Experimental Psychology*, **48**, 375-380.
Bruner, J. S. 1960 *The process of education*. Cambridge: Harvard University Press.
Bruner, J. S. 1961 The act of discovery. *Harvard Educational Review*, **31**, 21-32.
板倉聖宣　1966　未来の科学教育　国土社
Lave, J., & Wenger, E. 1991 *Situated learning: Legitimate peripheral participation*. Cambridge University Press.
Seligman, M. E. P., & Maier, S. F. 1967 Failure to escape traumatic shock. *Journal of Experimental Psychology*, **74**, 1-9.
Skinner, B. F. 1938 *The behavior of organisms*. New York: Appleton-Century-Crofts.
Skinner, B. F. 1968 *The technology of teaching*. New York: Appleton-Century-Crofts. 慶応義塾大学学習科学研究センター　村井　実・沼野一男（監訳）　教授工学　東洋館出版社
Tolman, E. C. 1932 *Purposive behavior in animals*. New York: Appleton-Century-Crofts.
Underwood, B. J. 1949 *Experimental psychology*. New York: Appleton-Century-Crofts.
Watson, J. B., & Rayner, R. 1920 Conditioned emotional reactions. *Journal of Experimental Psychology*, **3**, 1-14.

引用文献

●3章

Atkinson, J. W., 1964 *An introduction to motivation*. Princeton, NJ: Van Nostrand.
Bandura, A. 1977 *Social learning theory*. New York: General Learning Press. 原野広太郎（監訳）1979　社会的学習理論　金子書房
Berlyne, D. E. 1965 *Structure and direction in thinking*. New York: John Wiley and Sons. 橋本七重・小杉洋子（訳）1970　思考の構造と方向　明治図書出版
Cannon, W. B. 1932 *The wisdom of the body*. New York: Norton. 舘　鄰・舘　澄江（訳）1981　からだの知恵——この不思議なはたらき——　講談社
Easterbrook, J. A. 1959　The effect of emotion on the utilization and organization of behavior. *Psychological Review*, **66**, 183-201.
Hull, C. L. 1943 *Principles of behavior*. New York: Appleton-Century-Crofts. 能見義博・岡本栄一（訳）1960　行動の原理　誠信書房
Hunt, J. Mc V. 1965　Intrinsic motivation and its role in psychological development. In D. Levine (Ed.), *Nebraska symposium on motivation, Vol. 13*. Lincoln, NE: University of Nebraska Press. Pp.189-282.
Loftus, E. F. 1979 *Eyewitness testimony*. Cambridge, MA: Harvard University Press.
Maslow, A. H. 1954 *Motivation and personality*. New York: Harper. 小口忠彦（監訳）1971　人間性の心理学　産業能率短期大学出版部
Maslow, A. 1971 *The farther reaches of human nature*. New York: The Viking Press.
McClelland, D. C. 1961 *The achieving society*. Princeton, N. J.: Van Nostrand-Reinhold. 林　保（監訳）1971　達成動機——企業と経済発展におよぼす影響——　産業能率短期大学出版部
Murray, H. A. 1938 *Explorations in personality*. New York: Oxford University Press. 外林大作（訳編）1961, 1962　パーソナリティ1, 2　誠信書房
Seligman, M. E. P. & Maier, S. F. 1967　Failure to escape traumatic shock. *Journal of Experimental Psychology*, **74**, 1-9.
White, R. W. 1959　Motivation reconsidered: The concept of competence. *Psychological Review*, **66**, 297-333.
Weiner, B. 1985　An attributional theory of achievement motivation and emotion. *Psychological Review*, **92**, 548-573.
Weiner, B. 1979　A theory of motivation for some classroom experiences. *Journal of Educational Psychology*, **71**, 3-25.
Yerkes, R. M. & Dodson, J. D. 1908　The relation of strength of stimulus to rapidity of habit-formation. *Journal of Comparative and Neurological Psychology*, **18**, 459-482.

●4章

Atkinson, R. C., & Shiffrin, R. M. 1968　Human memory: A proposed system and its control process. In K. W. Spence & J. T. Spence (Eds), *The psychology of learning and motivation: Advance in research and theory* (Vol. 2). New York: Academic Press.
Baddeley, A. D. 1986 *Working memory*. Oxford, England: Clarendon Press.
Bartlett, F. C. 1932 *Remembering: A study in experimental and social psychology*. Cambridge: Cambridge University Press. 宇津木　保・辻　正三（訳）1983　想起の心理学　誠信書房
Bousfield, W. A. 1953　The occurrence of clustering in the recall of randomly arranged associates. *Journal of General Psychology*, **49**, 229-240.
Bower, G. H., & Winzenz, D. 1970　Comparison of associate learning strategies. *Psychonomic Science*, **20**, 119-120.
Brown, J. A. 1958　Some tests of the decay theory of immediate memory. *Quarterly Journal of Experimental Psychology*, **10**, 12-21.

Conway, M. A. 1996 Autobiographical memory. In E. L. Bjork & R. A. Bjork (Eds.) *Memory*. London: Academic press. Pp.165-194.
Collins, A. M., & Loftus, E. F. 1975 A spreading-activation theory of semantic processing. *Psychological Review*, **82**, 407-428.
Collins, A. M., & Quillian, M. R. 1969 Retrieval time from semantic memory. *Journal of Verbal Learning and Verbal Behavior*, **8**, 240-247.
Craik, F. I. M, & Lockhart, R. S. 1972 Levels of processing: A framework for memory research. *Journal of Verbal Learning and Verbal Behavior*, **11**, 671-684.
Craik, F. I. M, & Tulving, E. 1975 Depth of processing and the retention of words in episodic memory. *Journal of Experimental Psychology: General*, **104**, 268-294.
Craik, F. I. M., & Watkins, M. J. 1973 The role of rehearsal in short-term memory. *Journal of Verbal learning and Verbal Behavior*, **12**, 599-607.
Godden, D., & Baddeley, A. D. 1975 Context-dependent memory in two natural environments: On land and under water. *British Journal of Psychology*, **66**, 325-331.
Kosslyn, S. M., Ball, T. M., & Reiser, B. J. 1978 Visual images preserve metric spatial information: Evidence from studies of image scanning. *Journal of Experimental Psychology: Human Perception and Performance*, **4**, 47-60.
Meyer, D. E., Schvaneveldt, R. W., & Ruddy, M. G. 1975 Loci of contextual effects on visual word recognition. In P. M. A. Rabbitt & S. Dormic (Eds.), *Attention and Performance*. Vol.5. New York: Academic Press, Pp.98-118.
Miller, G. A. 1956 The magical number seven, plus or minus two: Some limits on our capacity for processing information. *Psychological Review*, **63**, 81-97.
三宅 晶 1995 短期記憶と作動記憶 高野陽太郎（編） 認知心理学3 記憶 東京大学出版会 Pp.71-100.
Pavio, A. 1971 *Imagery and verbal process*. New York: Holt, Rinehart & Winston.
Peterson, L. R., & Peterson, M. 1959 Short-term retention of individual verbal items. *Journal of Experimental Psychology*, **58**, 193-198.
Rips, L. J., Shoben, E. J., & Smith, E. E. 1973 Semantic distance and the verification of semantic relations. *Journal of Verbal Learning and Verbal Behavior*, **12**, 1-20.
Schank, R. C., & Abelson, R. 1977 *Scripts, plans, goals, and understanding*. Hillsdale, NJ: Lawrence Erlbaum Associates.
Shepard, R. N., & Metzler, J. 1971 Mental rotation of three-dimensional objects. *Science*, **171**, 701-703.
Slamecka, N. J., & Graf, P. 1978 The generation effect: Delineation of a phenomenon. *Journal of Experimental Psychology: Human Learning and Memory*, **4**, 592-604.
Squire, L. R. 1987 *Memory and brain*. New York: Oxford University Press. 河内十郎（訳） 1989 記憶と脳 医学書院
Stein, B. S., Morris, C. D., & Bransford, J. D. 1978 Constraints on effective elaboration. *Journal of Verbal Learning and Verbal Behavior*, **17**, 707-714.
多鹿秀継 2001 教育心理学 梅本堯夫・大山 正（監修） コンパクト新心理学ライブラリ7 Pp.78-81.
Tulving, E. 1962 Subjective organization in free recall of "unrelated" word. *Psychological Review*, **69**, 344-354.
Tulving, E. 1983 *Elements of episodic memory*. Oxford: Oxford University Press. 太田信夫（訳） 1985 タルヴィングの記憶理論―エピソード記憶の要素 教育出版
Tulving, E. 1985 How many memory systems are there? *American Psychologist*, **40**, 385-398.
Tulving, E., & Pearlstone, Z. 1966 Availability versus accessibility of information in memory for words. *Journal of Verbal Learning and Verbal Behavior*, **5**, 381-391.
Wickelgren, W. A. 1965 Acoustic similarity and intrusion errors in short-term memory. *Journal of Experimental Psychology*, **70**, 102-108.

●5章

Anderson, R. C. & Pichert, J. W. 1978 Recall of previously unrecallable information following a shift in perspective. *Journal of Verbal Learning and Verbal Behavior*, **17**, 1-12.

Austin, J. L. 1960 *How to do things with words*. Oxford University Press. 坂本百大（訳） 1978 言語と行為 大修館書店

Ausubel, D. 1978 In defense of advance organizers: A reply to the critics. *Review of Educational Research*, **48**, 251-257.

Ausubel, D. P., & Fitzgerald, D. 1961 The role of discriminability in meaningful verbal learning and retention. *Journal of Educational Psychology*, **52**, 266-274.

Bransford, J. D., & Johnson, M. K. 1972 Contextual prerequisites for understanding: Some investigations of comprehension and recall. *Journal of Verbal Learning and Verbal Behavior*, **11**, 717-726.

Chomsky, N. 1965 *Aspects of the theory of syntax*. Cambridge, Massachusetts: The M. I. T. Press. 安井 稔(訳) 1970 文法理論の諸相 研究社出版

Chomsky, N. 1967 Recent contributions to the theory of innate ideas. *Synthese*, **17**, 2-11.

Chomsky, N. 1981 *Lectures on government and binding: The pisa lectures*. Dordrecht, Holland: Foris Publications. 安井 稔・原口庄輔（訳） 1986 統率・束縛理論 研究社出版

Clark, H. H., & Haviland, S. E. 1977 Comprehension and the given-new contract. In R. O. Freedle (Ed.), *Discourse production and comprehension*. Norwood, New Jersey: Ablex Publishing Corporation. Pp. 1-40.

Frazier, L., & Fodor, J. D. 1978 The sausage machine: A new two-stage parsing model. *Cognition*, **6**, 291-325.

Grice, H. P. 1975 Logic and conversation. In P. Cole & J. L. Morgan (Eds.), *Syntax and semantics. Vol. 3 Speech act*. New York: Academic Press. Pp. 41-58.

Halliday, M. A. K. 1967 Notes on transitivity and theme in English, Part 2. *Journal of Linguistics*, **3**, 199-244.

Halliday, M. A. K. 1970 Language structure and language function. In J. Lyons (Ed.), *New horizons in linguistics*. Harmondsworth, Middlesex: Penguin Books. Pp. 140-165.

Haviland, S. E., & Clark, H. H. 1974 What's new? Acquiring new information as a process in comprehension. *Journal of Verbal Learning and Verbal Behavior*, **13**, 512-521.

Kintsch, W. 1998 *Comprehension: A paradigm for cognition*. Cambridge: Cambridge University Press.

Rumelhart, D. E. 1975 Notes on a schema for stories. In Bobrow, D. G. & Collins, A. (Eds.), *Representation and understanding*. : Studies in Cognitive Science. New York:Academic Press. 物語の構図についてのノート 淵 一博（監訳）1978 人工知能の基礎─知識の表現と理解─ 近代科学社 Pp. 195-218.

坂本 勉 1998 人間の言語情報処理 大津由紀雄・坂本 勉・乾 敏郎・西光義弘・岡田伸夫（著）岩波講座 言語の科学 11 言語科学と関連領域 岩波書店 Pp. 1-55.

Schank, R. C. & Abelson, R. P. 1977 *Scripts, plans, goals and understanding*. Hillsdale, New Jersey: Lawrence Erlbaum Associates.

Skinner, B. F. 1957 *Verbal behavior*. New York: Appleton-Century-Crofts.

Stevens, A. L., & Rumelhart, D. E. 1975 Errors in reading: Analysis using an augmented transition network model of grammar. In D. A. Norman, D. E. Rumelhart, & The LNR Research Group, *Explorations in cognition*. San Francisco: Freeman and Company.

Sulin, R. A., & Dooling, D. J. 1974 Intrusion of a thematic idea in retention of prose. *Journal of Experimental Psychology*, **103**, 255-262

Thorndyke, P.W. 1977 Cognitive structures in comprehension and memory of narrative discourse. *Cognitive Psychology*, **9**, 77-110.

●6章

Anderson, J. R. 1980 *Cognitive psychology and its implications*. San Francisco: W. H. Freeman and Company. 富田達彦・増井　透・川崎惠里子・岸　学（訳）1982　認知心理学概論　誠信書房
Chen, P. W., & Holyoak, K. J. 1985 Pragmatic reasoning schemas. *Cognitive Psychology*, **17**, 391-416.
Gick, M. L., & Holyoak, K. J. 1980 Analogical problem solving. *Cognitive Psychology*, **12**, 306-355.
Glucksberg, S., & Weisberg, R. W. 1968 Verbal behavior and problem solving: Some effects of labeling in a functional fixedness problem. *Journal of Experimental Psychology*, **71**, 659-664.
Griggs, R. A., & Cox, J. R. 1982 The elusive thematic-materials effect in Wason's selection task. *British Journal of Psychology*, **73**, 407-420.
市川伸一　1996　確率判断　市川伸一（編）　認知心理学4　思考　東京大学出版会　Pp.61-79.
Johnson-Laird, P. N., & Byrne, R. M. J. 1991 Deduction. Hove, Great Britain: Erlbaum.
Kahneman, D., & Tversky, A. 1972 Subjective probability: A judgment of representativeness. *Cognitive Psychology*, **3**, 43-454.
Kahneman, D., & Tversky, A. 1973 On the psychology of prediction. *Psychological Review*, **80**, 237-251.
Luchins, A. S. 1942 Mechanization in problem solving. *Psychological Monographs*, **54**, No.248.
Newell, A., & Simon, H. A. 1972 *Human problem solving*. Englewood Cliffs, NJ: Prentice-Hall.
Silveira, J. 1971 Incubation: The effect of interruption timing and length on problem solution and quality of problem processing. Unpublished doctoral dissertation, University of Oregon.
Tversky, A., & Kahneman, D. 1973 Availability: A heuristics for judging frequency and probability. *Cognitive Psychology*, **5**, 207-232.
Tversky, A., & Kahneman, D. 1982 Judgments of and by representativeness. In D. Kahneman, P. Slovic, & A. Tversky (Eds) *Judgments under uncertainty: Heuristic and biases*. N.Y.: Cambridge University Press.
Wason, P. C. 1966 Reasoning. In B. A. Foss (Ed), *New horizons in psychology*. Harmondsworth, England: Penguin. Pp.135-151.
Wickelgren, W. A. 1974 *How to solve problems*. San Francisco: W. H. Freeman and Company.
山　祐嗣　1994　問題解決と知能　多鹿秀継（編）　認知と思考―思考心理学の最前線―　サイエンス社　Pp.100-124.

●7章

Ausubel, D. P. 1954 *Theory and problems of adolescent development*. New York: Grune & Stratton.
Bowlby, J. 1951 *Maternal care and mental health*. 黒田実郎（訳）　1967　乳幼児の精神衛生　岩崎学術出版社
Bowlby, J. 1969 *Attachment and loss: Attachment (Vol.1)*. London: Hogarth Press.
Erikson, E. H. 1959 Growth and crises of the healthy personality. *Psychlogical Issues*, **1**, 50-100.
Erikson, E. H. 1959 *Identity and the life cycle*. New York: International Universities Press. 小此木啓吾（訳編）1973　自我同一性　誠信書房
Erikson, E. H. 1968 *Identity : Youth and crisis*. New York: Norton. 岩瀬庸理（訳）　1973　アイデンティティ　青年と危機　金沢文庫
Fantz, R. L. 1961 The origin of form perception. *Scientific American*, **204**, 66-72.
福富　護　1988　青年のセクシュアリティの発達　西平直喜・久世敏雄（編）　青年心理学ハンドブック　福村出版　Pp. 474-494.
長谷川和夫　1975　老人の心理―老人心理へのアプローチ―　医学書院
井上勝也　1993　老年期と生きがい　井上勝也・木村　周（編）　新版老年心理学　朝倉書店
石田　潤　1995　青年期の課題　石田　潤・岡　直樹・桐木建始・冨永大介・道田泰司（共著）　ダイアグラム心理学　北大路書房　Pp. 155-164.
Jakobson, R. 1968 *Child language aphasia and phonological universals*. A. R. Keiler, Trans. The Hague:

引用文献

Mouton.
Jensen, A. R. 1972 *Genetics and education*. London: Associated Books Publishers. 岩井勇児（監訳）1978 IQの遺伝と教育 黎明書房
柏木恵子 1988 幼児期における「自己」の発達：行動の自己制御機能を中心に 東京大学出版会
Lewin, K. 1935 *A dynamic theory of personality*. New York: McGraw Hill.
Lorenz, K. 1935 Der kumpan in der umwelt des vogels. *Journal of Ornithology*, **83**(2), 137-213.
Kliegl, R., Smith, J., & Baltes, P. B. 1986 Testing-the-limits, expertise, and memory in adulthood and old age. In F. Klix & H. Hagendorf (Eds.), *Human memory and cognitive capabilities: Mechanisms and performances*. Amsterdam: North Holland. Pp. 395-407.
前田重治 1994 続 図説 臨床精神分析学 誠信書房
松井 豊 1993 恋ごころの科学 サイエンス社
宮台真司・宮崎哲弥 2002 m2われらの時代に 朝日新聞社
小此木啓吾 1978 モラトリアム人間の時代 中央公論社
太田信夫・竹形理佳・石原 治・寺澤孝文・高橋秀明・河野理恵 1999 高齢者の記憶―潜在記憶研究を中心に― 心理学評論, **42**.
Park, D. C., Puglisi, J. T., & Smith, A. D. 1986 Memory for pictures: Does an age-related decline exist? *Psychology and Aging*, **1**, 11-17.
Piaget, J., & Inhelder, B. 1948 *La représentation de l'espace chez l'enfant*. Paris: PUF.
Piaget, J., & Inhelder, B. 1956 *The children's conception of space*. London: Routledge & Kegan Paul.
柴田利男 1995 人格と社会性の発達(2)青年期以降 藤村邦博・大久保純一郎（編） 学習・発達心理学序説 小林出版 Pp. 127-147.
Singh, J. A. L. 1942 *Wolf-children and feral man*. New York: Harper & Brothers. 中野善達・清水知子（訳）1977 野生児の記録1 狼に育てられた子 福村出版
Schaffer, H. R. 1998 *Making decisions about children*. London:Blackwell. 無藤 隆・佐藤恵理子（訳）2001 子どもの養育に心理学が言えること 新曜社
Stern, W. 1935 *Allgemeine psychologie auf personalistischer grundlage*. Hague: Nijhoff.
鑪 幹八郎 1988 青年の同一性（アイデンティティ） 西平直喜・久世敏雄（編） 青年心理学ハンドブック 福村出版 Pp. 257-279.
戸張幾生 1977 老人患者の取り扱いと入院管理―老人の視力と白内障を中心として 眼科, **19**, 59-65.
Zimbardo, P. G. 1980 *Essentials of psychology and life*. (10th ed) Illinois: Scott Foresman and company. 古畑和孝・平井久（監訳） 1983 現代心理学 サイエンス社

●8章

Adler, A. 1927 *Menschenkenntnis*. 高尾利数（訳） 1987 人間知の心理学 春秋社
Adler, A. 1929 *The science of living*. 岸見一郎（訳）・野田俊作（監訳） 1996 個人心理学講義―生きることの科学 一光社
Allport, G. W. 1937 *Personality: A psychological interpretations*.
Berne, E. 1964 *Games people play*. 南 博（訳） 1967 人生ゲーム入門―人間関係の心理学 河出書房新社
Freud, S. 1905 *Drei abhandlungen zur sexualtheorie*. 懸田克躬・吉村博次（訳）1969 性欲論三篇 懸田克躬・高橋義孝他（訳） フロイト著作集 第5巻 人文書院 Pp. 7-94.
Freud, S. 1917 *Vorlesungen zur einführung in die psychoanalyse*. 懸田克躬・高橋義孝（訳） 1971 精神分析入門（正） 懸田克躬・高橋義孝（訳） フロイト著作集 第1巻 人文書院 Pp. 7-383.
Freud, S. 1920 *Jenseits der lustprinzips*. 小此木啓吾（訳） 1970 快感原則の彼岸 井村恒郎・小此木啓吾（訳） フロイト著作集 第6巻 人文書院 Pp. 150-194.

Freus, S. 1923 *Das ich und das es.* 小此木啓吾（訳） 1970 自我とエス 井村恒郎・小此木啓吾他（訳） フロイト著作集 第6巻 人文書院 Pp. 263-299.
Freud, S. 1926 *Hemmung, symptom und angst.* 井村恒郎（訳） 1970 制止、症状、不安 井村恒郎・小此木啓吾他（訳） フロイト著作集 第6巻 人文書院 Pp. 320-376.
Freud, S. 1933 *Neue folge der vorlesungen zur einführung in die psychoanalyse.* 懸田克躬・高橋義孝（訳） 1971 精神分析入門（続） 懸田克躬・高橋義孝（訳） フロイト著作集 第1巻 人文書院 Pp. 387-536.
Freud, S. 1937 Die endliche und die unendliche analyse. 馬場謙一（訳） 終りある分析と終りなき分析 1970 井村恒郎・小此木啓吾他（訳） フロイト著作集 第6巻 人文書院 Pp. 377-413.
Freud, S. 1940 *Abriß der psychoanalyse.* 小此木啓吾（訳） 1983 精神分析学概説 小此木啓吾（訳） フロイト著作集 第9巻 人文書院 Pp. 156-209.
Fromm, E. 1941 *Escape from freedom.* 日高六郎（訳） 1965 自由からの逃走 東京創元社
Jacobi, J. 1959 *Die psychologie von C. G. Jung.* 池田紘一・石田行仁・中谷朝之・百渓三郎（共訳） 1973 ユング心理学 日本教文社
Jung, C. G. 1921 *Psychologische typen.* 林 道義（訳） 1987 タイプ論 みすず書房
Jung, C. G. 1928 *Die beziehungen zwischen dem ich und dem unbewußten.* 野田 倬（訳） 1982 自我と無意識の関係 人文書院
Jung, C. G. 1934 Über die archetypen des kollektiven unbewußten. 林 道義（訳） 1999 集合的無意識の諸元型について 林 道義（訳） 元型論〈増補改訂版〉 紀伊國屋書店 Pp. 27-76.
Jung, C. G. 1935 *Analytical psychology: its theory and practice.* 小川捷之（訳） 1976 分析心理学 みすず書房
Jung, C. G. 1939 Bewußtsein, unbewußtes und individuation. 林 道義（訳） 1991 意識、無意識、および個性化 林 道義（訳） 個性化とマンダラ みすず書房 Pp. 49-69.
Jung, C. G. 1946 Theoretische überlegungen zum wesen des psychischen. 林 道義（訳） 1999 心の本質についての理論的考察 林 道義（訳） 元型論〈増補改訂版〉 紀伊國屋書店 Pp. 289-367.
Jung, C. G. 1951 *Aion−Untersuchungen zur symbolgeschichte.* 野田 倬（訳） 1990 アイオーン 人文書院
Kretschmer, E. 1921 *Körperbau und charakter.*
Kretschmer, E. 1955 *Körperbau und charakter.* (21. /22. Auflage) 相場 均（訳） 1960 体格と性格 文光堂
前田重治 1985 図説 臨床精神分析学 誠信書房
Rogers, C. R. 1951 A theory of personality and behavior. 友田不二男（訳） 1967 パーソナリティと行動についての一理論 伊東 博（編訳） ロージャズ全集8 パーソナリティ理論 岩崎学術出版社 Pp. 89-162.
Rogers, C. R. 1959 A theory of therapy, personality, and interpersonal relationships as developed in the client-centered framework. 畠瀬 稔 他（訳） 1967 クライエント中心療法の立場から発展したセラピィ、パーソナリティおよび対人関係の理論 伊東 博（編訳） ロージャズ全集8 パーソナリティ理論 岩崎学術出版社 Pp. 165-278.
詫摩武俊 1990 性格の類型論 詫摩武俊・瀧本孝雄・鈴木乙史・松井 豊（著） 性格心理学への招待 サイエンス社 Pp. 46-59.

●9章

American Psychiatric Association 2000 *Quick Reference to the Diagnostic Criteria from DSM-IV-TR*
Axline, V. M. 1947 *Play therapy.* Houghoton Mifflin Co., Boston. 小林治夫（訳） 1972 遊戯療法 岩崎学術出版社
Cohen, F. 1987 Measurement of coping. In S. V. Kasl & C. L. Cooper(Eds.) *Stress and health:Issures in research methodology. Chichester*:Wiley. Pp. 283-305.

引用文献

Cohen, S., & Wills, T. A. 1985 Stress, socialsupport, and the buffering hypothesis. *Psychological Bulletin*, **98**, 310-357.
Erikson, E, H. 1959 *Identity and the life cycle*. New York : International Universities Press. 小此木啓吾（訳編） 1973 自我同一性 誠信書房
Eysenck, H. L. 1960 *Behaviour therapy and the neuroses*. Oxford: Pergamon. 異常行動研究会（訳） 1965 行動療法と神経症 誠信書房
Folkman, S., & Lazarusu, R. S. 1980 An analysis of coping in a middle-aged community sample. *Journal of Helth and Social Psychology*, **58**, 844-854.
藤井義久 1998 大学生活不安尺度の作成および信頼性・妥当性の検討 心理学研究, **68**, 6, 441-448.
平田賢一 1990 コンピュータ不安の概念と測定 愛知教育大学研究報告, **39**（教育科学）, 203-212.
堀井俊章・小川捷之 1996 対人恐怖心性尺度の作成 上智大学心理学年報, **20**, Pp. 55-65.
Lazarus, R. S., & Folkman, S. 1984 Stress, appraisal and coping. New York: Springer.
日本心身医学会教育研修委員会 1991 心身医学の新しい治療方針 心身医学, **31**, 537-576.
野村東助 1974 カウンセリング 内山喜久雄（監修） 児童臨床心理学事典岩崎学術出版社 Pp. 74-75.
尾関友佳子 1993 大学生用ストレス自己評価尺度の改訂：トランスアクショナルな分析に向けて 久留米大学大学院比較文化研究科年報, **1**, 95-114.
Rogers, C. R. 1942 *Counseling and psychotherapy: New Concepts in Practice*. Houngton Mifflin. 佐治守夫（編） 友田不二男（訳） 1966 カウンセリング ロージャズ全集2 岩崎学術出版社
清水秀美・今栄国晴 1981 STATE-TRAIT ANXIETY INVENTORY の日本語版（大学生用）の作成 教育心理学研究, **29**(4), 62-67.
Spielberger, C. D., Gorsuch, R. L., & Lushene, R. E. 1970 *Manual for State-Trait Anxiety Inventory* (*Self-Evaluation Questionnaire*). Palo Alto, California:Consulting Psychologists Press.
Winnicott, D. W. 1971 *Playing and Reality*. Tavistock Publications. 橋本雅쥐（訳） 1979 遊ぶことと現実 岩崎学術出版社
World Health Organization 1975 International Classification of Diseases. 9th. Vision: ICD-9.
World Health Organization 1992 International Classification of Diseases. 10th. Revision: ICD-10.
山中康裕 1990 芸術・表現療法 臨床心理学体系8 金子書房
山下 格 2002 精神医学ハンドブック［第4版］医学・保健・福祉の基礎知識 日本評論社

● 10章

Asch, S. E. 1946 Forming Impressions of Personality. *Journal of Abnormal and Soocial Psychology*, **41**, 258-290.
Bem, D. J. 1972 Self-perception theory. In L. Berkowitz(Ed.), *Advances in experimental social psychology,* Vol. 6, New York, Academic Press.
大坊郁夫 1986 対人行動としてのコミュニケーション 対人行動学研究会（編） 対人行動の心理学 第9章 誠信書房 Pp. 193-224.
Eagly, A. H. & Chaiken, S. 1998 Attitude structure and function. In D. T. Gilbert, S. T. Fiske, & G. Lindzey (Eds.), The handbook of social psychology (4th ed.). Vol. 1. NewYork: McGraw-Hill. Pp. 269-322.
Fenigstein, A., Scheier, M. F., & Buss, A. H. 1975 Private and public self-consciousness: Assessment and theory. *Journal of Consulting and Clinical Psychology*, **43**, 522-527.
Festinger, L. 1954 A theory of social comparison processes. *Human Relations*, **7**, 11-16.
林 文俊 1978 対人認知構造の基本次元についての一考察 名古屋大学教育学部紀要＜教育心理学科＞, **25**, 233-247.
廣岡秀一 1984 対人認知構造に及ぼす状況要因の効果 日本心理学会第48回大会発表論文集, Pp. 632.
Hovland, C. I., Janis, I. L., & Kelley, H. H. 1953 *Communication and persuasion*. New Haven: Yale University Press. 辻 正三・今井省吾（訳） 1960 コミュニケーションと説得 誠信書房

James, W. 1890 *Principles of psychology*. New York : Holt, Rinehard and Wiston.
Latané, B. & Darley, J. M. 1970 *The unresponsive bystander: Why doesn't he help?* New York:Appleton-Century-Crofts. 竹村研一・杉崎和子（訳） 1977 冷淡な傍観者—思いやりの社会心理学— ブレーン出版
Latané, B. & Rodin, J. 1969 A lady in distress: Inhibiting effects of friends and strangers on bystander intervention. *Journal of Experimental Social Psychology*, **5**, 189-202.
松井 豊 1981 援助行動の構造分析 心理学研究, **52**, 226-232.
Rosenberg, M. J. & Hovland, C. I. 1960 Cognitive, affective, and behavioral components of attitudes. In M. J. Rosenberg & C. I. Hovland, W. J. Mcguire, R. P. Abelson & J. W. Brehm(Eds.) *Attitude organization and change*. New Haven: Yale University Press. Pp. 1-14.
Snyder, M. 1974 The slf-monitering of expressive behavior. *Journal of Personality and Social Psychology*, **30**, 526-537.
Tesser, A. 1986 Some effects of self-evaluation maintenance on cognition and action. In R. M. Sorrentino & E. T. Higgins(Eds.), *The handbook of motivation and cognition: Foundations of social behavior*. New York: Guilford. Pp. 435-464.
和田 実 1989 二者関係，対人距離および非言語的行動に及ぼす影響—現実の二者関係にもとづいて— 心理学研究, **60**, 31-37.
Zajonc, R. B. 1968 Attitudinal Effects of Mere Exposure. *Journal of Personality and Social Psychology, Monograph Supplement*, **9**, 1-27.

●11章

Allport, G. W., & Postman, L. 1947 *The Psychology of Rumor*. New York: Holt.
Aronson, E., & Mills, J. 1959 The Effect of Severity of Initiation on Liking for a Group. *Journal of Abnormal and Social Psychology*, **59**, 177-181.
Asch, S. E. 1951 Effects of Group Pressure upon the Modification and Distortion of Judgements. In Guetzkow, H. (Ed.), *Groups, Leadership, and Men*. Carnegie Press. Pp. 177-190.
広田君美 1963 集団の心理学 誠信書房
Hogg, M. A. 1992 *The Social Psychology of Group Cohesiveness: From Attraction to Social Identity*. New York, London and Sydney: Harvester Wheatshearf. 広田君美・藤沢 等（監訳） 1994 集団凝集性の社会心理学 北大路書房
Hogg, M. A., & Abrams, D. 1988 *Social Identifications: A social psychology of intergroup relations and group process*. London and New York: Routledge.
池田謙一 1988 沈黙の螺旋理論—世論形成過程の社会心理学— ブレーン出版
池内 一 1968 流言 八木 冕（編） 心理学Ⅱ 培風館 Pp. 310-328.
Janis, I. L. 1972 *Victims of Groupthink: A Psychological Study of Foreign Policy Decisions and Fiascoes*. Boston: Houghton Mifflin.
Janis, I. L. 1982 *Groupthink: Psychological Studies of Policy Decisions and Fiascoes*. (2nd ed)Boston: Houghton Mifflin.
木下冨雄 1977 流言 池内 一（編） 講座社会心理学3 集合現象 東京大学出版会 Pp. 11-86.
McCombs, M. E., & Shaw, D. L. 1972 The Agenda Setting Function of Mass Media. *Public Opinion Quarterly*, **36**, 176-187.
南 博 1957 体系社会心理学 光文社
三隅二不二 1984 リーダーシップ行動の科学（改訂版） 有斐閣
Moscovici, S., Lage, E. & Naffrechoux, M. 1969 Influence of a Consistent Minority on the Responses of a Majority in a Color Perception Task. *Sociometry*, **32**, 365-380.
Moscovici, S. & Zavalloni, M. 1969 The Group as a Polarizer of Attitudes. *Journal of Personality and Socail Psychology*, **12**, 125-135.

引用文献

Noelle-Neumann, E. 1974 *The Spiral of Silence: A Theory of Public Opinion.* J. Commu. Springer. Pp. 43-51.
Rogers, E. M. 1971 *Communication of Innovations: A Cross-Cultural approach.* Free Press.
Sherif, M. 1953 A Study of Some Social Factors in Perception. *Archives of Psychology,* **187**.
鈴木裕久　1977　流行　池内　一（編）　講座社会心理学 3　集合現象　東京大学出版会　Pp. 121-151.
Wallach, M. A., Kogan, N. & Bem, D. J. 1962 Group Influence on Individual Risk-taking. *Journal of Abnormal and Socail Psychology,* **65**, 75-86.

人名索引

●A
Abrams, D.　177
Adler, A.　125
Allport, G. W.　116, 180
Anderson, R. C.　67
Aronson, E.　170
Asch, S. E.　155, 173
Atkinson, J. W.　34
Atkinson, R. C.　41
Austin, J. L.　63
Ausubel, D. P.　24, 72
Axline, V. M.　142

●B
Baddely, A. D.　44
Bandura, A.　22, 37
Bartlett, F. C.　50
Bem, D. J.　151
Berlyne, D. E.　33
Berne, E.　126
Bousfield, W. A.　47
Bower, G. H.　48
Bowlby, J.　94, 102
Bransford, J. D.　66
Bruner, J. S.　23

●C
Cannon, W. B.　32
Cattell, R. B.　116
Charpentier, A.　8
Chomsky, N.　60, 61
Cohen, F.　130
Cohen, S.　130
Collins, A. M.　52, 54
Craik, F. I. M.　41, 45, 46

●D
大坊郁夫　164
Darley, J. M.　165
Dodson, J. D.　33
Dooling, D. J.　73

●E
Erikson, E. H.　92, 109-111, 147
Eysenck, H. L.　144

●F
Fantz, R. L.　97
Fenigstein, A.　150
Festinger, L.　152
Folkman, S.　129
Freud, S.　92, 94, 102, 118-121, 140
Fromm, E.　125
藤井義久　131

●G
Gesell, A. L.　96
Gibson, J. J.　16
Gick, M. L.　78
Grice, H. P.　64

●H
平田賢一　131
広田君美　169, 171
Hogg, M. A.　177
Holyoak, K. J.　78
堀井俊章　131
Hovland, C. I.　159, 161
Hull, C. L.　32

●I
池田謙一　182
池内　一　178

人名索引

Inhelder, B.　　100
井上勝也　　111
板倉聖宣　　24

● J

Jakobson, R.　　104
James, W.　　149
Janis, I. L.　　174
Jensen, A. R.　　96
Johnson, M. K.　　66
Jung, C. G.　　114, 122-124, 141

● K

Kahneman, D.　　86
Kanizsa, G.　　12
柏木恵子　　103
木下冨雄　　181
Kohlberg, L.　　92
Kosslyn, S. M.　　56
Kraepelin, E.　　138
Kretschmer, E.　　115

● L

Latané, B.　　165
Lave, J.　　28
Lazarus, R. S.　　129
Lewin, K.　　106
Lockhart, R. S.　　41
Loftus, E. F.　　54
Lorenz, K.　　94
Luchins, A. S.　　80
Luxenburger, H.　　95

● M

前田重治　　107
Maier, S. F.　　35
Maslow, A. H.　　37
松井 豊　　106
McClelland, D. C.　　34
McCombs, M. E.　　182
Metzler, J.　　55
Miller, G. A.　　42

Mills, J.　　170
南 博　　178
三隅二不二　　176
Moscovici, S.　　173, 175
Murray, H. A.　　34

● N

Newell, A.　　78
Noelle-Neumann, E.　　182

● O

小川捷之　　131
小此木啓吾　　110

● P

Pavlov, I. P.　　17
Pearlstone, Z.　　49
Piaget, J.　　92, 98, 100
Pichert, J. W.　　67
Postman, L.　　180

● Q

Quillian, M. R.　　52

● R

Rips, L. J.　　53
Rodin, J.　　165
Rogers, C. R.　　127, 128, 141
Rogers, E. M.　　179
Rosenberg, M. J.　　159
Rubin, E.　　6
Rumelhart, D. E.　　68

● S

Schaffer, H. R.　　94
Schank, R. C.　　70
Seligman, M. E. P.　　21, 35
Shaw, D. L.　　182
Shepard, R. N.　　55
Sherif, M.　　171
Shiffrin, R. M.　　41

Silveira, J.　　81
Simon, H. A.　　78
Skinner, B. F.　　18, 20, 59
Snyder, M.　　158
Spielberger, C. D.　　131
Stern, W.　　95
Sulin, R. A.　　73
鈴木裕久　　179

● T

鑪　幹八郎　　110
Thorndyke, P.　　68
Tolman, E. C.　　26
Tulving, E.　　45-47, 49
Tversky, A.　　86

● U

Underwood, B. J.　　22

● W

Wallach, M. A.　　175
Wason, P. C.　　88
Watkins, M. J.　　41
Watson, J. B.　　20
Weiner, B.　　34, 36
Wenger, E.　　28
Wertheimer, M.　　8, 12
White, R. W.　　37
Wickelgren, W. A.　　43
Wills, T. A.　　130
Winnicott, D. W.　　142
Winzenz, D.　　48

● Y

Yerkes, R. M.　　33

● Z

Zajonc, R. B.　　162
Zavalloni, M.　　175

事項索引

● あ

愛情欲求　31
愛着　102
遊び　142
アニマ　123
アニミズム　101
アニムス　123
アフォーダンス　16
ありのままの自分　127, 128
アルゴリズム　77
暗黙裡のパーソナリティ観（IPT）　155

● い

言いまちがい　118
意思決定　160
維持リハーサル　41
一語文　104
一次的欲求（生理的欲求）　31
一般化型　178
遺伝　95
意味記憶　45
意味的プライミング効果　54
イメージ　55
イメージ走査　56
印象形成　156
印象操作　157

● う

内田クレペリン精神検査　117
うつ病　135, 148
うわさ　180
運動視差　4
ヴント錯視　9

● え

エス　120, 121
エディプス期（男根期）　102
エディプス・コンプレックス　102, 120

エピソード記憶　45
エビングハウス錯視　9
MMPI　117
M機能　176
エレクトラ・コンプレックス　120
演繹推理　87
援助行動　166

● お

オペラント条件づけ　18, 59
オペラント条件づけ法　145
オペレーター　75
音楽療法　142

● か

絵画療法　142
快感原則　120
外向型　113, 114
外集団　177
階層的ネットワークモデル　52
概念駆動型処理　7
外発的動機づけ　32
回避学習　35
カウンセラー　141
カウンセリング　128, 141
可逆性　99
学習障害　146
学習性無力感　21, 35
確証バイアス　83, 88
革新者　179
カクテルパーティー効果　14
影　122
仮現運動　8
過呼吸症候群　133
重なり　4
仮説実験授業　24
家族システム　143
家族力動　143

家族療法　　143
課題遂行　　176
活性化拡散モデル　　54
過敏　　106
下方比較　　152
構え　　80
感覚運動期　　98
感覚記憶　　40
環境　　95
環境閾値説　　96
関係維持　　176
関係妄想　　136
観察学習　　23
観察学習法　　145
関連性の原則　　64

● き

幾何学的錯視　　9
既知情報　　62
拮抗条件づけ法　　145
技能　　25, 27
帰納処理　　83
機能的固定　　80
寄付行為　　166
気分障害　　135
記銘　　39
きめの勾配　　4
客我（me）　　149
客体的自覚状態　　151
客体的自己　　149
ギャンブラーの錯誤　　84
急性ストレス反応　　132
既有知識　　66, 73
強化　　19
境界人　　106
境界例（境界人格障害）　　147
共感的理解　　141
強調化　　181
共同体感覚　　125
強迫行為　　134
強迫神経症　　134
恐怖症　　133, 146

緊急事態での援助　　166
近接の要因　　12
勤勉性の拡散　　109

● く

具体的操作期　　99
クライエント　　139
クライエント中心療法　　128, 141
群生体　　100

● け

経験　　127
経験の要因　　13
形式的操作期　　100
芸術療法　　142
系統的脱感作法　　145
結果期待　　37
結果の知識　　27
権威主義　　125
原因帰属　　34, 36
幻覚　　137
元型　　124
言語行動　　59
言語習得装置　　60
言語的コミュニケーション　　163
言語の障害　　145
顕在記憶　　51, 112
検索　　40
現実原則　　120
現実自己　　150
減衰型　　178
幻聴　　136
顕著性ヒューリスティクス　　87

● こ

好奇心の動機　　178
後期多数者　　179
恒常性　　11
口唇期　　102, 119
公的自己意識　　150
行動療法　　144
肛門期　　102, 119

199

事項索引

合理化　122
交流分析　126
効力期待　37
コーシャス・シフト　175
刻印づけ　94
心の危機　107
個性化　124
個性化の動機　178
誇大妄想　136
古典的条件づけ　17
ことばの遅れ　145
コミュニケーションの直接性　164
語用論　65
コンピテンス動機づけ　36
コンピュータ不安　131

● さ

再構成　50
再生　39
再認　39
作業検査法　117
錯視　9
させられ体験　137
作動記憶　44, 62
作法の原則　64
ザンダー錯視　9
三段論法　87
サンプルサイズの無視　85

● し

自意識過剰　106
シェイピング　20
自我　120, 121
視覚的選好　97
自我状態　126
自我同一性　109, 147
自我同一性の拡散　109
自我同一性の形成　109
自我の再統合　110
自我の働き　109
自我の力動論　107
自我防衛の動機　179

時間的展望の拡散　109
自己　124
自己意識尺度　150
自己意識特性　150
試行錯誤　77
自己開示　159
自己開示の返報性　159
自己概念　127
自己効力感　37
自己実現　37, 124, 128, 151
自己主張　103
自己制御法　145
自己像　149
自己知覚　152
自己知覚理論　151
自己中心性　100
自己呈示　157, 158
自己評価維持モデル　153
自己ペース　20
自己モニタリング傾向　158
自己モニタリング尺度　158
自己抑制　103
思春期　146
思春期危機　146
事前確率の無視　85
自尊心　152
実現化　103
失態　118
質の原則　64
質問紙法　117
私的自己意識　150
視点　67
自動運動　8
自動化　27
自閉症　145
社会技能訓練　145
社会的自己　150
社会的比較過程理論　152
自由　125
集団規範　171
集団凝集性　175
集団愚考　174
集団思考　174

事項索引

集団成極化　175
集団（的）浅慮　174
集団の成立　169
集団への魅力　170
集中学習　25
周辺特性語　156
自由連想法　140
主我（I）　149
主観的体制化　47
主観的輪郭　12
熟達化　27
主題化効果　89
主体的自己　149
手段 – 目標分析　78
受容学習　24
循環型　178
循環気質　113, 115
昇華　122
状況依存学習　50
状況論的学習論　28
条件刺激　18
条件反応　18
少数者の影響　173
状態としての不安　131
象徴機能　99
情緒障害　146
情緒不安性　106
上方比較　152
譲歩的要請法（Door-in-the-face）　161
初期経験　94
初期採用者　179
初期状態　75
所属欲求　31
初頭効果　156
処理水準　45
自律の段階　27
人格　113
神経症　132, 148
神経心理学的アセスメント　139
神経性過食症　135
神経性食欲不振症（拒食症）　135
心誌　116
新情報　62

心身症　132, 148
深層構造　61
身体症状　131
心的エネルギー　114
心的外傷　132
心的外傷後ストレス反応（PTSD）　132
信憑性　161
親密性の拡散　109
信頼性　161
心理愛情的性欲求　106
心理劇　142
心理検査法　139
心理生理的性欲求　106
心理的リアクタンス　160
心理的離乳　105
心理療法　139
親和欲求　31

●す

スキーマ　55, 65
スクリプト　70
図地反転図形　7
スチューデント・アパシー　147
ステレオグラム　5
ステレオタイプ　155
図と地　6
ストレス　129, 148
ストレス緩衝仮説　130
ストレッサー　129
スモール・ステップ　20

●せ

生育環境　93
性器期　102
精神生理学的アセスメント　139
精神遅滞　145
精神分析療法　140
精神分析理論　94
生成効果　47
生成文法　60
精緻化　46
精緻化リハーサル　42

201

正統的周辺参加　28
性の欲動　119
生の欲動　119
積極的反応　20
摂食障害　134
説得　160
説明オーガナイザ　25
セルフ・ハンディキャップ　154
前意識　118, 121
線遠近法　4
前期多数者　179
宣言的記憶　45
先行オーガナイザ　25, 72
潜在学習　26
潜在期　102
潜在記憶　52, 112
全習　25
前操作期　99
選択的緘黙　146
選択の回避　110
全般性不安障害　133
専門性　161

● そ

躁うつ　115
早期教育　94
想起のしやすさヒューリスティクス　86
相互作用　95
相互作用説　96
双生児　95
ソーシャル・サポート　130
即時フィードバック　20

● た

大学生活不安　131
大気遠近法　4
代償　122
対処法（コーピング）　129
対人恐怖　133
対人恐怖症　131, 147
対人的コミュニケーション　163
対人的問題解決技能訓練　145

対人認知　157
対人認知の次元　157
対人不安　131
体制化　47
態度　159
態度の3成分　159
態度変化　160
第二反抗期　105
大脳半球機能差　2
対比　14
代表的ヒューリスティクス　84
タクト　59
他者知覚　152
多数者の影響　173
達成動機　34
達成欲求　31
段階的要請法（Foot-in-the-door）　161
短期記憶　40, 62
単純接触効果　162

● ち

遅延模倣　99
知覚　1
知覚的群化　12
知性化　122
遅滞者　179
チック　146
チャンク　42
注意欠陥多動性障害（ADHD）　146
中心特性語　156
長期記憶　41
超自我　120, 121
挑戦期　111
直接記憶範囲　42
貯蔵　40
治療契約　140
治療構造　141
治療的退行　140
沈黙の螺旋モデル　182

●て

TAT　117
TOT現象　57
抵抗　140
データ駆動型処理　7
適応の動機　178
手続き的記憶　45
転移　22, 121, 140
転換　122
転導理論　99

●と

同一化　122
同一性　99
同一性意識の過剰　110
同一性拡散　147
動因　30
動因低減説　32
投影　121
投影法　117
同化　181
動機　30
動機づけ　29
統合失調症　115, 135-137
統合失調症の病型　137
統語論　65
闘士型　115
統率・束縛理論　61
特性としての不安　131
特性論　116
特定恐怖　133
独立欲求　31
トップダウン処理　7, 66
トラウマ　132

●な

内向型　113, 114
内集団　177
内集団ひいき　177
内発的動機づけ　32
喃語　104

●に

二語文　104
二次的欲求（社会的欲求）　31
二重符号化説　48
日常的な援助　166
認知の段階　27
認知療法　145

●ね

粘着気質　113, 115

●は

パーソナリティ　113
バイアス　83
箱庭療法　142
パターン認識　7
発見学習　23, 24
発達課題　111
発達段階　91
発話行為　63
発話内行為　63
発話媒介行為　63
パニック障害　133
反動形成　121
バンドワゴン効果　182

●ひ

P機能　176
被害妄想　136
比較オーガナイザ　25, 72
非言語的コミュニケーション　163
非言語的コミュニケーションの機能　163
否定的同一性の選択　110
否認　127
肥満型　115
ヒューリスティクス　77
病識欠如　137
標準理論　60
表層構造　60

事項索引

● ふ

不安　130
不安神経症　147
不安発作　133
孵化効果　81
輻輳説　95
符号化　40
符号化特定性原理　49
普遍文法　60
プラトー　26
フレイザー錯視　10
プレグナンツの法則　13
プログラム学習　20
分散学習　25
分習　25
文法　65
文脈　15
分離不安　146
分裂気質　113, 115

● へ

閉合の要因　13
平準化　181
ヘリング錯視　9
ペルソナ　123
変形規則　61

● ほ

防衛機制　121
傍観者効果　165
忘却　39
報酬　32
保持　39
補償　125
補償性　99
細長型　115
没個性化　154
ボトムアップ処理　7, 65
ホメオスタシス　31, 32
ボランティア活動　167
ポンゾ錯視　9

● ま

マクロ構造　72
マクロ構造モデル　71
マクロ命題　72
マザリング　94
マッチングバイアス　88
満場一致の幻想　175
マンド　59

● み

ミクロ構造　72
ミクロ命題　71
ミュラー＝リヤー錯視　9
魅力　162

● む

無意識　118, 121-123
無気力　35
無条件刺激　18
無条件反応　18

● め

メタ・コミュニケーション　164
メタ認知　57

● も

妄想　136
目標状態　75
目標達成　30
モデリング　37
モデリング法　145
物語スキーマ　68
物語文法　68
モラトリアム　110
問題空間　75

● や

ヤーキーズ・ダッドソンの法則　33

● ゆ

有意味受容学習　24

誘因　30
優越の動機　178
遊戯療法　142
誘導運動　8
有能感　32
夢　118
夢分析　140

●よ
よい連続の要因　13
要請　161
要約　71
抑圧　121
抑うつ状態　133
欲動　119
欲求　29

●ら
来談者　141
ラポール　142

●り
利己的な帰属のバイアス　153
リスキー・シフト　175
理性喚情療法　145
理想自己　150
リーダーシップPM理論　176
リハーサル　41
リビドー　102, 119, 121
リビドーの固着　102
流言　180

流言の伝播　180
流行　178
流行の特徴　178
流行の普及過程　179
流行を採用する動機　178
利用可能性ヒューリスティクス　86
両眼視差　5
両側性転移　22
量の原則　64
臨界期　94
臨床心理学的なアセスメント　139

●る
類型論　113
類同の要因　12
ルクセンブルガーの図式　95

●れ
劣等感　125
レディネス　96, 97
連言錯誤　86
連合の段階　27

●ろ
老年期　110
ロールシャハ・テスト　117

●わ
歪曲　127
YG性格検査　117

205

● 執筆者一覧

<編著者>

石田　潤（いしだ・めぐむ）　　　　5章（5-01〜07），8章
　　兵庫県立大学 名誉教授　博士（心理学）

谷口　篤（たにぐち・あつし）　　　3章，5章（5-08〜15），7章（7-01〜14, 23, 24）
　　名古屋学院大学 教授　博士（心理学）

<著者>

川上正浩（かわかみ・まさひろ）　　1章，2章
　　大阪樟蔭女子大学 教授

松浦　均（まつうら・ひとし）　　　9章，10章
　　星槎大学大学院 教授

森上幸夫（もりかみ・ゆきお）　　　7章（7-15〜22），11章
　　大阪国際大学 教授

岩原昭彦（いわはら・あきひこ）　　4章，6章
　　京都女子大学 教授

スーパーエッセンス 心理学

2004年4月30日　初版第1刷発行	定価はカバーに表示
2024年7月20日　初版第10刷発行	してあります。

編著者　石　田　　　潤
　　　　谷　口　　　篤
著　者　川　上　正　浩
　　　　松　浦　　　均
　　　　森　上　幸　夫
　　　　岩　原　昭　彦

発　行　所　㈱北大路書房

〒 603-8303　京都市北区紫野十二坊町 12-8
電　話　(075) 4 3 1 - 0 3 6 1 ㈹
FAX　(075) 4 3 1 - 9 3 9 3
振替　0 1 0 5 0 - 4 - 2 0 8 3

©2004　制作／T.M.H.　印刷・製本／シナノ書籍印刷㈱
検印省略　落丁・乱丁本はお取り替えいたします。
ISBN978-4-7628-2375-6　　Printed in Japan

・ JCOPY 〈㈳出版者著作権管理機構 委託出版物〉
本書の無断複写は著作権法上での例外を除き禁じられています。
複写される場合は，そのつど事前に，㈳出版者著作権管理機構
(電話 03-5244-5088, FAX 03-5244-5089, e-mail: info@jcopy.or.jp)
の許諾を得てください。